U1019749

跨境电力贸易
法律规制研究

冯秀峰／著

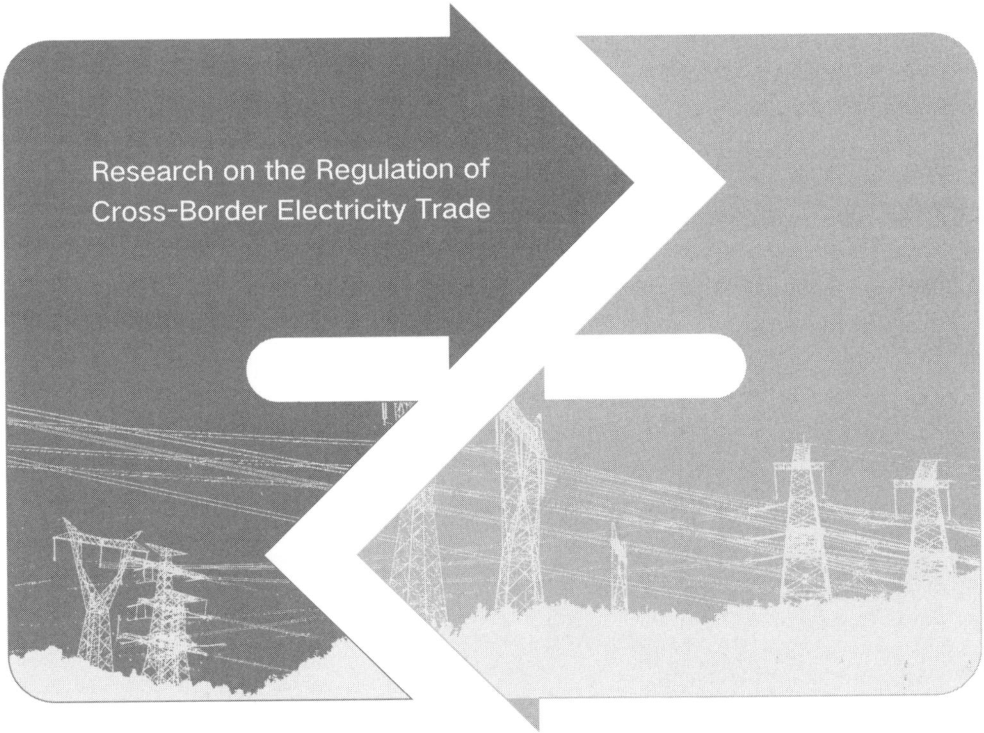

人民法院出版社

图书在版编目（CIP）数据

跨境电力贸易法律规制研究／冯秀峰著．--北京：人民法院出版社，2021.12
ISBN 978-7-5109-3334-9

Ⅰ.①跨… Ⅱ.①冯… Ⅲ.①电力工业－国际贸易－电力法－研究－中国 Ⅳ.①D922.292.4

中国版本图书馆 CIP 数据核字（2021）第 222082 号

跨境电力贸易法律规制研究
冯秀峰　著

责任编辑　马　倩
执行编辑　邢峻彬
出版发行　人民法院出版社
地　　址　北京市东城区东交民巷 27 号（100745）
电　　话　（010）67550522（执行编辑）　67550558（发行部查询）
65223677（读者服务部）
客 服 QQ　2092078039
网　　址　http://www.courtbook.com.cn
E - mail　courtpress@sohu.com
印　　刷　汉印印刷有限责任公司
经　　销　新华书店

开　　本　787 毫米×1092 毫米　1/16
字　　数　210 千字
印　　张　13.25
版　　次　2021 年 12 月第 1 版　2021 年 12 月第 1 次印刷
书　　号　ISBN 978-7-5109-3334-9
定　　价　52.00 元

版权所有　侵权必究

序言一

跨境电力贸易法律问题在国际经济法中是一个日渐重要但缺乏研究的领域。电力生产、传输与存储方面的特性以及其在国民经济中的重要地位，均意味着不论其作为货物还是服务，在规制上都会遇到不同于一般货物和服务的问题。这些问题具有很强的专业性，也有诸多难点需要深入探讨。因此，本书的研究具有重要的理论价值和实践意义。作者在本书中针对跨境电力贸易中的三个核心问题，即国民待遇、市场准入和电力过境，进行了系统深入的探讨。

首先，在全球气候变化的背景下，推动可再生能源的发展和应用已经成为绿色发展的重要方面。那么，在跨境电力贸易中，可再生能源电力与传统能源电力的“相似性”与国民待遇就是跨境电力贸易规制不可回避的重要问题。作者在本书中从法律文本、相关案例以及政策性考虑等多个方面对这个问题进行了前瞻性系统研究，并提出了很有启发性的观点。

其次，电力输配的自然垄断特性，使得电力贸易中的第三方准入问题凸显。传统上，电力行业往往由集发电、输电、配电和供电业务于一体的垂直垄断企业控制，即把电力行业整体作为自然垄断来管理。但随着市场化改革的推进，很多国家将有竞争性的发电和供电环节剥离，只保留输电和配电环节的自然垄断，以增进电力行业的活力。跨境电力贸易中，输配电网的第三方准入与国内电力行业的改革密切相关。作者在本书中探讨了电力市场的自然垄断问题，并提出了如何避免电力行业的垄断企业滥用市场地位，研究了输配电网第三方准入的利益平衡与必要设施原则，在此基础上分析了谈判型准入与规制型准入以及改革电力市场结构对于促进第三方准入的重要作用，也指出了在国际法层面推进电力第三方准入的困难性。

再次，电力的传输依赖于电网等基础设施。在跨境电力贸易中，当电力需要途经第三国输送到目标国时，电力过境问题即在所难免。GATT 虽然有过境自由条款，但该条款是否包含通过固定基础设施（如电网、油气管线等）的过境是有争议的。尽管这个问题在《贸易便利化协定》谈判中被提出，但最后的文本并未作出回应。《能源宪章条约》的过境条款明确适用于电力过境，其中规定了“过境”的定义、过境自由等关键问题。作者就其中的核心问题进行了分析，还探讨了《能源宪章条约》框架下《过境议定书》谈判遇到的困难。

最后，在探讨这些核心问题的基础上，作者针对跨境电力贸易的特点提出用国际规制合作的方法来促进跨境电力贸易法律规制。不同于传统上通过国家之间签订条约自上而下地解决问题，规制合作更强调自下而上地规则协调。这一点正契合了电力贸易的特点。电力关系国计民生，从国家层面作出正式的有约束力的承诺困难重重，通过各国的规制机关及其代表、行业协会、有关企业以及私人规制团体的对话、沟通和协调，促进相互理解，进而通过制定国际标准以及最佳规制实践等，促进规则的协调，是更为切实可行的路径。

中国近年来大力提倡绿色发展和绿色引领。建设全球能源互联网，促进清洁能源电力的大规模应用，正是中国积极主动参与减排，承担大国使命，构建人类命运共同体的具体体现。在这个过程中，要争取进一步实现规则上的引领，从制度建设上贡献中国智慧，本书的研究无疑是一个有建设性的探索。

冯秀峰老师是我在对外经济贸易大学指导的优秀博士生之一，对学术孜孜以求，且学风踏实严谨。本书是她攻读博士期间的主要研究成果。我很高兴地祝贺本书顺利出版，并希望这一成果能够为相关领域的理论和实践提供有价值的借鉴。

石静霞

2020 年 11 月 25 日

序言二

2020 年，新冠肺炎疫情席卷全球。为了应对此次疫情，多国采取防控措施，限制经济活动和大规模人群聚集，社会生活的节奏也明显放缓。多地新闻都报道了在人类活动减少之后，大自然获得了喘息的机会，环境有了明显改善。然而，根据由世界气象组织负责协调其他世界组织共同完成的《2020 团结在科学之中》（*Unided in Science* 2020）的报告，气候变化并未因新冠肺炎疫情而止步。尽管在各种防控措施带来的经济放缓后，温室气体排放量经历了暂时性下降，但其总体还是朝着新冠肺炎疫情暴发前的水平方向在发展，温室气体浓度已达到了 300 万年来的最高水平。

约占大气中温室气体总量 2/3 的二氧化碳，主要由焚烧化石燃料产生。地球大气中温室气体的浓度直接影响全球平均气温，而气候变化所带来的各种严重问题，已经毋需多言。不仅如此，化石能源的开采和燃烧还会带来诸多的其他环境问题，如土地塌陷、地下水污染、粉尘污染、二氧化硫排放等。但是能源又是人类生存发展必不可少的基本要素。解决这一矛盾，就要推进绿色能源的发展，降低化石燃料在能源结构中的比例，将风能、太阳能、水能等清洁能源转化为电能以服务于终端能源需求。实施清洁替代和电能替代，是世界能源可持续发展的重要方向。电能在使用过程中，是零污染的能源。虽然从电能生产全过程来看，除可再生能源产生的电力，也存在化石能源电力，但是通过规模化的集中处理，化石燃料中的污染物能够被大幅降低，相比于直接将化石能源用于终端能源消费要清洁得多。因此，电力是极具潜能的能源供给方式，在人类能源可持续发展中具有重要角色。新冠肺炎疫情后的经济复苏不应该是原有经济模式的简单复活，很多国家都正在筹备后疫情时代经济的绿色复苏，我国也提出了温室气体排放在2030年达到峰值，并在2060年实现碳中和的宏伟目标。

冯秀峰博士的研究着眼于电力跨境贸易的法律规制，具有很强的前瞻性。虽然目前电力的跨境贸易占全球能源贸易的比例很小，但是其在未来的重要性不容忽视。习近平主席在出席联合国成立七十周年系列峰会时提出，要构建全球能源互联网，促进清洁能源在全球范围内的配置。所谓全球能源互联网，其核心就是要通过电网进行跨国、跨区域甚至跨洲的能源输送，解决可再生能源电力随机性、间歇性的问题，进行跨时区的电力配给，促进可再生能源电力的大规模入网和能源的高效、优化配置。跨境电力贸易将成为其中重要的能源供给方式。

在国际能源领域的众多问题中，电力法律问题是较少被深入研究的。目前的多边贸易规则体系在电力跨境贸易领域的发展非常不足，只有《能源宪章条约》这一个有约束力的多边条约。WTO规则中也没有就电力问题作专门规定。因此，如何更好地构建基于可持续能源供应体系的跨境电力贸易规则，具有重要的研究价值。

国内目前探讨这个问题的学术成果不多，相信本书的出版能够为相关领域的研究添砖加瓦。我国目前对内正在推进电力体制改革，对外推行全球能源互联网，本书的研究能够为相关实践提供前瞻性的思考，促进在电力体制改革中对可能产生的国际问题之考量，为全球能源互联网和其他跨境电力贸易的规则发展提供解决思路，具有重要的现实意义。

冯秀峰是我与石静霞教授联合指导的博士生，她在对外经济贸易大学法学院读博期间，对此研究倾注了大量的心血。如今该研究成果能够付梓，与更多的读者见面，或许可以为我国的能源企业早日着手布局跨境能源贸易作出一些贡献。希望在未来的学术生涯中，她能够再接再厉，写出更多高质量的作品。

2020年11月26日

目 录

第一章 引 论

第一节 写作缘起及意义

电力是经济和社会发展的重要驱动力，它提供了世界范围内 20%的能源。[①] 因其对于社会的正常运作具有重要意义，电力供应必须要具有极高的稳定性。传统上电力工业往往受到国家的严格规制，所以电力交易也就常常只限于国内。目前世界上已经较为成型的跨境电力交易实践为数不多，跨境电力交易的规模很有限。发展跨境电力交易的动因也各有不同，例如减少用电高峰的备用容量、补充自身能源供给的不足、利用更加廉价的能源以及实现能源供给来源的多样化等。

在很多国家，以市场化为导向的电力体制改革正在逐步减少跨境电力贸易的体制壁垒；特高压传输技术也让长距离的电力传输成为可能。此外，大规模的可再生能源入网需求也成为跨境电力贸易的重要驱动力之一。[②] 过度依赖化石能源带来了严重的后果，煤炭、石油等传统化石能源在燃烧时释放的温室气体（Green House Gas，下称 GHG）和有害物质威胁到了地球的生态环境和人类、动植物的健康。政府间气候变化专门委员会（Intergovernmental Panel on Climate Change，下称 IPCC）在其报告中指出，2000 年到 2010 年间，

---

① International Energy Agency, Key World Energy Statistics 28 (2015), available at https://www.iea.org/publications/freepublications/publication/KeyWorld_ Statistics_ 2015.pdf.

② International Year of Sustainable Energy for All, 2012 Report of the Secretary-General, A/67/314, at 3, 10 (Aug. 16, 2012).

年度人为 GHG 排放总量增长了约 10GtCO2-eq。这一增量的 47%直接源于能源。[①] 气候变化、环境污染、自然资源的过度开采、能源需求的快速增加以及生物多样性的减少等全球性问题对人类社会的可持续发展提出了严峻的挑战。

想要改变这一状况，必须大力发展可再生能源。但是可再生能源并不像化石能源那么稳定，可再生能源发电，例如太阳能发电具有间断性的特点，会随着光照等气候条件的变化而变化，而且夜晚无法使用，大量可再生能源的并入会对传统电网的调度和管理造成巨大的挑战。关于这个问题有很多不同的建议解决方法，其中很重要的一个途径就是将可再生能源在更大的地理范围内进行连接，譬如进行跨时区的连接，实现太阳能不间断供应，这样就能很大程度上缓解可再生能源不稳定性的问题，[②] 这个设想就是全球能源互联网。

2015 年，国家主席习近平在联合国可持续发展峰会上发言时发出倡议，号召探讨构建全球能源互联网，[③] 以满足全球对清洁和绿色能源的需求。根据全球能源互联网发展合作组织主席、国家电网前董事长刘振亚的介绍，全球能源互联网是以特高压为骨干网架（通道），以输送清洁能源为主导，全球互联泛在的坚强智能电网。全球能源互联网将由跨国跨洲骨干网架和涵盖各国各电压等级电网（输电网、配电网）的国家泛在智能电网构成，连接“一极一道”和各洲大型能源基地，适应各种分布式电源接入需要，能够将风能、太阳能、海洋能等可再生能源输送到各类各户，是服务范围广、配置能力强、安全可靠性高、绿色低碳的全球能源配置平台。[④]

在这一背景下，电力的跨境交易不仅具有基本的商业交易属性，还要承担促进清洁能源跨区域输送的角色。并且为了促进可再生能源发展，各国也

---

① 政府间气候变化专门委员会：《气候变化 2014：综合报告》，第 46 页。

② Intergovernmental Panel on Climate Change (IPCC), Special Report on Renewable Energy Sources and Climate Change Mitigation, Summary for Policymakers and Technical Summary 109 (Ottmar Edenhofer et al. eds., 2012 ed., 2012), available at http://www.ipcc.ch/pdf/special-reports/srren/SRREN_ FD_ SPM_ final.pdf.

③ Global Energy Interconnection.

④ 刘振亚：《全球能源互联网》，中国电力出版社 2015 年版，第 204 页。

出台了各种优惠待遇，例如优先入网权。当电力仅仅在国内交易时，这些措施没有问题。当发自不同能源的电力跨境交易时，如果给予可再生能源和化石能源电力以不同的待遇，是否违反国际贸易规则，例如 WTO 下的最惠国待遇和国民待遇原则。[①] 并且，电力不同于普通的商品，它关涉国计民生，电力行业的管制在各国都带有不同程度的行政色彩；电力行业的市场化改革进程也不尽相同，那么对外国电力和电力服务的市场准入问题就成了确保跨境电力贸易顺利进行的前提条件；此外，电力交易在很多国家都在国有垄断性企业的控制之下，国营贸易问题也是需要考虑的；想要构建全球能源互联网，就会涉及电力从第三国过境的问题，而电力的运输也不同于普通商品，需要通过电网等固定基础设施进行，类似于通过管道运输的石油和天然气。那么，在这个问题上，国际上又有哪些规则，这些规则存在哪些问题。这些都具有重要的研究价值。

然而多边贸易规则体系在电力的跨境贸易甚至在整个能源领域的发展都非常薄弱。目前能源领域只有《能源宪章条约》（Energy Charter Treaty，下称 ECT）这一个有约束力的多边条约。WTO 规则中也没有就能源问题作出专门的规定。并且这两套规则体系基本上成型于 20 世纪 90 年代，彼时能源与资源、环境的冲突并没有现在这么强烈，因此构建基于可持续能源供应体系的跨境电力贸易规则并没有作为要突出解决的问题。

为了进一步扩大 ECT 的影响力，于 2015 年 5 月通过的《国际能源宪章宣言》（International Energy Charter，下称 IEC），是一项基于 ECT 的政治宣言，意在回应现代能源挑战，在全球能源治理结构中发挥引领作用。它提出了国际合作的共同原则和领域，强调了其在加强可持续发展的能源贸易中的角色，指出了能源资源和运输路径的多样化需求，并致力于促进能源贸易的自由化。但是 IEC 是一个宣言性文件，并没有实质性规定权利义务的条款，在电力贸易方面也没有具体规定。

---

① Thomas Cottier, *Renewable Energy and Process and Production Methods* i, E15Initiative, International Centre for Trade and Sustainable Development (ICTSD) and World Economic Forum (Aug. 2015), http://www.ictsd.org/sites/default/files/research/E15_ Climate_ Cottier_ FINAL.pdf.

综合以上的情况，进行电力的跨境贸易，特别是全球能源互联网背景下的跨境电力贸易的法律规制研究，具有多方面的意义。从理论层面讲，全球能源互联网作为一个新生事物，法律方面的相关研究方兴未艾，而且由于我国的电力行业长期以来都靠国家电网和南方电网等大型国有垄断性企业经营，跨境的电网虽然存在，但为数不多。所以跨境电力交易法律问题在国内是一个冷门领域，理论上的探讨甚少。从实践层面来讲，一是中国要“走出去”，全球能源互联网事业是国家的一个重要举措，目前正在积极开展中。我国在技术层面很有竞争力，但是项目想要落地，在法律方面困难重重，因此，进行相关法律问题的探讨对于实践有重要指导意义；同时值得提出的是，全球能源互联网的建设，不仅是一次技术上的创新，也可能成为我国积极主动进行相关领域国际规则制定的重要契机。因此，探讨跨境电力贸易的国际规则构建范式也具有前瞻性意义。二是我国国内的电力行业也在进行大规模的市场化改革，大的方向是只将输配电作为电网的垄断业务，而发电和售电则向社会资本放开，在这样的背景下，对于外资参与我国的电力行业是否有影响，有什么样的影响，也是需要探讨的。

总的来说，我国作为目前世界上能源消耗增长最快的国家之一，同时也是全球投资可再生能源最多的国家。如今我国提出建立全球能源互联网，以促进全球范围内大规模可再生能源的入网，实现能源的绿色转型，具有非常积极的作用。在这样的背景下，研究跨境电力贸易的法律规制具有重要的理论和实践意义。

第二节 文献综述

国内外的相关研究基本可以分为以下几类：一是综合性的国际能源法著作，内容涵盖了与能源有关的各类国际性文件、国际机构等的介绍，属于学科基础性著作；二是针对国际能源法的某一个具体问题的研究，如国际能源安全、能源投资、争端解决等；三是跨境电力相关问题研究，以技术性探讨以及部分已经存在的跨境电力贸易的分析和介绍为主；四是 WTO 框架内相关问题研究，如产品的相似性问题以及国民待遇原则等；五是从气候变化角度出发进行的研究，与能源问题也密切联系；六是从贸易与环境的角度研究自由贸易与环境保护之间的关系与协调，本文的研究与此也有密切联系。

一、国内研究现状[①]

（一）综合性的国际能源法研究

杨解君主编的《国际能源合作与国际能源法》以全球化为背景，介绍了世界能源的基本状况和发展趋势，指出了国际能源合作的意义和主要内容，并介绍了中国参与国际能源合作的总体状况与策略。具体来讲，书中专门阐述了国际能源竞争与合作的博弈，合作的必要性以及合作的基本原则和框架，主要的国际能源组织等。这部分对于分析跨境电力贸易的规制具有指导作用。该书还详细介绍了中国的对外能源合作状况，包括中国与国际性组织的能源合作，中国与主要地区国家的能源合作，中国与区域性组织的能源合作以及中国与主要大国的能源合作，并且分析了我国的涉外能源法制，对于分析中国在跨境电力贸易领域国际合作的思路具有参考价值。关于国际能源法，该书从国际能源的崛起、分类、主体与法律关系、性质定位、渊源以及代表性的国际能源条约几个方面介绍了国际能源法作为一个学科的体系脉络。紧接着，该书具体阐述了几个国际能源重要法律制度，包括：国际能源贸易法律制度，投资法律制度，IEA 确立的能源安全应急、信息、研发法律制度，国际能源效率管理制度和国际能源环境影响评价制度，以及国际能源争端解决机制。

由黄振中、赵秋雁、谭柏平和廖诗评合著的《国际能源法律制度研究》是一本专门研究国际能源法的著作。该书详细介绍了国际能源贸易法律制度，包括货物贸易、服务贸易和技术贸易；国际能源投资法律制度，包括主要的投资方式、法律渊源与体系等。该书还专章讨论了国际能源环境法律制度，其中国际能源发展与环境保护的协调，国际社会在能源发展中保护环境的新

① 本部分所涉相关文献信息详见文后“参考文献”部分。

举措，主要国家和地区的能源环境法律与政策等都对本书有参考价值。接着该书讨论了国际能源组织以及国际能源争端解决的问题。该书还有几部分较有特色的讨论：国际能源照付不议合同、国际能源产品分成合同、国际能源争议的专家裁决方法。但是该书并没有专门对跨境电力贸易法律制度进行讨论。

杨振发所著的《国际能源法发展趋势研究——兼论对中国能源安全的影响》，从国际政治与国际能源法交叉的视角研究了国际能源法的发展。其中分析了国际能源政治与国际能源法发展之间的关系，从国际权力政治视野来看国际能源法的变革，分析了气候问题对能源权力的影响，全球气候变暖背景下的国际能源法价值转向。这为笔者的写作提供了国际政治的视角。同时作者指出了国际能源合作方式的多元化与国际能源法主体的多元化，国际能源投资法律机制变革的趋势、对可再生能源和能源效率问题的国际能源法发展现状，书中所提到的观点与笔者认为的可再生能源国际贸易和投资规则的发展模式——规制合作，多元主体，软法的重要作用等相一致。该书还谈到了我国参与国际能源法变革的意义及必要性，指出全球气候变化背景下国际能源法变革中的中国诉求，分析了我国如何参与国际能源合作，推动国际能源法变革以及国际能源贸易法律规则与中国利益。总的来说，该书非常全面地从国际政治的角度分析了国际能源法的新发展，是一本很有价值的著作。

（二）专门性国际能源问题研究

黄进等所著的《中国能源安全若干法律与政策问题研究》从能源安全角度出发，分析了各主要能源治理相关机制，例如国际能源机构、WTO、OPEC、欧盟、《能源宪章条约》等。特别是该书专章详细分析了 WTO 构建能源贸易规则及其对我国能源安全的影响及我国的对策，探讨了 WTO 能否以多边贸易平台打造全球性能源机制，影响 WTO 构建能源贸易规则的主要因素，WTO 构建能源贸易规则的现实基础与基本思路。同时还介绍了多哈发展议程能源贸易谈判，特别是能源服务贸易谈判和生物燃料贸易谈判。该书还分析了我国能源企业对外直接投资中的政治风险及其防范。这些研究都非常值得关注。

桑东莉所著的《气候变化与能源政策法律制度比较研究》从气候变化的角度研究能源法。该书分析了世界能源生产消费的趋势，温室气体排放与全球气候变暖，以及全球气候变暖对能源领域的挑战，强调能源的可持续发展对于防止“危险”气候变化的重要性。作者从国际层面应对能源和气候变化调整的合作行动开始，进而按照联合国可持续发展议程中所强调的能源可持续发展的三个方面分别展开论述，即提高能源效率、发展替代能源和化石能源的清洁利用。在发展替代能源的部分，作者分析了发展替代能源的主要原因，介绍了现行可再生能源法律制度安排（可再生能源配额制、可再生燃料标准、可再生能源证书交易、可再生能源发电并网与收购制度、直接的经济激励以及责任约束），进而分析了现行可再生能源法律制度的实施成效。作者具体分析了欧盟各成员国、美国、澳大利亚以及中国等的可再生能源发展情况。在此基础上，该书指出了可再生能源后续发展面临的制度约束，例如：主要用能领域可再生能源发展激励的结构性制度失衡，可再生能源立法的非和谐状态，高额投资成本的限制和市场竞争力的限制。该书专章讨论了能源基础设施建设的内容和重要意义以及能源输送分配网络现代化特别是电网现代化建设的内容。在谈及能源持续发展的其他环境挑战时，作者特别讨论了发展生物燃料的潜在环境影响，如空气污染，加剧用水紧张和水污染，土地用途改变加速危及粮食安全等。

张正怡所著的《能源类国际投资争端法律问题研究》对当前国际能源投资争端的发展趋势进行了全面的梳理，并就其中存在的实体争端和程序问题进行了阐述。其中所讨论的国际能源投资争端的特征、法律关系，能源类国际投资的法律基础，中国应对能源类国际投资争端的建议等对本书的写作很有助益。

（三）跨境电力相关问题研究

刘振亚所著的《全球能源互联网》是一本全面论证建设全球能源互联网的著作，在该书中，作者指出世界能源的发展长期以来太过于依赖化石能源，导致了资源、气候以及环境问题日益突出，已经严重威胁了人类的生存和发展。为了改变这一状况，新一轮能源改革就势在必行。而实施清洁替代和电能替代是实现能源结构从化石能源为主向清洁能源为主根本转变的基本方向。因此作者倡导建立全球能源观，推动建设全球能源互联网，形成以清洁能源为主导、以电为中心、全球配置资源的能源发展新格局。而可再生能源分布的不均衡以及间断性特点，使得在大范围内进行清洁能源的调配具有重要意义，而实现这一大范围配置的基础就是全球能源互联网。在此基础上作者还提出了实现这个构想的战略规划以及相应的技术基础。虽然此书并非法学类著作，但是为笔者研究跨境电力贸易提供了丰富的背景和基础理论知识。

韩宝庆的《大湄公河次区域电力贸易安排与风险管理研究》是一篇国际贸易方向的博士论文。大湄公河次区域（GMS）电力贸易是我国目前成规模的区域电力贸易的范例，笔者将在本书中具体讨论。这篇文章分析了GMS电力贸易的机会，并从国家、商业以及金融风险三个方面分析了该区域电力贸易存在的风险，并在此基础上指出GMS电力贸易的融资选择。该文章还分析了GMS可选择的电力贸易安排类型，选取相关实例进行了比较研究，指出了GMS电力贸易安排存在的问题，并指出了未来GMS电力贸易制度安排的设想。

李晓峰的《中国与GMS电力贸易及合作研究——次区域公共产品的视角》则从公共管理的视角对GMS电力贸易进行了研究。作者首先介绍了区域公共产品理论及其运用，认为GMS电力合作是一种区域公共产品的供给；作者还介绍了GMS区域经济及电力发展的现状，在此基础上，指出了电力合作与贸易面临的问题。随后作者分析了国外跨国河流电力合作及其经验，进而提出了我国在加强GMS电力合作方面的应对之策与未来展望。

可以说，这两篇有关大湄公河次区域电力合作的学位论文从不同的视角解析了现状，也挖掘了GMS电力贸易在不同方面存在的问题与应对，对于了解相关领域的实践提供了很好的指引。而二者均非法学论文，虽然涉及了政策和规制问题，但并不是分析的重点和主线，因此进行法律角度的研究还是很有必要的。

（四）WTO协议下相关问题研究

石静霞的《"同类产品"判定中的文化因素考量与中国文化贸易发展》

虽然重在分析“中国出版物案”中的同类产品问题，但是作者对同类产品认定的分析思路非常值得借鉴。同时作者指出了 GATT 第三条国民待遇原则第一款和第四款规定的产品范围之不同，非常值得注意。另外，作者对于“目的效果”理论的见解也很有启发性。作者认为“目的效果”理论可以提供一条允许合法歧视，但同时惩罚实质性贸易保护主义措施的途径，并指出严格的文本主义解释方法虽然被认为能够维护 WTO 法的可预见性，但完全遵循也会产生问题，特别是当 WTO 法的自由贸易理念面临着越来越多的非贸易社会价值的挑战，包括环境保护、劳工标准、能源安全以及文化多样性等。笔者认为，这对于可再生能源电力与化石能源电力的相似性判断具有重要意义。

杨向东的《WTO 体制下的国民待遇原则研究》系统性地研究了 WTO 国民待遇原则，在分析可再生能源有关政策与国民待遇原则时可以参考。

（五）气候变化角度的研究

王慧在所著的《我国应对气候贸易壁垒的法律对策研究》中集中对气候变化有关的措施所构成的气候贸易壁垒进行了研究，其中包括了国内气候变化措施与 WTO、单边行动与 WTO、以及气候贸易壁垒与国际投资法。除了讨论碳税的合法性和有效性，碳排放权交易问题外，作者还研究了气候标准与国际贸易规则（特别是欧盟生物质燃料可持续标准问题）以及气候补贴的问题。

王遥所著《气候金融》属于经济类的著作，但其中探讨的问题对本文的写作颇有助益。气候金融是继碳金融之后产生的又一个气候经济概念。为了应对气候变化，需要有多渠道的资金来源。作者介绍了国际层面的气候金融政策，欧盟、美国、澳大利亚以及中国、印度、巴西和南非的气候行动和气候金融政策；气候资金来源和使用，气候金融市场和工具等。该书还详细分析了多边金融机构和基金的融资（如世界银行集团、亚洲开发银行、非洲开发银行、欧洲复兴开发银行、欧洲投资银行和美洲开发银行、国际货币基金组织、多边气候基金等）；双边金融机构和基金；私人气候金融机构如碳金融机构、商业银行、投资银行和保险机构等。

（六）贸易与环境相关研究

鄂晓梅所著的《单边 PPM 环境贸易措施与 WTO 规则：冲突与协调》深入系统地分析了单边 PPM（生产过程和生产方法）环境贸易措施的 WTO 规则和司法实践。单边 PPM 问题与本文的写作密切相关。该书介绍了 PPM 措施的基本概念和分类及其特征；指出与单边 PPM 相关的 GATT 规则第一条最惠国待遇，第三条国民待遇，第十一条普遍取消数量限制，第二十条一般例外以及 TBT 协议和 SPS 协议的相关性：详细分析了单边 PPM 环境贸易措施与国民待遇原则以及环境例外的关系。总结和比较了关于单边 PPM 环境贸易措施南北之间的不同立场和观点，以及学术界的不同观点和立场，并给出了发展中国家的对策。

边永民在《国际贸易规则与环境措施的法律研究》中对贸易与环境问题进行了系统全面的研究。边教授分析了 WTO 协议与环境有关的规定，特别是 GATT 的一般例外条款与环境措施。该书还从条约的贸易措施与 WTO 规则，以及多边环境条约机构与 WTO 相关委员会间的合作两个层面探讨了为履行多边环境条约而实施的贸易措施与 WTO 规则。对环境税和环境费与 WTO 规则，环境标识与 WTO 规则，对转基因生物国际贸易的管制等热点问题的讨论也是全书的亮点。最后作者评析了多哈回合贸易与环境谈判和《北美自由贸易协定》与环境措施。

徐淑萍的《贸易与环境的法律问题研究》紧扣环境问题对多边贸易体制的挑战与协调的主题，指出了受到挑战的多边贸易体制基本原则，例如：最惠国待遇原则、国民待遇原则、一般禁止数量限制原则、透明度原则、对发展中国家和最不发达国家优惠待遇原则以及公正、公平处理贸易争端原则，分析了 GATT 第二十条有关环境问题的例外。该书分三个方面具体探讨了贸易与环境法律问题：一是为环境目的采取的贸易措施与多边贸易体制。与最惠国待遇原则和一般取消数量限制原则相冲突的贸易措施以及潜在的解决方法；国家的单边贸易措施；国家的环境权，单边贸易措施的种类及依据等。二是环境成本内在化与市场准入。因为环境问题的重要特点就是“外部不经济性”，将环境成本内在化是解决环境问题的重要措施，作者因此分析了环境成本内在化对市场准入的影响。三是环境措施对市场准入的影响，环境标准与市场准入，环境标志与市场准入等。

黄辉所著的《WTO 与环保——自由贸易与环境保护的冲突与协调》（修订版）的特色在于从更深层次分析贸易与环境问题。作者分析了环境保护国际化的形成，原则与途径以及面临的主要问题和对 WTO 规则的冲击。重点探讨了环境保护的 PPM 标准与 WTO 规则以及绿色壁垒与 WTO 规则，并就 WTO 规则下自由贸易与环境保护的协调给出了看法。

朱家贤主编、张小平副主编的《环境金融法学》融合了法学和经济学的相关研究，对排放权交易的法律制度进行了系统全面的研究。在环境金融中的投资模式与法律制度以及环境金融中的融资模式与法律制度的探讨中，作者还专门研究了可持续性银行业务的法律制度，可再生能源项目融资以及可再生能源配额法律制度。

二、国外研究现状

（一）综合性的国际能源法研究

Rafael Leal-Arcas，Andrew Filis 和 Ehab S. Abu Gosh 所著的《国际能源规制：若干法律问题》（*International Energy Governance*：*Select Legal Issues*）是一本全面探讨国际能源治理的书。全书从四个角度进行了论证：一是全球能源治理的碎片化；二是欧盟的能源治理；三是可再生能源在 WTO 和 EU 中的治理；四是如何将能源、贸易和环境三者的政策目标进行协调。在以化石能源为主的时代，资源在全球各国分配不均衡，能源需求国与能源供给国不匹配，加之能源在各国的重要战略地位，都使得世界范围内的能源治理出现了碎片化，各国根据自身的利益结成了不同的阵营，也出现了不同的能源治理机构。从能源贸易来讲，有世界贸易组织、各种优惠性贸易安排、能源宪章会议、石油输出国组织和天然气输出国论坛；投资方面有能源宪章会议、世界贸易组织、多边和双边投资协定以及关于解决国家与他国国民之间的投资争端的公约；环境保护方面有《联合国气候变化框架公约》和《京都议定书》、世界贸易组织、能源宪章会议、欧盟及北美自由贸易协定；能源过境方面有：

联合国、世界贸易组织、能源宪章会议、北美自由贸易协定、东盟及欧盟；应对能源安全的有：国际能源组织、国际能源论坛、世界石油理事会、八国集团和二十国集团以及主要能源和气候经济体论坛。而缺乏有效的协调也对各国的能源稳定供给和能源安全造成了潜在的威胁。WTO 条约体系并未对能源问题有专门的规定，但并非不能适用。该书全面分析了 WTO 规则如何调整能源部门，介绍了现状也指出了存在的问题。

该书还分析了与环境保护和可再生能源有关的案例，如加拿大可再生能源案、中国风电案等，并指出了 WTO 规则在调整可再生能源时突出的几个问题，如绿色能源治理与贸易政策，可再生能源补贴，可再生能源电价附加补偿是否是补贴、本地成分要求、绿色补贴基金、通过控制温室气体排放来支持能源安全以及 GATT 第二十条一般例外等。但是书中并没有就跨境电力贸易问题进行系统梳理和深入讨论。

作者还专门讨论了欧盟内部的可再生能源政策，如《欧洲联盟运作法》中的国家援助条款（*Treaty on the Functioning of the European Union*：*Provisions on State Aid*），《2008 年环境保护国家援助的指导意见》（*the* 2008 *Guidelines on State Aid for Environmental Protection*），《2009 年可再生能源指令》（*the* 2009 *Renewable Energy Directive*）等，作者重点讨论了欧盟对于可再生能源的国家援助问题。

在此基础上，作者进一步讨论了 TTIP 和 TTP 与可持续发展的问题，指出在这些新近谈判的贸易与投资条约中，可持续发展与环境保护的理念愈加深化。如 TTIP 在可持续发展目标方面，关注环境保护、经济的可持续性以及社会责任问题；在能源方面，关于原材料和自然资源以及能源效率和可再生能源发电；在 TTP 中专设环境保护部分等。

（二）专门性国际能源问题研究

国际贸易与可持续发展中心（International Centre for Trade and Sustainable Development，下称 ICTSD）在能源与可持续发展方面做了大量的研究，他们与彼得森国际经济研究所（Peterson Institute for International Economics），全球绿色发展研究院（Global Green Growth Institute）共同发起了一个专项研究，

倡议就可持续能源专门进行谈判，出台一个专门性的《可持续能源贸易协定》(Sustainable Energy Trade Agreement，下称 SETA)，为此他们做了大量的研究。

Gary Hufbauer 和 Jisun Kim 在《就〈可持续能源贸易协定〉进行谈判的若干问题与考虑》（Issues and Considerations for Negotiating a Sustainable Energy Trade Agreement）中系统阐述了可再生能源贸易可能遇到的壁垒。

气候变化是人类如今面对的史无前例的挑战。以化石能源为基础的能源使用是最大的人为温室气体排放源，可再生或者可持续能源的使用规模的迅速扩大能够大大减少使全球变暖的温室气体排放。用于交通运输的燃料如果能够更加清洁低碳，能源利用效率如果能够更高，这些也能够对达成这一目标作出积极贡献。另外，可持续能源的大规模应用还能够使更多发展中国家的人们获得能源；对于新兴国家来说，可持续能源的利用能够使他们避免过度依赖碳密集型的增长道路。它还能够加强能源安全，因为可以减少国家对化石能源的进口依赖。

这些努力要求可持续能源的生产成本越低越好。在市场条件下，这点非常困难，因为可再生能源投资相对来说依然是需要高投入的。因为环境和健康等外部性没有被考虑在化石能源的定价中以及化石能源享有的高度补贴，可再生能源的电价附加补偿以及税收优惠有助于降低生产可持续能源电力的设备及服务的成本，这也至关重要。

贸易政策能够降低可再生能源产品和服务的市场准入壁垒。但是，贸易以及国内可持续能源政策也常常会限制可再生能源生产者获取在竞争基础上定价的商品和服务。这是因为政策制定者一方面要降低可持续能源的生产成本，另一方面他们也常常以促进可再生能源设备和服务的本地化生产和提供为目标。另外，可持续能源部门也常常被决策者认为具有创造就业的潜力。

但是这些目标可能很难平衡，特别是当决策者仍然需要选民支持他们的可持续能源政策时。本地生产和就业的动机也可能引发对于有关能源效率或者可持续交通的商品和服务的保护主义政策。可持续能源产品贸易也可能被其他因素阻挠，如关税、补贴以及名目繁多甚至相互冲突的技术标准以及缺乏协调或者互认等。

显然，在应对气候变化时，除了其他的应对政策，还需要有贸易政策。WTO“一揽子”的谈判方式，使得各方在不同的问题中进行更广泛的权衡和交易。没有办法迅速有效地解决那些重大并且敏感的能源相关问题。在这样的背景下，就值得考虑一个独立的《可持续能源贸易协定》，来应对这些壁垒，推进有利于应对气候变化的贸易政策，提高可再生能源供给。

这个协定可以采用诸边协定的形式，在 WTO 框架内或者框架外。它在促进可持续能源产品和服务的贸易的同时还能够考虑发展中国家的需求和担忧，毕竟许多发展中国家还没有准备好短时间内完全放开其可持续能源产品和服务。这样的协定能够帮助澄清现有的贸易规则在适用于可持续能源时的模糊不清，还能够通过有效和具有操作性的条款进行集中的治理。

这篇文章详细论述了 ICTSD 的另一篇题为《培育低碳增长：〈可持续能源协定〉的目标》）（Fostering Low-Carbon Growth：The Case for a Sustainable Energy Trade Agreement）的文章中提出的几个主要问题。这些都是完成该协定需要解决的关键性问题。这篇文章首先关注了许多可持续能源相关产品的关税以及各国贸易的动态。作者还介绍了许多需要解决的非关税贸易壁垒，最后谈到了协定的谈判机制以及制度框架，还论证了为什么某些谈判路径和框架是更适合的。

尤利娅·塞利万诺娃（Yulia Selivanova）是一位国际能源法方面的专家，她的文章《清洁能源和基础设施准入：对全球贸易体系的启示》是清洁能源国际贸易方面很新的研究成果。她指出了一个突出的问题，那就是：为了应对气候变化，达到可再生能源发展目标并保证能源供给安全，在接下来的十年里，需要有大量的可再生能源和其他的低碳能源连接到电网。快捷的电网准入安排对于新的发电项目上马至关重要。因此通过立法对传输和分配网络准入进行规定，保证准入条款的合理性，对于清洁能源融入整个经济具有重要意义。并且，为了清洁能源在目前以及将来能够成功融入能源体系，对于能源基础设施的长期投资是必需的。大部分可再生能源资源具有地域性，也就是说利用这样的资源所发出的电力必须经过远距离的传输。

因此，预计区域性的清洁能源贸易会在未来大规模发展。这就意味着清洁能源的跨境传输规则，特别是通过固定基础设施的传输规则至关重要。并且，如果新的基础设施能够连接不同时区，从而通过跨时区供电克服清洁能源间断性的特点，清洁能源系统的效率将会大大提高。跨大陆的电网连接能够利用总电量的优势在任何需要的地方进行调度，这将大大提高可再生能源的开发潜力。促进可再生能源在电力部门的发展要求有合适的政策来解决清洁能源并网传输和配电的问题。

伴随着许多国家国内的能源部门改革，独立的电力生产者被允许在市场上运作。而在有些国家，占主导地位的集中式生产、传输和分配体系依然受到规制保护，这让替代技术的引入，包括可再生能源的发展变得困难重重。对国内法律规定进行审视，以更好地引入可再生能源技术，特别是将可再生能源电力并网，是第一步。该文中作者集中讨论了国际贸易规则如何更好地适应和促进通过固定基础设施进行的可再生能源贸易。作者首先指出了能源运输的特征，然后探讨了与通过固定基础设施的清洁能源贸易有关的 WTO 规则，特别是 GATS 与能源服务和 GATT 的过境条款。文章还提出了相应的政策建议。

通过固定基础设施的能源贸易具有两个互相联系的特征需要考虑。第一就是能源运输的基础设施具有自然垄断的特征。第二，基础设施建设项目是资本高度密集型投资。这两个特点导致了目前多边贸易规则面临挑战。能源部门的技术结构决定了在某些环节上的自然垄断的普遍存在，这往往伴随着高昂的维修成本和技术上的限制。规则制定就需要尽可能降低自然垄断的低效率垄断租金。此外，为了培育竞争环境，促进清洁能源供给，应当确保其他能源供给者特别是独立的可再生能源小生产者的发电能够顺利并网。考虑到能源基础设施的容量是有限的，没有太多的多余容量，第三方准入的规定不一定能够确保问题得到解决。因此，还需要有关于网络容量扩充以及新建基础设施的相关规定，才能够确保清洁能源贸易和投资的持续发展。

即便一个外国的清洁能源供给方被授予了市场准入权，并在东道国建立了电力贸易和营销公司，他可能依然会遇到进入传输网络的障碍。这就需要有个独立的规制者，能够监控这些垄断企业的行为，保证有序竞争。在 WTO

的多边规则下，传输设施的第三方准入的问题在于，这些基础设施大多被私营公司而非政府控制。但政府才是WTO的义务主体。因此，还需要有额外的支持竞争的纪律，最好在GATS能源服务一般规制之外专门制定保障清洁能源并网的规则。对于通过固定基础设施的能源过境，GATT的一般过境规则也并不完善。作者认为，为了对跨境的清洁能源贸易有更明确和可预见的规定，有必要针对GATT第5条制定一个解释性说明。

（三）跨境电力相关问题研究

Janusz Bielecki和Melaku Geboye Desta所编写的《欧洲电力贸易：经济和规制变化评论》（Electricity Trade in Europe：Review of the Economic and Regulatory Changes）是目前为止在跨国电力贸易领域中研究较为全面的一本著作。该书从两个大的方面进行了评析：一是电力贸易的运营和经济方面，二是电力贸易的规制方面。与本文关系更为密切的是第二个方面，在该部分，Andras Lakatos对电力贸易的规制环境进行了全面的概述，笔者在构思和行文中深受启发；David Kennedy重点讲了在电力市场发展过程中规制安排的角色；Thomas Wälde和Andreas Gunst则以电力为例分析了国际能源贸易和对网络设施的准入，是了解输配电网的第三者准入制度有很大的帮助；Charles Zimmerman讲述了跨境容量分配方法；Simonetta Zarrilli从多边规则和能源产品和服务贸易的角度进行了分析；Janusz Bielecki和Leif K. Ervik对电力贸易和与贸易相关的环境措施进行了研究；Leigh Hancher专门分析了促进可再生能源电力贸易的中立措施的合法性。总的来说，这本书几乎汇集了目前为止国外特别是欧洲对于电力跨境贸易研究最为重要的成果。但是该书更类似于论文集，每篇文章自成体系，没有形成系统性的研究成果，有些文章涉及的内容并非专门针对电力贸易，而且主要以欧洲的情况为讨论对象。

在区域电力市场方面，经济咨询联合公司（Economic Consulting Associates）为世界银行下属的能源部门管理协助项目（Energy Sector Management Assistance Program，ESMAP）作了一系列的报告，对世界现有主要的区域电力市场的情况进行了概述，是了解目前全球区域电力市场的发展情况非常好的参考资料。

（四）WTO 协议下相关问题研究

Robert L. Howse 在可再生能源贸易法律问题以及环境保护与贸易方面都颇有研究。他的《世界贸易法与可再生能源：非关税措施》（World Trade Law and Renewable Energy：the Case of Non-tariff Measures）讨论了多种可再生能源非关税措施，如税收措施与国民待遇，规制措施的国民待遇问题，可再生能源补贴，可再生能源相关服务等。同时他还讨论了 WTO 贸易规则下可再生能源发展中的壁垒，如输电网和配电网的准入，生物燃料的规制，补贴及服务等。

Robert Howse 和 Donald Regan 的《产品/生产过程的区别——用来规范“单边主义”的虚幻基础》（The Product/Process Distinction-An Illusory Basis for Disciplining ‘Unilateralism’ in Trade Policy）全面系统的论证生产过程和生产方法（PPM）与“单边主义”。如果一国采取的内部规制措施仅以产品的生产过程和生产方法为基础而给予产品不同的待遇，人们就认为这样的措施是违反 GATT 的。这一观点似乎已经成了通说（尽管这样的措施也许有可能用 GATT 第二十条例外来正当化）。而在这篇文章中，两位作者用环环相扣的推理，意在挑战这一通说。首先，他们认为产品与生产过程区别论不论在 GATT 的条文还是案例中都找不到依据。产品与生产过程区别论是从并未被通过的金枪鱼/海豚案中发展来的，在该案中 PPM 被排除在了 GATT 第三条国民待遇原则的适用范围之外，而被认为违反了第十一条数量限制的规定。作者认为这一认定既不符合该条规定的文本，又违背了 GATT 的基本结构。问题的实质在于，在第三条国民待遇原则下，产品是否可以因为 PPM 的不同而被认定为“不相似”（unlike）？作者认为，如果一项规制措施客观上确实是有关于非保护主义目的，那么不论是以产品为基础还是以生产过程为基础的不同规制都是与第三条相符的。人们对于在第三条下给予基于产品的措施和基于生产方法的措施类似的考量有诸多的顾虑，文章的后半部分则逐一分析了这些顾虑。一是人们常常把基于生产过程的措施与另一种措施混同，那就是基于产品的来源国而给予不同的待遇而不是根据它们事实上是如何生产出来的。作者认为以来源国为基础的措施有可能违反 GATT 第三条以及/或者第一条，尽管有些时候它们可能会被第二十条正当化。作者还分析了其他的反对意见，这些观点都声称基于生产过程的措施是“单边的”“治外法权的”或者“强制的”，因而它们可能是保护主义或者会导致更深的市场分化，或者会对发展中国家的生产者造成不公平或者给他们带来非正当的成本。作者利用经济学上的外部性理论证明：基于生产过程的措施和基于产品的措施在原理上和效果上并无差别。

Thomas Cottier 在《可再生能源与生产过程与生产方法》（Renewable Energy and Process and Production Methods）一文中则持相反的观点，作者认为可再生能源电力和化石能源电力在不论物理属性还是用途等都是完全相同的，因此不能依据 PPM 来认为二者不是相同或者类似产品。本书会在下文中仔细分析这两方观点。

（五）贸易与环境相关研究

David M. Driesen 的《什么是自由贸易：贸易与环境之争背后的真正问题》（What is Free Trade：The Real Issue Lurking Behind the Trade and Environment Debate）是常常被和 Howse 的文章一起提及的文章。二人殊途同归，从不同的角度论证了环境措施与自由贸易的关系。Howse 的角度更加具体和实证主义，而 Driesen 则深入根本，探究贸易与环境之争，甚至更广泛意义上的自由贸易的理念。作者指出了关于自由贸易的三种不同的观点，即 WTO 建立时所依赖的“自由贸易”中的“自由”到底是指“非歧视”“自由放任”还是“非强制”？作者认为，“自由”不是“自由放任”，而是指非歧视，也就是说，只要一国的规制是一视同仁的，那么即便在客观上产生了另一国若要向其出口就必须遵守相关规定这样看似强制的效果，那么也不违反 WTO 相关规定。

三、国内外研究现状、趋势与问题评述

总的来说，目前国内研究国际能源法律问题的书籍和论文相对较少，现有的研究大多集中于对于国际能源法的制度的综合性介绍，属于学科基础性研究。一些就能源法律问题所做的专题性研究也主要集中在国际政治、能源

安全、气候变化以及争端解决等方面。也有一些论文开始探讨可再生能源有关的国际法律问题，如可再生能源的补贴问题等，但并没有专门就跨境电力贸易规则做系统性研究的专著。

国外在国际能源法方面的研究更为活跃和多元化。从可再生能源贸易角度，国际组织和智库的讨论非常积极，也已经有了一定数量的文献资料，这为本文的研究提供了很好的基础材料。但是在跨境电力贸易方面的研究在国际上也并不多。特别是我国提出建立全球能源互联网之后，这个观点和做法是全新的，其他国家并没有相关研究。因此笔者的研究对于全球能源互联网建设以及参与跨境电力贸易及其讨论和规则制定具有重要意义。本书的研究在国内外都较为前沿。

第三节 研究范围及内容

一、研究范围

本书的研究对象是跨境电力贸易的法律规制。由于电力本身的特殊属性，在贸易法下，电力具有货物和服务双重属性，而现在的主流观点认为，电力本身是货物，而电力的输配是服务。本书所讨论的跨境电力贸易，侧重于电力作为货物在跨越边境的贸易中遇到的法律问题。

具体来讲，本书研究了跨境电力贸易规制中的三个核心问题：可再生能源和化石能源电力的相似性与国民待遇、跨境电力贸易的市场准入与其他贸易壁垒、电力过境。在此基础上，本书提出通过国际规制合作的方法来解决跨境电力贸易规制的问题。最后，本书还研究了我国在相关方面的情况。

二、电力与电力市场基本理论

电力与电力市场基本理论是理解跨境电力贸易规制的基础，因此笔者认为有必要首先对电力在贸易法下的性质，以及电力行业结构与跨境电力贸易进行基本的分析说明。

（一）电力在贸易法下的性质

电力是一种无形商品，并且在目前的经济技术条件下，不能够以经济合理的方式大规模存储，[①] 其生产和消费必须同时进行、实时匹配，这与服务的特征非常一致。电力又和石油或者天然气有许多功能上面的相似性，都是重要的能量来源，而石油和天然气的货物属性几乎从未被质疑过。电力究竟是货物还是服务，这一区别至关重要，因为适用于货物和服务的国际贸易规则是不同的，电力在国际贸易争端中的待遇会因其被界定为货物还是服务而有所不同。在 WTO 框架下，《关税及贸易总协定》（1994）（GATT 1994）以及其他与货物有关的协定中包含了 WTO 成员对货物贸易的义务，而《服务贸易总协定》（GATS）则规定了服务贸易规则。[②]

事实上，电力的属性，即电力到底是货物还是服务，是一个长期争论的话题。为了探究其性质，首先要从 GATT 本身寻找线索。然而 GATT 并没有列出其所适用的产品。GATT 的起草历史表明，在 GATT 早期，可能是因为它不能储存的性质，电力并没有被作为商品。[③] 在后来 WTO 有关电力的讨论中，呈现出了一个趋势，就是逐渐普遍认可电力本身受货物贸易的有关协定管辖，而电力传输、配送和其他有关服务的活动则在 GATS 的调整范围下。这一认可态度也体现在许多贸易国家在 GATT 1994 下对电力的关税作出了承诺。[④]

在世界海关组织（WCO）的《商品名称及编码协调制度》（HS）中，电力属于 27.16 章节下，是 HS 中的可选条目（Optional Heading），也就是说，

---

① Philip-Xenophon Pierros and Sabina Nüesch, Trade in Electricity-Spot On, 34 (4) Journal of World Trade 95, 98 (2000).

② Energy Charter Secretariat, Regional Electricity Markets in the ECT Area, 81 (Oct. 2003), available at http://www.energycharter.org/fileadmin/DocumentsMedia/Thematic/Regional_Electricity_Markets_2003_en.pdf.

③ Council for Trade in Services, World Trade Organization (WTO), Energy Services, Background Note by the Secretariat, S/C/W/52 (Sept. 9, 1998).

④ 大部分主要贸易国家和地区的《承诺减让表》中都有电力关税的承诺，例如美国、欧共体和加拿大；但是，在日本和墨西哥的《承诺减让表》中没有。See Gary Horlick, Christiane Schuchhardt and Howard Mann, NAFTA Provisions and the Electricity Sector, 4, Background Paper, Secretariat Report to Council under Article 13 of theNorth American Agreement on Environmental Cooperation (June, 2002), available at http://www3.cec.org/islandora/en/item/1821-nafta-provisions-and-electricity-sector-en.pdf.

成员可以自由决定在征关税时是不是把电力作为货物。这一可选择性的设计似乎反映了有些国家并不认为它是货物。[①] 但是在最新的联合国《中央产品分类表》（The Central Product Classification，2015 修订版，下称 CPC）中，电力与煤炭、原油、天然气等共同列于一个部分（Section 1）下；同时 CPC 明确列出了电力配送服务，并将其分为输电和配电两大类，对电力配送的支持服务也明确被列了出来。因此可以看出，CPC 将电力本身划归货物，而输电和配电则属于电力服务的范畴。[②]

从其他国际协定来看，在《能源宪章条约》（ECT）下，电力被明确列在附件 EM（在修改后的条约中是附件 EMI）能源材料和货物中。鉴于 GATT 1994 以及其他附件 1A 中的协定被 ECT 所吸纳，这就意味着在 ECT 成员之间，这些有关货物贸易的规定都适用于电力的进出口。

需要指出的是，因为 ECT 只并入了 WTO 规则中与货物有关的条款，GATS 对电力贸易的可适用性并未被提出。但是，ECT 第一条第五款中定义了“能源领域的经济活动”，完全涵盖了包括电力服务在内的能源服务。通过其投资条款，ECT 实际上规制了与电力相关的服务贸易四种形式中的一种，即商业存在，从广义上讲，对应着 GATS 下服务贸易的模式三。[③]

在区域贸易层面，《北美自由贸易协定》（North American Free Trade Agreement，下称 NAFTA）也把电力作为货物，列入了能源产品中。[④] 在大部分欧盟国家，电力常常被认为是货物，而且大部分的欧盟关税表中都包括电力的关税栏。在欧共体这一问题在多个法庭程序中被讨论过，法院认为电力是货物而非服务。[⑤]

所以从国际和地区层面的相关规定与实践中基本可以总结出现在国际社

---

① Council for Trade in Services, World Trade Organization (WTO), Energy Services, Background Note by the Secretariat, S/C/W/52 (Sept. 9, 1998).

② The Central Product Classification (CPC) Ver. 2. 1 (Aug. 11, 2015), available at http://unstats. un. org/unsd/cr/registry/cpc-21. asp.

③ Energy Charter Secretariat, *Regional Electricity Markets in the ECT Area* 82-3 (Oct. 2003).

④ See Article 602 (2) (h) NAFTA.

⑤ E. g. ECJ Case C-158/94 Commission of the European Communities vs. Italian Republic.

会对于电力性质的主流观点，那就是电力本身是货物，而电力输配则属于服务。其实，这个问题还和电力产业的结构有关。垂直一体化的电力公司之间的电力贸易通常被认为是货物贸易。但是，在发电与输配电分离之后，问题就变得更加复杂了。主流观点认为发电受 GATT 1994 调整，但是输配电应当被 GATS 管辖。①

然而需要注意的是，电力并不是普通商品。一方面，电力并不是燃料，它不能被以经济合理的方式大规模存储，发电量和用电量必须通过中央控制系统实时匹配，整个系统像一台巨大的机器一样实时运转。任何对正常运作的重要偏离都会损坏甚至摧毁设备，并且系统故障会在瞬间通过电网传到数千公里之外。如果保护性的装置没能发挥作用，整个系统都可能因此需要关闭。另一方面，在实践中，政府将电力归类为货物可能会面临更多公众的关注和担忧。这是因为电力是一个具有公共维度的商品，它是经济生产不可或缺的元素，它的供给具有重要的经济意义同时还有社会意义。让所有人都有电可用，并通过多元化的供给来源和国内资源的战略性使用来保障供给，是公共利益的诉求。② 因此，国家更愿意通过电力的自给自足来保障能源安全。

总之，电力的自然特性，加之被赋予的战略地位，如果将电力作为普通商品对待，进行自由的跨境贸易，有可能会引发公众对能源安全与能源独立的担忧。这就要求在跨境贸易中，对电力的特殊性予以充分的考虑。

（二）电力行业结构与跨境电力贸易

电力行业主要由四大垂直联系的功能组成：发电、输电、配电和供电。发电是电力生产，是将煤炭或者天然气等初次能源转换为电力的活动。电力

---

① See Thomas Cottier, et al., Energy in WTO Law and Policy 4-5 National Centres of Competence in Research (NCCR) Trade Working Paper No. 2009/25 (May 2009), available at http://www.peacepalacelibrary.nl/ebooks/files/NCCR_ Cottier_ Energy-WTO-Law.pdf; Robert Howse, World Trade Law and Renewable Energy: The Case of Non-Tariff Barriers 1 UNCTAD/DITC/TED/2008/5 (United Nations Publication, 2009), available at http://unctad.org/en/Docs/ditcted20085_ en.pdf; Council for Trade in Services, World Trade Organization (WTO), Energy Services, Background Note by the Secretariat 7-14, S/C/W/52 (Sept. 9, 1998).

② Philip-Xenophon Pierros and Sabina Nüesch, Trade in Electricity-Spot On, 34 (4) Journal of World Trade 98, 103 (2000).

的来源有化石能源如煤炭、天然气、石油等，也有可再生能源如水、太阳能、风能、生物质能等，还有清洁能源如核能。输电和配电则是通过电网将所发电力输送出去的行为。输电是通过较高电压对电力进行传输，但是输电并不仅仅是电力的输送，还包括对来自各个分散的电厂的电力进行管理，使他们上传到一个电网之后保持合适的电压和频率，防止系统故障。配电是通过较低电压进行电力输送。供电是把电力销售给最终用户，包括计量读表、收费以及营销等。①

对电力行业的规制主要是基于自然垄断的存在，外部性以及公共产品属性等三个方面的考量。② 这些条件解释了为什么电力产业在传统上呈现垄断的市场结构。传统角度，大部分国家都把整个电力行业作为自然垄断，在几乎所有国家，电力部门都曾经是（许多国家现在依然是）发电、输电、配电和供电垂直一体化的，即在特定地域范围内，由一个企业负责从发电到输配电直到供电的全部环节。③ 在大多数国家，这些垂直一体化的公司都是全国性的垄断企业（常常是国有企业），发电、输电、配电服务是捆绑在一起向最终消费者提供的，只有这样的企业有权向最终消费者供电。

但是事实上，自然垄断在某些环节上并不存在。输电和配电常常被认为是自然垄断，而发电和供电则有竞争潜力。④ 关于这个问题会在下文中详细讨论。总之，规制改革倾向于将这些不同功能进行分解，将发电和供电向市场竞争放开。在电力行业垂直一体化的体制下，由于竞争缺位，垄断电力企业既是电力生产者又是销售者，导致很多国家电力部门缺乏活力，经济表现都不太好，尤其是那些传统上依赖国有公用事业公司的国家。因此有些国家通过私有化吸引外商直接投资参与发电和配电，从而释放公共财政资源。在世

① Faye Steiner, Regulation, Industry Structure and Performance in the Electricity Supply Industry 146, OECD Economic Studies No. 32 (2001), available at http: //www. oecd. org/eco/outlook/2731965. pdf.

② Ibid.

③ Paul L. Joskow, Deregulation and Regulatory Reform in the U. S. Electric Power Sector 6, Center for Energy and Environmental Policy Research (Feb. 2000), available at http: //dspace. mit. edu/bitstream/handle/1721. 1/44967/2000-003. pdf? sequence=1.

④ Ibid.

界范围内民主自由经济体制的大趋势下，对电力行业进行改革、引入竞争的呼声也越来越高。电力行业四大部分从过去的垂直一体化垄断到越来越多的国家逐步对这种一体化结构进行拆分，构成了当今世界范围内电力行业结构的基本图景。

只要大部分国家的电力工业是通过国家垄断企业运作的，那么真正的跨境电力贸易就几乎不会发生，即便有这样的贸易，也是在已有相互连接设施的相邻国家间垄断企业之间电力在物理上的交换。这些物理上的交换通常是用来减少跨越多个时区的电网的高峰备用发电容量，或者为了在提高系统稳定性的同时减少对蓄能容量的需求。在很多国家进行电力部门自由化改革并向国内和国外竞争开放之前，并不存在真正意义上的电力贸易，即买方与最低成本供应商进行的直接的、竞争性的交易。

跨境电力贸易的出现和发展在很大范围和程度上取决于国内电力行业的规制改革，如：对电网的非歧视性准入、电力行业一体化垄断的分拆以及用户选择供应商的自主权，等等。

在开放电力部门过程中市场准入的一个关键问题就与输电和配电网络的准入有关。因为潜在的进入者面临着既有企业在输送费用上的歧视或者订约上的障碍。非歧视性的电网准入在大多时候需要通过引入规制型第三方准入来实现，即在非歧视和透明的条件下提供电网准入的法律义务。另一种替代方案是协商式的第三方准入，在这种条件下，电网准入的条件取决于输电方和供电方以及消费者的谈判结果。

为了保障第三方准入，除了对于处于垄断地位的输配电运营商的行为进行规制，更要从改革电力行业的结构出发，使得输配电运营商和第三方进入者的利益诉求相一致。想要实现这一目的，就要将发电和供电与输电和配电分开，建设具有竞争性的电力市场。当然，这是否能够有效的增加市场准入还取决于分拆的类型。具体的操作方法有三种：一是分开记账（Accounting Unbundling），分别披露其不同业务的收支，避免交叉补贴；二是分开管理（Management Unbundling），避免输电部门通过阻碍第三方准入或者通过提供有关竞争者运营的竞争情报来帮助另一个部门获得运营优势；三是所有权的分离（Ownership Unbundling），将电力输配变为类似于公共运输提供者的角色，只根据规定的费率进行运送，使其商业目标成为通过尽可能多的输送电力来增加盈利。总的来说，后两个方法能够更好地保证市场准入，而会计分开可能不会解决发电和传输一体化公司的市场优势地位问题，这样的公司还有可能会通过利用歧视性的电网使用费用给潜在进入者造成障碍。

规制改革中另一个对贸易自由化有影响的因素就是服务消费者的准入——从另外一个方面讲——就是消费者选择供应商的自由。完全自由的贸易假定外国供应商可以自由的直接将电力销售给消费者，并且消费者有权选择处于任何地方的供应商。有些国家引入了大客户购电逐步实现完全自主化，而其他国家则在电力改革之初就立即引入消费者完全自主权。①

三、基本观点与主要内容

本书的基本观点是：跨境电力贸易有别于普通的货物贸易，由于电力有独特的物理属性和社会属性等，导致跨境电力规制中的三个核心问题：国民待遇、市场准入以及电力过境有非常明显的特殊性，很多问题是电力贸易特有的，目前的国际贸易规则不足以调整逐渐发展起来的跨境电力贸易。而且，很难通过传统的国际贸易条约等方法来对跨境电力贸易进行统一的有约束力的调整。因此笔者认为应当运用国际规制合作的方法，通过多元的主体和灵活的机制来发展适合于特定情形的规则，并在此基础上逐步实现规制的协调。

本书共有七章。第一章引论，介绍文章的写作动因，研究的理论和实践意义以及研究方法；对这一领域现有的研究成果进行梳理和总结；简要介绍文章的主体内容以及创新和突破点。

第二章可再生能源与传统能源电力之“相似性”与国民待遇。首先探讨了可再生能源和化石能源电力是否是“相似产品”的问题，这也是决定很多促进可再生能源发展的政策措施之合法性的关键问题。但是这个问题在学界（包括国际和国内）尚未有深入系统的分析。笔者通过法律文本，相关案例以

① Energy Charter Secretariat, *Regional Electricity Markets in the ECT Area* 83-5 (Oct. 2003).

及政策性的考虑等多个方面进行系统研究，发现通常人们所认为的“可再生能源与化石能源毫无疑问是相似产品”这个观点非常值得质疑，笔者论证了NPR-PPMs可以作为判断可再生能源和化石能源电力相似性的因素，并且从竞争关系、物理性质、消费者喜好、规制目的以及消费所带来的后果等全方位的证明了有许多因素决定了可再生能源和化石能源电力可能不是相似产品。紧接着，在本章第二部分，笔者分析了有关可再生能源的税收措施和规制措施的国民待遇问题，总的来说，在涉及NPR-PPMs以及与环境有关的政策时，措施的合法性往往充满了不确定性。

第三章跨境电力贸易中的市场准入及其他贸易壁垒。在电力行业，电力的传输必须要依赖电网，但是输配电具有自然垄断性质，常常在垄断企业控制之下。笔者首先分析了电力行业的自然垄断性质；接着探讨了电网的第三方准入制度的理论基础，以及实现第三方准入的方法，如谈判式准入和规制式准入，并且提出通过电力行业结构改革，将输配电主体和发电商，供电商分离，能够从制度上使得他们的利益诉求相一致，进而促进第三方的准入。而在国际层面，则很难找到关于第三方准入的规定。这也是要通过国际规制合作促进准入的重要原因。本章第二部分还探讨了基于互惠要求的电网准入，如适格用户的互惠要求，以及环境互惠；分析了国营贸易企业和公共服务义务可能给电力贸易带来的市场壁垒。

第四章电力过境。过境问题的国际法保障最初来自于联合国下一系列关于海洋法的规定，本章首先介绍了在联合国机制下对于过境自由的规定；接着笔者介绍了WTO体制下GATT 1994包含的过境自由条款，但是该条款是否包含通过固定基础设施（如电网、油气管线等）的过境，存在争议，新的《贸易便利化协定》也并未对此作出澄清；目前，只有ECT的过境条款明确适用于电力过境，并且该条是ECT最有特色的条款之一，对于电力过境规制具有重要意义。笔者从ECT关于过境的定义，ECT下的过境自由规定以及关于非歧视规定的争议三个主要方面分析了ECT的过境制度。但是单单一条的内容对于复杂的电力和油气等过境问题远远不够，因此ECT在2000年启动了《过境议定书》的谈判，希望在ECT的基础上专门制定一个关于过境的细则，笔者分析了导致该议定书迟迟未获通过的三个主要因素，即拥塞管理，过境容量分配（特别是合同错配）以及议定书在欧盟内部的适用等关键问题。

第五章跨境电力贸易规则构建与国际规制合作。基于对跨境电力贸易中的三个核心问题——国民待遇、市场准入和电力过境——的分析，笔者提出应当运用规制合作的方法来对跨境电力贸易进行规制。本章首先总结了跨境电力贸易规制中存在的问题，进而分析了为什么国际规制合作适合于解决跨境电力贸易的问题。在此基础上，笔者从机构和制度两个方面分析了如何对跨境电力贸易进行规制。在规制机构的选择上，传统的超国家机构的作用非常有限，因为跨境电力贸易涉及国家的核心利益，需要自下而上的规制协调。因此政府间网络这种规制形式的优势就凸显出来了，通过将各国的规制机关及其代表聚集起来，进行正式或者非正式的会谈和交流，逐渐地达成共识，进而在制定国内电力规则的时候就考虑到他国制度，实现由内而外的规制协调；同时私人规制团体的兴起也值得注意，特别是全球能源互联网发展合作组织的建立，对于推动电力跨国联网具有重要意义。从规制的制度来讲，传统的条约和协定模式在调整跨境电力贸易方面的作用也显得不够充分，因此通过互认协定，国际标准，以及没有约束力的指引、最佳规制实践等，逐步协调各国的电力规制，是现实可行的路径。

第六章中国的电力行业规制与跨境电力贸易。传统上，中国的电力行业基本上是国有企业垂直垄断的格局，但是随着电力市场化改革，这种状况正在改变。本章介绍了中国电力行业的规制体制，这对于理解我国的电力行业准入具有重要意义。接着笔者从电力市场化改革、可再生能源发展以及改革背景下电网产业的外资市场准入三个维度，剖析了中国电力市场规制在面对跨境电力贸易时可能遇到的问题。电力市场化改革意在打破国有企业对电网的垂直垄断，将售电向社会开放，鼓励大用户直接购电，仅在输配环节保留垄断性质。这在给国内电力市场带来活力的同时，也不应忽视市场打开后在国际层面的意义，譬如外国电力的准入等；从可再生能源的发展角度，中国实行可再生能源全额保证收购制度，仅就规定本身，可能存在歧视外国进口电力的可能。在这部分，笔者还着重介绍了大湄公河次区域电力贸易实践，这是目前我国较为成型的跨境电力交易的案例，但事实上大湄公河次区域电力贸易也并非真正意义上的电力自由跨境贸易，还是以大型垄断企业的双边合同为基础的电力交易。如果随着未来的发展，跨境自由电力市场逐步建立，以上的国内规则可能就会面临挑战，因此要提早进行分析研究，避免潜在的风险。最后，笔者从中国向外发展全球能源互联网；国内的电力市场发展和改革以及多层次多角度的跨境电力贸易规则构建的角度提出了建议。

第七章是结语。

第四节　研究方法

本书在写作过程中，拟综合采用多种法学研究方法，同时还会运用跨学科的研究方法。具体来讲：

第一，价值分析法。本书讨论的对象是跨境电力贸易法律规制，并且要考虑可再生能源电力的跨境传输问题。可再生能源之所以区别于化石能源等传统能源，就在于它更加符合可持续发展的价值理念。随着经济的发展，化石能源的大规模使用引发了环境污染和气候变化等问题，并且化石能源不可能无限开采。而用越来越多的可再生能源来替代化石能源，成为人类继续繁荣发展的新希望，它们能够减少人类对自然的冲击，以更加绿色环保的方式实现经济社会的发展。因而，寻求更加有利于可再生能源发展的制度环境具有重要的意义。

第二，实证分析法。实证分析法包括了六种具体的方法：社会调查法、历史研究法、比较研究法、逻辑分析法、语义分析法及定量分析法。本书会运用其中的四种。首先用到的是社会调查法。本书会对目前国际层面以及各主要国家国内法对于跨境电力贸易规制的现状进行全面、充分、广泛的调查了解和分析整理，这是本书能够作出有说服力的分析的基础。

笔者还会运用比较研究的方法，通过不同国家，以及国际上不同场合与机制下对于跨境电力贸易问题的规制或者影响，来分析探讨某些问题的合法性、合理性。

逻辑分析法也会贯穿本文的写作。笔者一方面会运用演绎法分析某一政策是否符合现有的国际经贸规则；另一方面，笔者会通过分析和总结国家、国际组织甚至公司、个人的实践，运用归纳法来总结规律，分析现有规则的不合理之处，论证修改现有规则或者建立新的规则的合理性和必要性。

另外一个要使用的重要研究方法是语义分析法。这个方法突出体现在笔者对可再生能源电力与化石能源电力是否是相似产品的分析上。笔者会大量运用语义分析法对其中涉及的各种因素进行严格的分析推理。

第三，跨学科研究方法。本文研究的能源问题对于各国来说都关系到国计民生，因此在研究过程中，不能局限于法学思维，更要具备国际政治的视野与敏感度，这样才能看清问题也才能给出合理的解决办法；电力贸易问题还涉及很多技术层面的因素，笔者要求自己要做到基本了解可再生能源的各种技术以及发电、输电、配电、供电等基本原理，这样才能更好地理解和把握法律和政策层面的问题。

第五节 重点及创新

一、研究的重点和难点

本书意在系统性地研究跨境电力贸易法律规制、可再生能源与化石能源电力相似性的界定，税收与国内法规的国民待遇、电力市场准入、电力过境等问题。

研究的难点主要体现在以下几个方面：

一是相关资料零散。由于可再生能源电力的跨境交易近些年才逐步发展起来，所以没有统一的制度，也鲜有深度的系统性研究。资料分散在各类书籍、国际组织的研究报告、新闻报道、学者文章等中，要求有很高的资料查找、梳理总结能力。

二是相似性分析难度大。作为多边贸易体系中的一个基础性概念，产品的相似性虽然被讨论的很多，但也最为复杂。特别是本书的相似性分析涉及

NPR-PPMs，所以论证起来难度很大。

三是技术问题难。本书研究的内容关于电力，对于电力贸易的规制必须要符合发电、传输、配电与供电本身的物理特点，因此，要具备相关的技术常识才能写好本书。

四是电网准入与电力过境的资料不好获取。电网传统上都在政府或者国有企业的控制之下，没有参与正常的市场竞争，因此对于电网运作与管理的相关文件常常并不对外公布，这就使得在研究过程中较难获得相关的资料。而电力过境作为一个新生事物更是规定甚少。这就要求从现有可获得的资料中去分析甚至预测可能会遇到的问题，进而给出解决措施。

二、创新之处

本书在下述四个方面有所创新：

第一，研究对象的创新。如上文所述，由于全球能源互联网近两年才被提出，而且跨境电力交易开展的年头并不算长，所以没有统一的制度，也鲜有深度的系统性研究。本书专门研究全球能源互联网背景下的跨境电力交易的法律问题在研究对象上具有新颖性。

第二，研究角度的创新。本书中有几个要点问题的分析上笔者拟采用不同以往的视角。例如在相似性分析上，因为“相似性”问题是许多措施合法性分析的起点与基础。而跨境电力贸易中最基本的一个问题就是可再生能源电力与传统能源电力是否是相似产品。如果给予可再生能源电力优先待遇，是否会违反国民待遇原则。这个问题不论在国内还是国际层面，都很少有人进行过系统深入的研究。这也是本书最具特色和创新性的研究成果之一。

第三，研究系统性上的创新。现有的研究缺乏对跨境电力贸易法律规制的系统性、深入性研究，而这些规则在国际上备受关注，讨论也很活跃。可以说本书所讨论的几个问题都没有确定的答案，笔者希望在分析现有的理论的基础上，通过更系统和深入的研究，提出自己的观点。

第四，研究实践价值的创新。研究跨境电力贸易法律问题具有重要的实践价值。全球能源互联网事业是国家的一个重要举措，目前正在积极开展，我国在技术层面有实力，但是项目想要落地，还要理顺法律方面的问题。因此，进行相关法律问题的探讨对于实践有重要指导意义；同时值得一提的是，全球能源互联网的建设，不仅是一次技术上的创新，也可能成为我国积极主动进行相关领域国际规则制定的重要契机。因此，探讨跨境电力贸易的国际规则构建范式也具有前瞻性意义；我国国内的电力行业也在进行大规模的市场化改革，大的方向是只将输配电作为电网的垄断业务，而发电和售电则向社会资本放开，在这样的背景下，对于外资参与我国的电力行业是否有影响，有什么样的影响，也是需要探讨的。笔者希望能够通过本书，为相关实践提供帮助。

第二章 可再生能源与传统能源电力之“相似性”与跨境电力贸易中的国民待遇

第一节 可再生能源电力与传统能源电力的相似性

为了促进可再生能源发展，各国出台了各种优惠待遇，例如优先入网权。当电力仅仅在国内交易时，这些措施没有问题。当发自不同能源的电力跨境交易时，如果给予可再生能源和化石能源电力以不同的待遇，则很有可能违反国际贸易规则，例如 WTO 下的最惠国待遇和国民待遇原则。① 但事实上，多边贸易规则体系在电力的跨境贸易方面发展非常薄弱。

这其中处于基础和中心地位的一个问题就是：可再生能源电力和化石能源电力是否是相似产品（Like Products）。如拉杰·贝拉教授所说：GATT 严重依赖于“相似产品”及其相关概念来建立其多边自由贸易规则。② 具体来说，“相似产品”问题是 WTO 下对最惠国待遇和国民待遇规则进行法律分析的起点。

作为可再生能源贸易中最重要且最具争议的问题，③ 对这一问题的讨论却

---

① Thomas Cottier, *Renewable Energy and Process and Production Methods* i, E15Initiative, International Centre for Trade and Sustainable Development（ICTSD）and World Economic Forum（Aug. 2015）, http：//www. ictsd. org/sites/default/files/research/E15_ Climate_ Cottier_ FINAL. pdf.

② Raj Bhala, Modern GATT Law：A Treatise on the General Agreement on Tariffs and Trade 3（Sweet & Maxwell, 2005）.

③ Yulia Selivanova, Clean Energy and Access to Infrastructure：Implications for the Global Trade System 7 E15Initiative, ICTSD and World Economic Forum（June 2015）, http：//e15initiative. org/wp-content/uploads/2015/01/E15_ Clean-Energy_ Selivanova_ FINAL. pdf.

非常不充分。原因可能是，人们认为，不管电力是从什么能源生产出来的，都具有相同的物理性质——都是电。而且一旦被上传至电网，与其他电力混合，就难以区分哪些电力是来自可再生能源的了。问题的关键在于在发电过程中使用的不同能源以及相应的不同技术。这种区别常常被归类为生产过程和生产方法（Processes and Production Methods，下称 PPMs）。PPMs 是产品被生产或者加工，自然资源被提取或者收获的不同方式以及方法。[①] PPMs 可以分为两大类：与产品相关的 PPMs（Product-related PPMs，下称 PR-PPMs）和与产品不相关的 PPMs（Non-Product-Related PPMs，下称 NPR-PPMs）。对于 PR-PPMs，生产过程和生产方法会影响到最终产品；而对于 NPR-PPMs，最终产品的物理形态是相同的。而 NPR-PPMs 也常常被认为不能作为区分两种本来相同的产品。因此，人们常常不假思索或者简单分析后就得出结论，认为来自可再生能源和化石能源的电力显然是相似产品。[②]

但是，经过系统性的研究，笔者得出了不同的结论。当然相似产品的判断是一个非常个案化的问题，因此，在这里要论证的是，在一般意义上，可再生能源和化石能源电力有可能是“不相似的”。而且，这部分只讨论 GATT 1994[③] 第三条第四款下的“相似性”问题。GATT 1994 中有多处关于“相似产品”的问题，而且每处的含义和范围都要根据相应的上下文解释，因而也可能有所不同。[④] 第三条第四款是关于国内规制问题，是与不同来源电力的不同国内待遇最相关的一条。此外，需要说明的是笔者在此书中要论证的不是

---

① Organisation for Economic Co-operation and Development (OECD), Processes and Production Methods (PPMs): Conceptual Framework and Considerations on Use of PPM-based Trade Measures 7 OCDE/GD (97) 137 (1997).

② Thomas Cottier, *Renewable Energy and Process and Production Methods* 1, E15Initiative, International Centre for Trade and Sustainable Development (ICTSD) and World Economic Forum (Aug. 2015), http://www.ictsd.org/sites/default/files/research/E15_ Climate_ Cottier_ FINAL.pdf.

③ General Agreement on Tariffs and Trade 1994, Apr. 15, 1994, Marrakesh Agreement Establishing the World Trade Organization, Annex 1A, 1867 UN.T.S. 187.

④ Appellate Body Report, Japan-Alcoholic Beverages, 21, WT/DS8/AB/R, WT/DS10/AB/R, WT/DS11/AB/R (Oct. 4, 1996).

那些基于国别的措施（country-based），[①] 因此在讨论相似产品问题的时候，都是在中立措施（origin-neutral measures）的情境下进行的。

讨论在第三条第四款下可再生能源和化石能源电力可能是“不相似”的，具有多方面的重要意义：这对确定相关的国内规制措施特别是给予可再生能源优惠待遇的规定是否与 WTO 规则相符具有关键意义；这同样能够拓宽对“相似性”进行分析的讨论思路；它也可能作为在更广的层面上重新思考 NPR-PPMs 的一个证据，特别是在环境保护和应对气候变化领域。

总之，认为二者是相似产品的人通常基于两点认识：NPR-PPMs 不能作为区分两个物理性质相同的产品的依据；可再生能源和化石能源电力在物理性质上完全相同，只是 NPR-PPMs 不同。因此，第一个要跨越的障碍就是要分析 GATT 1994 第三条第四款到底有没有在相似性分析中排除 NPR-PPMs，这一分析主要结合本文中要讨论的两类电力的相似性进行；笔者先从该条的法律文本入手，接着分析了相关的案件，最后还讨论了相关的政策考量，结合这三方面的分析，笔者认为“第三条第四款在相似性分析中排除了 NPR-PPMs”这一说法，特别是“排除了对基于不同来源的两种电力进行区分”的说法，从法律、案例和政策每个角度都站不住脚。在第二节，笔者分析了不同的来源和相应的不同技术是如何影响可再生能源和化石能源电力的相似性的。首先笔者分析了二者的竞争关系；接着笔者从“边境税调整工作组报告”发展起来的传统标准入手，重点分析了物理性质和消费者偏好；最后笔者还讨论了规制目标以及消费后果对于相似性判断的影响。

---

① 如果单纯的以产品的来源地作为对产品区别对待的依据，那么就认为这些产品是第三条第二款和第四款下的“相似产品”，这便是相似产品判断的“替代路径”，与边境税调整案中发展起来的“传统标准”相对应。See Panel Report, Indonesia-Measures Affecting the Automotive Industry, 14.113, WT/DS54/R, WST/DS55/R, WT/DS59/R, WT/DS64/R (July 2, 1998); Panel Report, Canada-Certain Measures Affecting the Automotive Industry, 10.74, WT/DS139/R, WT/DS142/R (Feb. 11, 2000), as modified by the Appellate Body Report WT/DS139/AB/R, WT/DS142/AB/R; Panel Report, United States-Tax Treatment for " Foreign Sales Corporations" -Recourse to Article 21.5 of the DSU by the European Communities, 8.133, WT/DS108/RW (Aug. 20, 2001), as modified by Appellate Body Report WT/DS108/AB/RW; Panel Report, India-Measures Affecting the Automotive Sector, 7.174-176, WT/DS146/R, WT/DS175/R (Dec. 21, 2001) . See also Shi Jingxia, Factoring Cultural Element into Deciding the 'Likeness' of Cultural Products: A Perspective from the New Haven School, 20 Asia Pac. L. Rev. 167, 171-2 (2012).

一、NPR-PPMs是否可以作为区分可再生能源和化石能源电力的要素

在分析NPR-PPMs是否可以作为区分可再生能源和化石能源电力的要素时，笔者首先从有关法律条文入手；同时，为了寻找人们对于NPR-PPMs消极认识的源头，笔者分析了几乎所有有关NPR-PPMs的案件，例如，“美国金枪鱼案”（Tuna/Dolphin Cases），“美国虾龟案”（US-Shrimp），“比利时家庭津贴案”（Belgium-Family Allowances），“美国酒类饮料案”（US-Malt Beverages），以及“美国汽车税案”（US-Taxes on Automobiles）。此外，有些政策性的顾虑和问题也在反对NPR-PPMs中扮演了重要作用。因此，笔者从法律文本、裁判实践以及政策考量三个方面探讨了WTO规则是否排除了NPR-PPMs作为区分可再生能源和化石能源电力的要素。[①]

（一）法律文本

GATT 1994第三条第四款并没有对“相似产品”的含义作任何解释。在“日本酒税案II”（Japan-Alcoholic Beverages II）中，上诉机构（The Appellate Body，下称AB）写道：

关于什么是“相似”产品，没有一个准确并且绝对的定义。“相似”的概念是相对的，就像手风琴一样。这个“相似”的手风琴在WTO协定的不同条款适用中以不同的程度拉伸或者挤压。手风琴在每个地方的宽度要根据特定的条款以及适用该条款的案件的具体情况而定…… [②]

在“欧共体石棉案”（EC-Asbestos）中，上诉机构专门就GATT 1994第三条第四款中的“相似产品”问题进行了分析。上诉机构首先试着从“相似”的一般含义入手，查找了字典中的定义：“相似”是指“与其他……东

---

① 这一“法律、司法实践和政策”分析的模式是受到Robert Howse与Donald Regan教授的文章启发。See Robert Howse & Donald Regan, The Product/Process Distinction-An Illusory Basis for Disciplining 'Unilateralism' in Trade Policy, Vol. 11, No. 2 Eur. J. Int'l L. 249 (2000).

② Appellate Body Report, *Japan-Alcoholic Beverages*, 21, WT/DS8/AB/R, WT/DS10/AB/R, WT/DS11/AB/R (Oct. 4, 1996).

西有相同的特征或者性质；有大概相同的形状、大小等；类似。”①如上诉机构所言，字典的定义并没有回答三个重要的问题，即在相似性分析过程中：第一，哪些特征或者性质是最重要的？第二，要有多大程度或者范围上的相似度才可以？第三，这个判断要从谁的角度做出？② 因此，字典的定义并不能对“相似产品”的界定提供多大帮助。

上诉机构接着转向了研究第三条第四款的相关上下文。认为在解释第三条第四款的时候必须要考虑到第三条第一款。③ 结合第一款，上诉机构认为第四款的考量核心在于决定产品之间的竞争关系。④ 笔者随后在第二节中将详细讨论竞争关系的问题。在这里需要强调的是，第一条也并没有包含任何排除NPR-PPMs的意思，特别是考虑到NPR-PPMs就会影响到产品之间的竞争关系。

认为可再生能源和化石能源电力是相似产品这一观点常常基于从“边境税调整专家组报告”发展起来的传统标准（Traditional Criteria）：产品的物理特性、性质和质量，产品在既定市场上的最终用途，消费者的品味和习惯，⑤以及产品的关税分类。⑥ 他们认为，来自可再生能源和化石能源的电力具有相同的物理性质和最终用途，因此他们是相似产品，进而认为基于发电来源和

---

① “having the same characteristics or qualities as some other …thing; of approximately identical shape, size, etc., with something else; similar.” The New Shorter Oxford English Dictionary, Vol. I, 1588 (Lesley Brown ed., Clarendon Press, 1993).

② Appellate Body Report, European Communities-Measures Affecting Asbestos and Asbestos-Containing Products, 92, WT/DS135/AB/R (Mar. 12, 2001).

③ Id. at 93.

④ Id. at 99.

⑤ Report of the Working Party on Border Tax Adjustments, 18, B. I. S. D. 18S/97, L/3464 (Nov. 20, 1970).

⑥ 第四个标准来自于其他案件，如：Japan-Customs Duties and EEC-Animal Feed. See Panel Report, Japan-Customs Duties, Taxes and Labeling Practices on Imported Wines and Alcoholic Beverages, 5.6, B. I. S. D. 34S/83 (Oct. 13, 1987); Panel Report, EEC - Measures on Animal Feed Proteins, 4.2, B. I. S. D. 25S/49 (Dec. 2, 1977); See also Raj Bhala, Modern GATT Law: A Treatise on the General Agreement on Tariffs and Trade 18 (Sweet & Maxwell, 2005).

方法的不同而进行的差别规制是不允许的。[①]

一方面，这一观点没有反映出可再生能源和化石能源电力的独特竞争关系和消费者的喜好。随着越来越多的人关注环境问题，更加绿色和可持续的发电途径会影响到消费者的喜好，因此影响二者的相似性。而且这一观点没有考虑到电力是一个过程，不同于普通的商品，不同的来源和发电方法会影响到电力的物理性质。这些都将在第二节中详细论证。另一方面，这一观点还把这些标准当作了相似性判断的唯一的因素。但是事实上，上诉机构在引用这些标准时都非常谨慎，在“欧共体石棉案”中，上诉机构说过：这些一般性标准，或者潜在的共同特征的集合，为特定产品“相似性”的个案分析提供了一个分析框架……更重要的是，采取一个特定的框架去帮助分析证据并不能够免除在每个案件中去考察所有相关证据的义务或者需要。[②]

因此，需要注意，传统标准中的四个因素并不是相似性分析的所有要素，要考虑所有的相关证据，去决定产品是否相似。总之，将 NPR-PPMs 排除在“相似性”分析之外是对第三条四款太过于技术化以及不充分的解释。

（二）GATT 及 WTO 下的裁决

对于 NPR-PPMs 的敌意主要来自于 GATT 和 WTO 的裁决，因此笔者将通过逐一分析相关的案件溯本清源，找出相关案件的确切立场和观点。

1. 美国金枪鱼案

与当前讨论的问题相关的有三个金枪鱼案，分别是“美国限制金枪鱼进口案”(原告是墨西哥)[United States-Restrictions on Imports of Tuna (Mexico)，下称 Tuna/Dolphin I]，[③]“美国限制金枪鱼进口案”（原告是欧共体）[United States-Restrictions on Imports of Tuna (European Economic Community)，下称

---

① Thomas Cottier, *Renewable Energy and Process and Production Methods i*, E15 Initiative, International Centre for Trade and Sustainable Development (ICTSD) and World Economic Forum (Aug. 2015), http://www.ictsd.org/sites/default/files/research/E15_ Climate_ Cottier_ FINAL.pdf.

② Appellate Body Report, *European Communities-Measures Affecting Asbestos and Asbestos-Containing Products*, 102, WT/DS135/AB/R (Mar. 12, 2001).

③ Panel Report, United States-Restrictions on Imports of Tuna, DS21/R-39S/155 (Sept. 3, 1991).

Tuna/Dolphin II][①] 以及“美国与金枪鱼和金枪鱼产品进口、营销和销售有关的措施案” [United States-Measures Concerning the Importation, Marketing and Sale of Tuna and Tuna Products (Mexico), 下称 US-Tuna II (Mexico)]。[②] 前两个案子发生在 GATT 时期，第三个则是 WTO 成立以后的案件。

(1) Tuna/Dolphin I and II

目前的贸易法对 NPR-PPMs 的态度比较消极，这种态度与 GATT 时期的两件金枪鱼案有密切关系，值得指出的是，这两个案件的报告都未被采纳，并不是生效裁决。两个案子涉及美国出台的国内规制措施，限制在捕捞金枪鱼过程中附带杀害海豚的数量。这些规定导致了禁止从某些不符合要求的国家进口金枪鱼。专家组认为，GATT 第三条不包括生产加工措施，因为它只包括了对于“产品”的措施。[③] 因此，当一项规制措施是基于 NPR-PPMs 的时候，即便该措施是非歧视性的，也不属于第三条的管辖范围。专家组进而适用了第十一条，判定涉案措施构成数量限制，并且不能被第二十条正当化。[④]

尽管这两个案件的专家组报告都未被采纳，它们却向公众传递了一个信号，那就是贸易规则体系并不喜欢 NPR-PPMs。[⑤] 其结果是，给人们造成了一个印象，但凡是基于 NPR-PPMs 而对产品有不同的待遇，就初步构成了对 GATT 的违反，除非能够被第二十条正当化。[⑥] 但是事实上，这一认识是不准确的。在 NPR-PPMs 上，有多个层面的问题，第一，第三条是否适用于基于

① Panel Report, United States-Restrictions on Imports of Tuna, DS29/R (June 16, 1994).

② Appellate Body Report, United States-Measures Concerning the Importation, Marketing and Sale of Tuna and Tuna Products, WT/DS381/AB/R (May 16, 2012); Panel Report, United States-Measures Concerning the Importation, Marketing and Sale of Tuna and Tuna Products, WT/DS381/R (Sept. 15, 2011), as modified by Appellate Body Report WT/DS381/AB/R.

③ Panel Report, *United States-Restrictions on Imports of Tuna*, 5.8-5.16, DS21/R-39S/155 (Sept. 3, 1991); Panel Report, *United States-Restrictions on Imports of Tuna*, 5.6-5.10, DS29/R (June 16, 1994).

④ Panel Report, *United States-Restrictions on Imports of Tuna*, 7.1, DS21/R-39S/155 (Sept. 3, 1991); Panel Report, *United States-Restrictions on Imports of Tuna*, 6.1, DS29/R (June 16, 1994).

⑤ Robert Howse & Donald Regan, *The Product/Process Distinction-An Illusory Basis for Disciplining 'Unilateralism' in Trade Policy*, Vol. 11, No. 2 Eur. J. Int'l L. 249, 250 (2000).

⑥ Robert Howse & Donald Regan, *The Product/Process Distinction-An Illusory Basis for Disciplining 'Unilateralism' in Trade Policy*, Vol. 11, No. 2 Eur. J. Int'l L. 249, 251 (2000).

NPR-PPMs 的措施？第二，如果适用，NPR-PPMs 是否影响“相似性”的界定？基于 NPR-PPMs 的中立性措施是否违反第三条？第三，如果这一规定违反第三条或者其他规定，如第十一条，是否可以被第二十条正当化？

Tuna/Dolphin I and II 中，专家组只处理了第一个问题和第三个问题。专家组基于 NPR-PPMs 拒绝了第三条的适用，但是这一做法引发了的大量的讨论和尖锐的批评。反对的理由非常之多，这里不再展开讨论，以一个例子来说明，想象一下，如果对于两种只是 NPR-PPMs 不同的产品以不同的税率征收国内税，一种是进口产品，一种是本国产品。根据 Tuna/Dolphin I and II 专家组的观点，第三条仅仅与产品有关，不调整基于 NPR-PPMs 的措施，那么这项税收政策就不会受到第三条的审查；进一步讲，因为这不是一项数量限制措施，那么也不会在第十一条下被审查。那么，这项国内规制措施就没有条款可以管辖了。因此专家组对第三条的解释显然是有严重问题的。有学者非常深入详细地论证了为什么专家组的解释是错误的。[①] 而且在随后的 US-Tuna II (Mexico) 案中，专家组事实上改变了这种立场。所以笔者认为第三条是可以适用的。关于第二个问题，也就是本书所讨论的 NPR-PPMs 是否影响“相似性”的界定，Tuna/Dolphin I and II 专家组完全没有讨论过这个问题，更不用说支持与反对了。所以，从这两个案件中推断出 NPR-PPMs 不能作为相似性判断的因素是完全没有根据的。

(2) US-Tuna II (Mexico)

本案的争议集中在美国关于海豚安全标签的相关规定。美国要求，金枪鱼产品想要获得海豚安全标签的话，那么大型围网捕鱼船不得使用利用海豚来下网的方法捕捞金枪鱼。[②] 利用海豚来下网的方法主要在热带东太平洋海域 (Eastern Tropical Pacific Ocean) (ETP) 使用，因为在该海域，海豚和金枪鱼

① 例如：Robert Howse & Donald Regan, *The Product/Process Distinction-An Illusory Basis for Disciplining 'Unilateralism' in Trade Policy*, Vol. 11, No. 2 Eur. J. Int'l L. 249 (2000); David M. Driesen, What is Free Trade?: The Real Issue Lurking Behind the Trade and Environment Debate, 41 Va. J. Int'l L. 279 (2000-2001).

② Panel Report, *United States-Measures Concerning the Importation, Marketing and Sale of Tuna and Tuna Products*, 2.12, WT/DS381/R (Sept. 15, 2011), as modified by Appellate Body Report WT/DS381/AB/R.

常常相伴而游。[①] 在海面上观察到海豚时，常常意味着下面有金枪鱼群。因此根据海豚来下网捕金枪鱼的做法是渔民常用的做法。因此，墨西哥认为，美国所设定的要求事实上使得大多数墨西哥的金枪鱼和金枪鱼产品无法使用海豚安全标签，因此剥夺了这些产品与美国及其他国家相似产品的平等竞争机会。[②]

此案中，专家组和上诉机构根据《技术性贸易壁垒协定》（Agreement on Technical Barriers to Trade，下称 TBT 协定）[③] 进行了裁决。在分析美国的涉案措施是否违反 TBT 协定第 2.1 条时，专家组分析了“产自墨西哥的金枪鱼和金枪鱼产品与产自美国或者任何其他国家的是否是相似产品”的问题。[④] 这一讨论与本书的讨论有密切关系，因为捕鱼的方法是典型的 NPR-PPMs。

专家组确认了在第三条第四款下进行“相似性”分析的方法可以作为 TBT 协定第 2.1 条的指导。[⑤] 认为应当首先考虑从“边境税调整工作组报告”发展起来的传统标准。[⑥] 专家组还认可了应当考虑“所有有关证据”。[⑦] 因此，本案的推理论证对第三条第四款下的相似性分析具有重要参考价值。

在相似产品问题上，本案中有两个重点需要关注。一是关于消费者偏好，

---

① Id., at 7.306.

② Mexico's second written submission, 150, cited by Panel Report, *United States-Measures Concerning the Importation, Marketing and Sale of Tuna and Tuna Products*, 7.255, WT/DS381/R (Sept. 15, 2011), as modified by Appellate Body Report WT/DS381/AB/R.

③ 《技术性贸易壁垒协定》(Agreement on Technical Barriers to Trade), Apr. 15, 1994,《马拉喀什建立世界贸易组织协定》(Marrakesh Agreement Establishing the World Trade Organization), Annex 1A, 1868 U. N. T. S. 120. 墨西哥在 GATT 1994 第一条第一款和第三条第四款下也提起了诉求，但是专家组基于司法经济的考虑，拒绝对该诉求进行审查。(Panel Report, *United States-Measures Concerning the Importation, Marketing and Sale of Tuna and Tuna Products*, 7.748, WT/DS381/R (Sept. 15, 2011), as modified by Appellate Body Report WT/DS381/AB/R.) 上诉机构认为专家组不应该行使司法经济，但是，因为墨西哥提出，如果上诉机构认定美国的措施违反了《技术性贸易壁垒协定》第二条第一款，则不要求上诉机构再在 GATT 下审查该措施。因此，上诉机构也没有在 GATT 1994 下判决。[Appellate Body Report, *United States-Measures Concerning the Importation, Marketing and Sale of Tuna and Tuna Products*, 406, WT/DS381/AB/R (May 16, 2012)].

④ Panel Report, *United States-Measures Concerning the Importation, Marketing and Sale of Tuna and Tuna Products*, 7.235, WT/DS381/R (Sept. 15, 2011), as modified by Appellate Body Report WT/DS381/AB/R.

⑤ Id., at 7.215-7.227.

⑥ Id., at 7.240.

⑦ Id., at 7.241.

因为本案中产品的物理性质，最终用途和关税分类都相同，[①] 消费者偏好就具有重要意义。墨西哥认为消费者对于墨西哥和美国的金枪鱼和金枪鱼产品的品味和习惯是相同的。[②] 美国没有就此提出质疑。[③]

但是，欧盟作为第三方，在本案中提出：……提交给专家组的证据表明，消费者对于海豚安全和非海豚安全的金枪鱼可能会存在着不同的认识和偏好，这可能会影响二者是否是相似产品的判断。[④]

这一意见得到了专家组的支持：专家组得到的信息表明，美国消费者对于金枪鱼产品是否是海豚安全有一定的偏好，我们也不排除这一偏好可能与相似性的评估有关。消费者偏好，包括与产品的获得方式有关的偏好，可能影响这些产品的竞争关系，因此在评估相似性的时候应当作为优先相关因素予以考虑。[⑤]

这一陈述具有重要意义。专家组和欧盟明确表示支持产品的不同获取方式会影响其“相似性”，因为消费者会对此有不同的偏好。这为笔者的观点提供了强有力的支持，电力是来自可再生能源还是化石能源会影响到消费者喜好，进而影响到其相似性。

本案的第二个重点是专家组强调，本案是在比较墨西哥和美国及其他国家的金枪鱼和金枪鱼产品，而不是在比较海豚安全和非海豚安全的金枪鱼和金枪鱼产品。如果进行后一种比较，相当于在假定了墨西哥的金枪鱼和金枪鱼产品是不安全的，而美国和其他国家的则是安全的。而事实上不能这样假定。因此在这个案子中，专家组认为墨西哥和美国及其他国家的金枪鱼和金

---

① Id., at 7.246.

② Mexico's first written submission 151, cited by Panel Report, *United States-Measures Concerning the Importation, Marketing and Sale of Tuna and Tuna Products*, 7.247, WT/DS381/R (Sept. 15, 2011), as modified by Appellate Body Report WT/DS381/AB/R.

③ Panel Report, *United States-Measures Concerning the Importation, Marketing and Sale of Tuna and Tuna Products*, 7.247, WT/DS381/R (Sept. 15, 2011), as modified by Appellate Body Report WT/DS381/AB/R.

④ European Union's third party written submission, 28, cited by Panel Report, *United States-Measures Concerning the Importation, Marketing and Sale of Tuna and Tuna Products*, 7.248, WT/DS381/R (Sept. 15, 2011), as modified by Appellate Body Report WT/DS381/AB/R.

⑤ Panel Report, *United States-Measures Concerning the Importation, Marketing and Sale of Tuna and Tuna Products*, 7.249, WT/DS381/R (Sept. 15, 2011), as modified by Appellate Body Report WT/DS381/AB/R.

枪鱼产品是相似产品。因为尽管美国消费者对海豚安全和非海豚安全的产品有不同喜好，他们对来自不同国家的金枪鱼产品没有偏好。① 美国在上诉中没有提到这个相似产品问题，因此上诉机构也就没有讨论。②

因此，本案专家组事实上认为，NPR-PPMs 不但可以作为判断产品相似性的因素，而且应该重点考量。

2. 美国虾龟案

美国虾龟案是另一个有关 NPR-PPMs 的案子。本案起因于美国要求在拖网捕虾的过程中保护海龟的要求。大部分的海龟种群都被列为濒危或者受威胁物种。③ 美国组织的研究表明捕虾船拖网捕虾是造成海龟死亡的重要原因。④ 因此，美国禁止从那些没有被认证的国家进口虾和虾产品。为了得到认证，该国必须要有一套规制方案，控制捕虾过程中致死的海龟数量，这套方案的制定标准必须要等同于同美国的方案，包括要求商业拖网捕虾船安装将海龟放出网的装置（Turtle Excluder Devices，TEDs）。⑤

原告方认为美国采取的措施违反了 GATT 1994 第十一条第一款，第十三条第一款和第一条第一款。专家组认定美国的相关措施违反了第十一条第一款关于普遍取消数量限制的规定。而对于第一条第一款最惠国待遇，涉及对来自不同国家的相似产品予以平等对待。在本案中，以不同方法捕到的虾被

---

① Id.，at 7. 250.

② Appellate Body Report，*United States-Measures Concerning the Importation*，*Marketing and Sale of Tuna and Tuna Products*，230，WT/DS381/AB/R（May 16，2012）.

③ Panel Report，United States-Import Prohibition of Certain Shrimp and Shrimp Products，7. 1，WT/DS58/R（May 15，1998），as modified by Appellate Body Report WT/DS58/AB/R.

④ Id. at 7. 2.

⑤ TEDs 由美国国家海洋渔业局开发，意在减少在捕虾过程中海龟的死亡率（7. 2）。美国要求其他国家使用的 TEDs 必须要达到美国的设备的效果（7. 5）。（Panel Report，*United States-Import Prohibition of Certain Shrimp and Shrimp Products*，WT/DS58/R（May 15，1998），as modified by Appellate Body Report WT/DS58/AB/R）；还有其他的详细限制和条件，笔者概括了基本的案情以利于读者理解。详情见：Panel Report，*United States-Import Prohibition of Certain Shrimp and Shrimp Products*，7. 2-7. 6，WT/DS58/R（May 15，1998），as modified by Appellate Body Report WT/DS58/AB/R.

给予了不同待遇[①]（当然，在以国别为基础的设计中，以相同方法捕到的虾也可能受到了不同待遇）。本案专家组本来可以分析 NPR-PPMs 的问题，但是，专家组却认为在认定违反第十一条第一款之后，没有必要再去审查涉案政策是否违反了第十三条第一款和第一条第一款。双方均未在上诉中提起这个问题。因此，本案也不能对 NPR-PPMs 于相似产品分析方面提供指导。[②]

3. 其他案件

在 NPR-PPMs 的讨论中，还有三个案子常常被提起：比利时家庭津贴案[③]、美国酒类饮料案[④]、美国汽车税案[⑤]。笔者把这三个案子放在一起讲的原因是在这些案子中，所谓的 PPMs 并非像上面讨论的那些环境措施。这几个案子中的措施都或多或少的与产品的生产商或者原产国有关系。在这些案子中，专家组同意 GATT 1947[⑥] 的第一条以及/或者第三条是可以适用的，即便涉案措施不是直接基于产品的。这一态度与 Tuna/Dolphin I and II 中专家组的是很不同的。此外，前面所讨论的案子专家组或者是没有在第一条或者第三条下裁决，或者是在第三条下裁决了，但是没有就 PPMs 问题进行裁决，而这里的三个案子，专家组确实是认定了基于 PPMs 的措施违反了第一条或者/以及第三条。

（1）比利时家庭津贴案

本案涉案措施是比利时法律规定如果产品来源国的家庭津贴制度没有满

---

① 使用不伤害海龟的人工方法捕获的虾，水产养殖的虾以及冷水中捕获的虾，可以继续进口，即便是从那些没有得到第 609 部分下认证的国家。(Panel Report, *United States-Import Prohibition of Certain Shrimp and Shrimp Products*, 7.6, WT/DS58/R (May 15, 1998), as modified by Appellate Body Report WT/DS58/AB/R).

② 同样值得注意的是，本案涉案措施在某些方面是基于国家的。如果一国没有得到美国的认证，即使是来自该国的虾是使用了 TEDs 而捕获的，也不能进口。(Panel Report, *United States-Import Prohibition of Certain Shrimp and Shrimp Products*, 7.6, WT/DS58/R (May 15, 1998), as modified by Appellate Body Report WT/DS58/AB/R).

③ Panel Report, Belgium - Family Allowances (Allocations Familiales), B. I. S. D. 1S/59 (Nov. 6, 1952).

④ Panel Report, United States-Measures Affecting Alcoholic and Malt Beverages, B. I. S. D. 39S/206, DS23/R (Mar. 16, 1992).

⑤ Panel Report, United States-Taxes on Automobiles, DS31/R (Oct. 11, 1994).

⑥ General Agreement on Tariffs and Trade, Oct. 30, 1947, 55 UN. T. S. 194 (GATT 1947).

足特定的要求的话，那么要对比利时公共机构购买的外国产品收取额外的费用。[①] 在本案中，专家组使用了第一条第一款和第三条第二款，但是案件报告本身并没有太多的推理论证。专家组说因为比利时对来自六个国家的产品免于收取费用，他们认为这几个国家满足了家庭津贴要求，但是显然比利时需要给予来自原告国家的产品相同的待遇。[②] 专家组用"显然"这样的陈述代替了具体的分析，因此也就没有关于"相似产品"的相关论证。

最后，专家组陈述说："感觉到……让缔约国达成一个非常确定的决定会非常困难。"接着专家组就作出结论："……比利时关于家庭津贴的立法不仅与第一条的规定不符（并且可能和第三条第二款的规定不符），而且是基于一个很难与《关贸总协定》的精神相一致的概念……"[③]

总之，专家组没有为自己的决定提供有理有据的分析和解释，从其措辞看，充满了"显然""感觉到""可能"以及"精神"等词语。专家组认为措施"可能"违反了第三条第二款。更重要的是，本案中的措施不是中立的而是基于国家的。在这样的情况下，如前所述，争议产品可以直接被认定为"相似产品"。因此，很难从此案中得出有关 NPR-PPMs 和相似产品的结论。

（2）美国酒类饮料案

本案是唯一一个明确对中立性 NPR-PPMs 与相似产品问题进行裁决而且被采纳的专家组报告。本案中，美国的某些州对产自小型酿酒厂的啤酒给予税收优惠。

以明尼苏达州为例，美国抗辩说：明尼苏达州的税收优惠对所有符合条件的酿酒厂都适用，只要符合最大年产量限制，加拿大的酿酒厂的产品也可以享受。这项立法没有歧视目的或者影响。[④]

专家组认为，大酿造商和小酿造商生产的啤酒没有不相似（Not Unlike）。

---

① Panel Report, *Belgium-Family Allowances* (*Allocations Familiales*), 1, B. I. S. D. 1S/59 (Nov. 6, 1952).

② Id., at 3.

③ Id., at 8.

④ Panel Report, *United States-Measures Affecting Alcoholic and Malt Beverages*, 3.35, B. I. S. D. 39S/206, DS23/R (Mar. 16, 1992).

但是，专家组没有进一步解释相似性问题的细节，马上就指出：“美国没有主张酿造商的规模如何影响生产的啤酒的性质或者影响啤酒作为一个产品。”（the size of the breweries affected the nature of the beer produced or otherwise affected beer as a product.）明尼苏达的税收优惠是否适用于进口啤酒是无关的，因为从大酿造商进口的啤酒会被给予不同于小酿造商的待遇。[①]

由于美国没有就相似产品问题进行抗辩，因而也就不难理解专家组在这个问题上的惜墨如金。但是，从这些有限的措辞中，还是能够读出一些信息。首先，专家组不仅仅提到了“生产的啤酒的性质”，还提到了“影响啤酒作为一个产品”。考虑到这些有限的措辞具有关键性的意义，专家组不太可能仅仅是重复“生产的啤酒的性质”。“作为一个产品”的措辞显示，还有除了物理性质之外，还要考虑其他因素影响“啤酒作为一个产品”。这就为 NPR-PPMs 的论证留下了空间。其次，在本案中，NPR-PPMs 是酿酒厂的年产量，而不是啤酒的生产方法。单纯地基于产品的生产商而作出不同的规定，很难说服别人这种区别的基础在哪里。在这里就需要指出，并不是所有的 NPR-PPMs 都能导致产品成为不相似产品，就如同并不是所有基于产品的措施都会导致不同一样。因此，本案的判决提醒我们，当区别待遇是基于 NPR-PPMs 的时候，要有足够的理由来支持这一区别。总之，本案的裁决也没有关闭 NPR-PPMs 的大门。

（3）美国汽车税案

美国汽车税案的专家组报告并未生效，但是在讨论 NPR-PPMs 时常常被提及。案子中有个问题是关于企业平均燃料经济性（Corporate Average Fuel Economy，下称 CAFE）的，要求每个生产商和进口商都要满足 CAFE 要求。CAFE 价值的计算是按照每个生产商或者进口商的全线车辆（entire fleet of vehicles）进行的。[②] 因此，国产和进口车辆是分开计算和平均的。关于车辆平均的方法，欧共体认为：因为 CAFE 的规定事实上只让那些拥有全线车辆的生产商把大排量汽车和小排量汽车放在一起平均，从而达到 27.5 mpg 的标

---

① Id., at 5.19.

② Panel Report, *United States-Taxes on Automobiles*, 2.14, DS31/R (Oct. 11, 1994).

准，但是欧共体那些只有有限车系的汽车生产商就遭到了第三条第四款所规定的歧视待遇。美国则认为，CAFE 措施对来自所有国家的车辆平等适用，因此符合第三条第四款。[①]

这个案子与本文的相关性在于，这一规定是基于产品的生产商或者进口商的所有权或者控制权，[②] 而不是基于产品。

在分析第三条第四款的时候，专家组首先查看了第三条的文本，并且注意到，第三条是有关“产品”的。接着，专家组引用了“边境税调整案工作组报告”中的一段来支持自己关于第三条的看法，其中包括“没有直接对产品征收的税收不能够进行（边境税）调整”[③]，随后专家组说这个观点对于税收安全很重要。接着专家组就得出结论说：如果第三条有可能将基于非直接与产品相联系的因素而对进口产品给予较差待遇的规定正当化，那么第三条就不能够为其本来的目的服务了（if it were permissible to justify under Article III less favourable treatment to an imported product on the basis of factors not related to the product as such, Article III would not serve its intended purpose）。[④]

专家组在这一推理中的逻辑并不清晰。到底是说（1）第三条不适用于与产品没有直接联系的措施？或者（2）GATT 1947 有一些政策考量或者一般原则，或者第三条本身禁止这样的措施？又或者（3）在决定产品的相似性时，不应该考虑与产品没有直接联系的因素？

如果专家组的立场是（1），那么就与其自己的论证相冲突了。在开始分析 CAFE 措施的时候，专家组专门研究了第三条的可适用性，写道：“专家组注意到，一项措施要受第三条管辖，不需要直接规制产品。”[⑤]但是，在上述分析中，专家组似乎与自己的观点相矛盾了，认为第三条只与“产品”有

---

① Id., at 5.50.

② Id., at 5.51.

③ Report of the Working Party on Border Tax Adjustments, 14, B. I. S. D. 18S/97, L/3464 (Nov. 20, 1970).

④ Panel Report, *United States-Taxes on Automobiles*, 5.53, DS31/R (Oct. 11, 1994).

⑤ Id., at 5.45.

关。[①] 但是，因为本案专家组明确标识了第三条可适用，不管其论证是多么矛盾，笔者也只能继续探讨另一种可能性了。

专家组的逻辑似乎是，第三条适用于与产品没有直接联系的措施，但是，第三条不能正当化这样的措施，因为他们与产品没有直接联系。如果我们跟随这样的逻辑，就会有如下的问题：为什么专家组不直接说第三条禁止这样的措施？“正当化”意味着该措施违反了某一（几）条的规定，第三条让其合法化了。[②] 但是，专家组并没有说这样的措施违反了哪一条的规定。而是仅仅提到了税收安全，而这甚至不是本案的问题。从专家组的措辞看，“如果第三条有可能将基于非直接与产品相联系的因素而对进口产品给予较差待遇的规定正当化，那么第三条就不能够为其本来的目的服务了”，很难从中看出到底是违反了什么样的措施。如果涉案措施违反了第三条本身，那么又为什么需要被同一条规定正当化呢？可以推断，专家组认为第三条不应该允许这样的规定，因此与其目的相悖，进而也不能被其正当化。这种反常以及费解的逻辑让笔者不得不回到那个问题：为什么专家组不直接论证第三条禁止这样的措施？

如果我们回到专家组报告，回顾一下专家组在之前的两个问题上的推理，即奢侈税和燃油税，可能会找到一些线索。在这两个问题中，决定性的因素是这些措施不是“以保护国产汽车为目标实施的”。专家组认为它们没有违反第三条第二款。如果专家组直接考量 CAFE 规定中的车系平均方法是否违反第三条，并且顺着前两个问题的逻辑的话，那专家组非常有可能得出这样的结论：因为车系平均方法平等适用于来自所有国家的车辆，不是“以保护国产汽车为目标实施的”，因此没有违反第三条。尽管无从得知专家组是否出于这样的顾虑，但是从这个角度，就很容易理解专家组为什么要用旁敲侧击的方法进行论证。

① 专家组引用来支持自己这一观点的边境税报告中的那一段话，同样被 US-Tuna I 的专家组引用来论证第三条不适用于与产品没有直接关系的措施。

② 此外，关于第三条到底是授权条款还是禁止条款还有争论。See Robert Howse & Donald Regan, *The Product/Process Distinction-An Illusory Basis for Disciplining 'Unilateralism' in Trade Policy*, Vol. 11, No. 2 Eur. J. Int'l L. 249, 257 (2000).

因此，我们继续讨论第三个问题：专家组有没有试图论证与产品不直接相关的因素不应该用来作为区分相似性的因素？事实上，专家组没有分析这个问题，而是直接说：专家组认为，这些考虑确认了第三条第四款不允许基于和产品没有直接联系的因素，而对进口产品给予低于相似国产品的待遇。①

专家组直接认定了涉案产品是相似产品。和上一点类似，专家组没有根据第三条第四款的条文来分析，也没有说涉案措施违反了第三条哪一部分。专家组暗示说这样的措施违背了第三条的目的。因此，其没有去分析 NPR-PPMs 与相似产品的问题。如同笔者在分析美国酒类产品案的时候说的，很难说这种基于不同生产商和进口商而进行的产品区分对于相似性有什么影响。

总之，不应该因为一些案件对 NPR-PPMs 的裁判比较消极，就否定了全部中立性 NPR-PPMs 措施。更重要的是去分析每个案件中的推理，找出它们是否真的对可再生能源和化石能源电力的区分造成了障碍。

有许多不同种类的 NPR-PPMs，有些会影响相似性判断，而有些不会。这一问题应该认真分析。这三个案件中的 NPR-PPMs 措施是广义上的，它们事实上是基于生产商或者进口商的。这些生产商是否使用了不同的方法来生产和加工产品，并不是这些案件讨论的问题。可再生能源和化石能源电力的区别与这些案件中的涉案措施完全不同，因此并不能因为两种电力和涉案的三措施在一个共同的大类别——NPR-PPMs——下，就否定了它们的区别。此外，需要指出的是在这些案件中，涉案措施要么是基于国家的（具有国别性），要么被告没有抗辩，要么决定是基于非常模糊的言辞作出的。

（三）政策性顾虑和问题

关于 NPR-PPMs，即便证明了 WTO 的法律与司法实践中没有有力的证据来反对基于 NPR-PPMs 而对产品进行区分，人们可能还是会有顾虑。例如，人们会担心，海关在实践中很难追溯产品是如何生产出来的，因而对 NPR-PPMs 不同的产品进行区分会增加行政成本；各国的 NPR-PPMs 可能各不相同，缺乏统一的标准可能导致市场分割；因为基于 NPR-PPMs 的规制常常由

① Panel Report, *United States-Taxes on Automobiles*, 5.54, DS31/R (Oct. 11, 1994).

发达国家提起，发展中国家和极不发达国家可能缺乏必要的条件来遵守这些规则；有些人还认为，NPR-PPMs具有域外性，它允许一国对发生在其领土之外的生产和加工行为进行规制。这些顾虑构成了对可再生能源和化石能源电力进行区分的现实障碍，因此，本部分将认真地评估这些顾虑。

1. NPR-PPMs的难追溯性

因为最终产品的物理性质是非常相似的或者相同的，很难决定在生产过程中到底使用了什么样的NPR-PPMs。对于普通的商品可能是这样，但是对于电力则不是。电从各个发电厂用不同的能源（如煤炭、天然气、风能或者太阳能）（或者从分布式电站，如屋顶太阳能系统）发出来，再传送到电网上。在这个过程中，发电设施必须与电网相连接，才能够提供给消费者使用。因此，电网的控制系统不仅能够知道并且必须知道从每个站点上传的电力，进行统一调度，确保电网的安全稳定运行。这一特点让电力区别于普通商品。

另外一个密切相关的问题是，大部分国家的消费者没有办法自主选择使用什么来源的电力。当他们打开开关时，并不能区分所使用的电力中哪些来自可再生能源，哪些来自化石能源。这一个顾虑乍一看很有道理，但是仔细思考一下就会有不同的答案。因为大部分（如果不是全部的话）关于可再生能源的规制措施是在这两种电力可以区分的时候实施的。这些规制措施包括但不限于对电网的优先准入，可再生能源电力组合要求，以及最低限价要求。此外，如果电力公司的服务足够透明的话，消费者也能够知道他们所使用的电力中有多大比例来自可再生能源电力。消费者也可以通过支持政府促进可再生能源的政策措施来表达他们的偏好。

2. 国家标准的冲突、市场分化以及分配不公正

关于NPR-PPMs，国家标准的冲突，市场分割以及分配不公正这几个顾虑是互相联系的。它们都基于一个共同的原因：对于一个特定的产品，不同的国家可能有不同的生产和加工方法。顾虑在于当NPR-PPMs被当成了区分产品的因素，会增加制造成本，造成市场分割。在海关，为了管理NPR-PPMs，相应的行政程序可能会复杂化，并且造成拖延。此外，人们还担心

NPR-PPMs 会被当成隐性的贸易保护工具。[①]

但是，如果把电力放到这个场景中，这些顾虑也许就不存在了。本书讨论的是可再生能源电力和化石能源电力的区分。而关于可再生能源和化石能源的界定，几乎是全球统一的。可再生能源通常包括太阳能、风能、地热能、海浪、潮汐能、生物质能、生物燃料、以及小水电等；而化石能源则主要包括煤炭、石油和天然气等。这种区分是非常清楚并且被广为接受的。尽管有些国家对于可再生能源的范围有个别不同规定，[②] 或者依据不同的标准来认定某项能源是否可以作为可再生能源。[③] 这种区别是能源作为"商品"的区别而不是作为电力生产方法的区别，只是这种有区别的"商品"用来发电时，成为了可再生能源电力和化石能源电力的 PPMs。因此，并非 NPR-PPMs 所独有的，也存在于单纯的商品贸易中。

关于被保护主义者滥用的担忧，是有可能的。但是，这种风险并不是独有的。许多被接受的贸易措施也同样有被滥用的可能。问题的关键在于对这些措施进行监管，控制风险；并且看风险与获益的比率是否值得。考虑到鼓励可再生能源的环境效益，有必要承认其与化石能源电力的区别，同时对滥用的风险进行管理。

人们还会担心接受了 NPR-PPMs 可能会导致分配的不公正，因为发达国家会更加关心环境保护的问题，而且倾向于采取基于 NPR-PPMs 的措施。这样的规制常常会增加发展中国家的生产成本。但是，促进可再生能源电力的发展可能恰好会促进分配正义。因为化石能源在全世界的分配极不均衡，对于那些缺乏这些自然资源的国家，[④] 可再生能源提供了一个很好的替代选择。事实上，可再生能源在给无电和缺电地区人们提供电力方面有巨大潜力。并

---

① Organisation for Economic Co - operation and Development (OECD), Processes and Production Methods (PPMs): Conceptual Framework and Considerations on Use of PPM - based Trade Measures 21, OCDE/GD (97) 137 (1997).

② 例如，奥地利就没有把潮汐能包括在可再生能源里，因为其是一个内陆国。

③ 例如，关于生物质燃料，EU 要求必须达到一定比例的温室气体减排效果才可以被界定为可再生能源，而其他国家可能并没有这样的要求。See Directive 2009/28/EC (the 2009 Renewable Energy Directive), OJ L 140/16.

④ 这些国家不一定是发展中或者最不发达国家，他们同样可能是发达国家。

且，可再生能源发电对于人类和环境的影响要大大低于化石能源电力。

3. 减让的范围与域外性

承认 NPR-PPMs 可能会超出 WTO 成员当初谈判达成的减让范围。[①] 这一观点建立在一个假设的基础上，那就是确定相似产品的标准中不包括 NPR-PPMs。但是如前所述，这个假定从法律条文到司法实践，都缺乏有力的支撑。如上诉机构在欧共体石棉案中所强调的，在分析产品的相似性时，要考虑所有的相关证据。[②]

域外性是关于 NPR-PPMs 的另外一个担忧。它假定如果接受了以 NPR-PPMs 为基础的措施，就意味着允许一国对其境外的生产过程和生产方法进行规制。但是，可再生能源和化石能源电力的区分允许国家采取特殊的安排来促进可再生能源发展，但是并不意味着要强迫其他国家采取同样的措施。

人们常常把 PPMs 和域外性相联系，原因是这些程序或者装置是由要求采取这些措施的国家设计的。这给人们造成了一种印象，这些国家想要其他国家遵守他们创设的 PPMs。但是即便像这样类型的 PPMs，上诉机构都允许通过第二十条将其正当化的可能。[③] 关于本书所讨论的可再生能源和化石能源发电，是早已经广泛存在并被各国采用的，很难去说这样的区分是在强迫哪个国家。

因此，关于可再生能源和化石能源电力的区分，人们常常担心的 NPR-PPMs 的问题要么不适用于电力的特殊性质，或者并不是 NPR-PPMs 所独有的问题。通过对这些顾虑的一一剖析发现，不能基于这些顾虑去反对可再生能源和化石能源电力的区分。总之，在认真分析了法律文本、司法实践政策

① Organisation for Economic Co-operation and Development (OECD), Processes and Production Methods (PPMs): Conceptual Framework and Considerations on Use of PPM-based Trade Measures 21, OCDE/GD (97) 137 (1997).

② Appellate Body Report, *European Communities-Measures Affecting Asbestos and Asbestos-Containing Products*, 113 (emphasis original), WT/DS135/AB/R (Mar. 12, 2001).

③ 上诉机构认为，没有必要假设：进口国那些要求出口国遵守或者采取某些政策的规定（尽管在原则上属于某一例外情形），使得这一措施不能被第二十条正当化。这一解释使得大部分（如果不是全部的话）第二十条的特定例外无效，从而与我们应当遵守的解释原则相违背。[Appellate Body Report, United States-Import Prohibition of Certain Shrimp and Shrimp Products, 121, WT/DS58/AB/R (Oct. 12, 1998)].

顾虑和问题之后，可以得出结论：在任何这些方面上，说 WTO 规则排除了对可再生能源和化石能源电力进行区分的可能性，都是没有依据的。

二、在 GATT 1994 第三条第四款下，可再生能源和化石能源电力不是相似产品的原因

前面一节的分析论证为可再生能源和化石能源电力的区分去除了制度上的障碍，本节将集中分析为什么在第三条第四款下可再生能源和化石能源电力有可能并不是“相似产品”。需要强调的是，笔者的分析是基于对那些可能影响可再生能源和化石能源电力相似性的普遍存在的一般性因素。至于在个案中二者是否相似，要结合每个案子的具体情况分析。

在第一节的第一部分已经初步讨论了第三条第四款下的相似产品问题，因此这里直接进行相似性分析。如上诉机构在欧共体石棉案中所说，在解释第三条第四款的时候必须要考虑第三条第一款的规定。[①] 将二者结合起来进行分析，上诉机构认为：……第三条第四款的“相似性”从根本上讲，就是要决定产品之间竞争关系的性质和程度（…… a determination of ‘likeness’ under Article III：4 is，fundamentally，a determination about the nature and extent of a competitive relationship between and among products）。[②] 因此，这部分会分析可再生能源和化石能源作为电力的来源，是如何影响二者的竞争关系的。首先，笔者专门就可再生能源和化石能源电力的竞争关系进行了分析；接着，笔者用传统标准进行了二者的相似性分析；笔者还认为，在分析二者相似性时，应当考虑规制的目的和消费的不同后果。

（一）竞争关系

分析二者的竞争关系必须首先全面的考虑电力市场本身的特殊性质。为了确保电力的稳定供应，电力工业常常处于国家的严格规制之下。同时，因为化石能源是可用竭的，并且带来的环境污染和气候变化问题非常严重，必

① Appellate Body Report，*European Communities－Measures Affecting Asbestos and Asbestos－Containing Products*，93，WT/DS135/AB/R（Mar. 12，2001）.

② Id. at 99.

须要在一国的电力供应中引入可再生能源，以保证电力的长期供应的同时保护环境。[①] 但是，总的来说，可再生能源电力要比化石能源电力成本更高。因此，在大多情况下，政府要介入进来，通过一定的措施来建立可再生能源电力市场，比如说强制要求一定比例的电力必须来自可再生能源（可再生能源组合要求），以及征收可再生能源电力附加补偿（Feed－in Tariffs，下称FITs）。[②]

在这样的情况下，可再生能源和化石能源电力的竞争关系不同于那些完全遵循市场供需关系的商品。关于这点，加拿大可再生能源案以及加拿大可再生能源电力附加补偿计划案（Canada－Renewable Energy / Canada－Feed－in Tariff Program，下称“加拿大可再生能源案”）[③] 中的论证有很大的参考价值，其中一个问题是确定 FIT 计划是否构成《补贴与反补贴措施协定》（Agreement on Subsidies and Countervailing Measures，下称 the SCM Agreement）[④] 下的补贴。其中要分析 FIT 计划是否给予了 SCM Agreement 第 1.1（b）所说的“利益”，在确定这个“利益”的过程中，就要确定一个风电和太阳能光伏发电的获益基准（A benefit benchmark），因为“利益的存在要通过比较它们竞争的相关市场中商品和服务的价格来确定”。[⑤]而“相关市场”（Relevant Market）的确定，在本质上就是决定竞争关系。因此，尽管加拿大可再生能源案是有关补贴问题的，但是其中关于可再生能源电力和其他来源电力竞争关系的分析和本文的讨论密切相关。

---

① Appellate Body Reports，Canada－Certain Measures Affecting the Renewable Energy Generation Sector / Canada－Measures Relating to the Feed－in Tariff Program，5.186，WT/DS412/AB/R / WT/DS426/AB/R（May 6，2013）.

② 政府通过向消费者加收费用来补偿电网公司因采购和接纳可再生能源而多付出的成本。

③ Appellate Body Reports，*Canada－Certain Measures Affecting the Renewable Energy Generation Sector / Canada－Measures Relating to the Feed－in Tariff Program*，5.5，WT/DS412/AB/R / WT/DS426/AB/R（May 6，2013）.

④ Agreement on Subsidies and Countervailing Measures，Apr. 15，1994，Marrakesh Agreement Establishing the World Trade Organization，Annex 1A，1869 U. N. T. S. 14（SCM Agreement）.

⑤ Appellate Body Reports，*Canada－Certain Measures Affecting the Renewable Energy Generation Sector / Canada－Measures Relating to the Feed－in Tariff Program*，5.169，WT/DS412/AB/R / WT/DS426/AB/R（May 6，2013）.

上诉机构从两个方面分析了竞争关系：需求方和供给方的可替代性。关于需求方的可替代性，看起来，来自不同来源的电力物理上相同，对于消费者来说具有可替代性。但是，上诉机构却认为，其他的一些因素会影响到需求方的选择，比如说“合同的类型，消费者需求的规模以及发电的类型（是基础负荷还是高峰负荷）”。[①]

关于供给方的可替代性，第一，可再生能源发电设施的建设成本比传统能源电力高得多。没有政府的规制，风力和太阳能光伏发电市场可能就不会存在。[②] 第二，电力市场有两个层级。电力由“安大略省政府在批发市场购入，然后再零售给消费者”。政府有关于能源供应结构的要求，有一定比例的电力必须来自风力和太阳能光伏发电。尽管从不同来源发出的电力混合起来，对于最终消费者是不具有可区分性的，但是，在供给侧，使用不同技术所发的电在批发市场是不具有可替代性的。[③]

因此，上诉机构认为，“相关市场”不是整个竞争性电力批发市场，而是由政府创造的风力和太阳能光伏发电市场。[④]

上诉机构在这个案子中的分析对于可再生能源和化石能源电力的竞争关系分析非常有启发。尽管竞争关系应该结合个案的具体情况进行分析，但是导致上诉机构在加拿大可再生能源案中得出如上结论的那些因素是广泛存在的。可再生能源市场在许多国家都是由政府建立的。采取可再生能源组合要求，要求一定数量或者比例的电力必须来自可再生能源，那么在这些国家，可再生能源电力和化石能源电力是不具有相互替代性的，因此它们之间不存在竞争关系。回溯上文提到的，第三条第四款的“相似性”从根本上讲就是要决定产品之间竞争关系的性质和程度，[⑤] 进而可以得出结论：不具可替代性和竞争关系的可再生能源和化石能源电力在这种情况下不是“相似产品”。

---

① Id. , at 5. 170.

② Id. , at 5. 175.

③ Id. , at 5. 176.

④ Id. , at 5. 178.

⑤ Appellate Body Report, *European Communities－Measures Affecting Asbestos and Asbestos－Containing Products*, 99, WT/DS135/AB/R (Mar. 12, 2001).

（二）传统标准

电力市场的独特性质使得电力不同于普通商品，因此，前面一部分专门从市场结构的角度讨论了竞争关系。但是，如果某些国家的电力市场不具备如上特征，或者如果可再生能源电力便宜到可以与化石能源电力平等竞争，而不需要政府的规制来保持其市场地位的时候，上面的分析就不足以说明可再生能源和化石能源电力的竞争关系了，因此有必要再从传统标准入手进行讨论。

认为可再生能源和化石能源电力是相似产品的人常常基于从“边境税调整专家组报告”发展起来的传统标准（Traditional Criteria），即产品的物理特性、性质和质量；产品在既定市场上的最终用途；消费者的品味和习惯；以及产品的关税分类。他们认为二者具有相同的物理性质和最终用途，因而是相似产品。但是二者的物理性质到底是不是相同？以及消费者的喜好是否会影响到相似性的判断？

1. 物理性质

那些认为可再生能源电力和化石能源电力具有相同物理性质的观点是基于一个认识：不管是什么来源的电力，都是电力。这一观点将电与普通商品等同，对于普通商品来说，其物理性质独立的体现于最终产品上。但是，电力并非如此。《韦氏大学英语词典》中对于“电”的定义如下：“一种能量的基本形式，自然发出（如闪电）或人工发出（通过发电机），能以正负的形式被观察到，以电子的运动和相互作用来表达。”①

电力是一种能量的形式，基于电子运动和相互作用的过程。一旦发电行为终止，电也就随之消失。因此，电是一个依赖于发电行为的过程，而不是独立存在的商品。身处电气化时代的人们对于这点的认识越来越淡了，可能是因为今天的电力供应以集中化供电为主。电从发电厂出来，经过长距离的输送到达消费者身边。对于消费者来说，电力的来去就是一个按开关的动作。

① “A fundamental form of energy observable in positive and negative forms that occurs naturally (as in lightning) or is produced (as in a generator) and that is expressed in terms of the movement and interaction of electrons.” Merriam-Webster's Collegiate © Dictionary 400 (Merriam-Webster, Inc., 11th ed. 2003).

它好像时时刻刻都在那里，就如同其他商品一样。但是，电力远距离传输的历史并不久远，是交流电技术发展并被接受之后才有的事情。当托马斯·爱迪生发明电灯泡的时候，他用的是直流电来点亮灯泡。通过直流电技术，电力无法进行远距离传输。因此，在开始的时候，为了点亮一座房子里的灯泡，他需要在这座房子里装一台发电机，而这种发电机最初的时候噪音非常大，而且还有危险。经历过那个时代的人们，一定不会认为来自太阳能电池板的电力与来自隔壁又大又热的发电机里的能量是一样的商品。因此，当讨论电力的物理性质时，考虑电力的来源以及相应的技术是非常重要的。①

不同的来源和技术会影响到电力的物理性质和竞争关系。从风力和太阳能光伏发电而来的电力具有间断性和不稳定性，因此不能够作为基础负荷。②并且，这些来源的电力不像天然气之类的燃料发电那样灵活，可以在任何需要的时候使用；因此，它们也不能作为备用电力来支持高峰负荷。这些独特的物理性质让风电和太阳能光伏发电很难与化石能源电力竞争类似的合同。此外，与传统能源电力相比，风电和太阳能光伏发电需要较高的资金投入，较低的运营成本以及很少的规模经济效益。这些特征都让风电和太阳能光伏发电不太可能，如果不是完全不能的话，对化石能源电力施以价格上的限制。③

有人可能会说，一旦电力上传到电网混合起来，消费者就不能区别哪些电力是来自可再生能源的。这看起来很有说服力，但是仔细一想就会发现这个说法具有很大的误导性，因为，几乎所有针对可再生能源电力的规制措施都是在其可以区分的时候实施的。这些规制措施包括投资补贴，优惠税率，

① Professor Robert Howse holds the same position. See Robert Howse, World Trade Law and Renewable Energy: The Case of Non - Tariff Barriers 3, UNCTAD/DITC/TED/2008/5 (United Nations Publication, 2009), *available at*: http//unctad. org/en/Docs/ditcted20085_ en. pdf.

② 全球能源互联网就是用来解决这个问题的。如果可再生能源电力能够跨时区传输，那么就可以用来满足基本负荷了。

③ See William W. Hogan, Overview of the Electricity System in the Province of Ontario, at 6-8, Panel Exhibit CDA-2 (Dec, 21, 2011), cited by Appellate Body Reports, *Canada-Certain Measures Affecting the Renewable Energy Generation Sector / Canada-Measures Relating to the Feed-in Tariff Program*, 5. 174, WT/DS412/AB/R / WT/DS426/AB/R (May 6, 2013).

可再生能源组合要求，可再生能源证书等。[①] 如前所述，对于电网来说，不但可以知道，并且必须知道从每个设施上传的电量。而消费者也可以知道其使用的电力有多大的比例是来自可再生能源的。

总之，电是一个过程。发电的来源和技术会对导致其具有不同的物理性质，也因此会影响他们的竞争关系；尽管对于最终消费者来说是不可区分的，但是几乎所有的可再生能源规制措施都在其可以区分时实施。

2. 消费者喜好

消费者喜好在相似性判断中具有重要作用。对于化石能源的过度依赖导致了严重的环境问题，例如空气污染和气候变化。而这些影响具有跨境传播的性质，甚至具有全球性的后果，会对全球范围的人类和动植物健康和安全造成影响。随着公众对于化石能源负面效应的认识越来越深刻，人们对于可再生能源的热情在日益增长。

即便那些依然坚持认为可再生能源和化石能源电力具有相同物理性质的人，也必须考虑消费者喜好问题，否则就与 WTO 实践认可的四个传统标准相违背了。[②] 在欧共体石棉案中，上诉机构考虑了与产品相联系的健康风险可以影响消费的行为，因而与评估市场竞争关系相关。[③] 在 US-Tuna II（Mexico）案中，专家组明确支持：获得产品的不同方法可能会影响产品的相似性，因为消费者可能对此有不同的喜好。这可能会影响这些产品的竞争关系，因此专家组认为应该在相似性判断中作为优先考虑的相关因素（A Priori Rele-

---

① 有关更多的可持续能源政策，参见 the ICTSD Global Platform on Climate Change，Trade and Sustainable Energy，Fostering Low Carbon Growth：The Case for a Sustainable Energy Trade Agreement 17（International Centre for Trade and Sustainable Development 2011），available at：http//www. ictsd. org/sites/default/files/research/2012/05/fostering-low－carbon－growth－the－case－for－a－sustainable－energy－trade－agreement1. pdf.

② Robert Howse，World Trade Law and Renewable Energy：The Case of Non－Tariff Barriers 6，UNCTAD/DITC/TED/2008/5（United Nations Publication，2009），*available at* http：//unctad. org/en/Docs/ditcted20085_ en. pdf.

③ Appellate Body Report，*European Communities－Measures Affecting Asbestos and Asbestos－Containing Products*，113－6，122，128，and 145，WT/DS135/AB/R（Mar. 12，2001）.

vant)。[1]

化石能源电力的消费会鼓励化石能源的开采和燃烧。那些关注环境和健康问题的消费者非常有可能支持政府关于鼓励可再生能源发展的决定。如上诉机构在加拿大可再生能源案中所说，政府关于能源供应的组合性要求可能反映了消费者已经能够接受购买来自不同发电技术的组合来源电力，即使这比单纯从传统发电能源生产的电力要更贵。[2] 在那些消费者可以选择电力供应商的地区，关心环境问题的消费者会更倾向于选择那些提供更大比例可再生能源电力的供应商。因此消费者对可再生能源电力的偏好会影响到其与化石能源电力的竞争关系。

（三）其他因素

就像上诉机构在欧共体石棉案中所说，在相似性分析中，要考虑全部相关证据。[3] 在从相关市场与竞争关系，物理性质以及消费者喜好方面分析了不同的生产方法对电力相似性的影响之后，还有两个重要的因素需要研究：一是规制的目的；二是不同的消费后果。

1. 规制目的

对于规制目的的考虑来自第三条第一款，其要求国内税和规制措施“……不得以为国内生产提供保护的目的对进口产品或国产品适用。”这一条为国内税和规制措施确定了一个避免保护主义的一般原则。[4] 因此，一方面第三条要求给进口和本国产品提供平等的竞争环境；[5] 另一方面，WTO 成员可

---

① Panel Report, *United States-Measures Concerning the Importation, Marketing and Sale of Tuna and Tuna Products*, 7.249, WT/DS381/R (Sept. 15, 2011), as modified by Appellate Body Report WT/DS381/AB/R.

② Appellate Body Reports, *Canada-Certain Measures Affecting the Renewable Energy Generation Sector / Canada-Measures Relating to the Feed-in Tariff Program*, 5.177, WT/DS412/AB/R / WT/DS426/AB/R (May 6, 2013), .

③ Appellate Body Report, *European Communities-Measures Affecting Asbestos and Asbestos-Containing Products*, 102 (emphasis original), WT/DS135/AB/R (Mar. 12, 2001).

④ Appellate Body Report, *Japan-Alcoholic Beverages*, 18, WT/DS8/AB/R, WT/DS10/AB/R, WT/DS11/AB/R (Oct. 4, 1996).

⑤ Panel Report, United States - Taxes on Petroleum and Certain Imported Substances, 5.1.9, B.I.S.D. 34S/136 (June 5, 1987); Panel Report, *Japan-Customs Duties, Taxes and Labeling Practices on Imported Wines and Alcoholic Beverages*, 5.5 (b), B.I.S.D. 34S/83 (Oct. 13, 1987).

以自由的通过国内税或者规制措施来实现其国内目标，只要他们不以违反第三条的方式或者违反任何其在 WTO 下所做承诺的方式来这样做。[①] 如同上诉机构在日本酒税案 II 中所言：这一一般原则为第三条的其他内容提供了信息。第三条第一款的目的是给第三条第二款以及其他段落下具体义务的理解和解释提供一个指导，同时尊重以及不以任何方式减少，其他段落中所实际使用的词语的含义。[②]

当分析规制目的问题时，人们常常把这种考量归类为“目的效果理论”(Aim-And-Effect Test)。这一理论最初是由专家组在“美国酒类产品案”中采纳的。随后，人们常常认为专家组在“日本酒税案 II”中明确反对了采用目的效果理论，[③] 并且这一立场被上诉机构默认了。[④] 但是，当人们在说支持或者反对这一理论时，这个理论本身的内容似乎并不清晰。

鉴于这种情况，笔者在这部分并不试图去证明目的效果理论是否正确，是否应该被采纳，而是要论证规制目的在相似性分析中的重要性。在论证中，有三个问题需要回答：首先，在相似性分析中是否有可能考虑规制目的？其次，如果可以考虑，规制目的是否应该作为单独的一步予以分析？最后，规制目的应该如何界定？是基于主观意图还是客观目的？

在谈到规制目的时，第三条中有三个部分常常被提到：第三条第二款第一句，第二句和第三条第四款。第三条第二款关于国内税和费用；第一句是关于“相似产品”的；第二句结合 Ad Article III (2)，是关于“直接竞争或者可替代产品”的；而第三条第四款是关于国内规制。对于这三个不同的部分，如上三个问题的答案可能是不同的。只有第三条第二款第二句明确提到了第三条第一款。因此，关于在这一句的分析中把“以提供保护为目的”(so

---

① Appellate Body Report, *Japan-Alcoholic Beverages*, 16, WT/DS8/AB/R, WT/DS10/AB/R, WT/DS11/AB/R (Oct. 4, 1996).

② Id., at 18.

③ Panel Report, Japan-Taxes on Alcoholic Beverages, 6.16, WT/DS8/R, WT/DS10/R, WT/DS11/R (July 11, 1996), as modified by Appellate Body Report WT/DS8/AB/R, WT/DS10/AB/R, WT/DS11/AB/R.

④ Appellate Body Report, *Japan-Alcoholic Beverages*, 23, WT/DS8/AB/R, WT/DS10/AB/R, WT/DS11/AB/R (Oct. 4, 1996).

as to afford protection）作为单独的一步进行考量是没有什么争议的。争议集中在第三条第二款第一句以及第四款是否要考虑“以提供保护为目的”。尽管第三条第二款与规制目的并不是这里的关注重点，但是为了弄清楚第三条第四款与规制目的的问题，有必要对这两个部分都进行讨论。

（1）第三条第二款与“以提供保护为目的”

在美国酒类饮料案中，专家组认为，在决定是否是“相似产品”时，在第三条第二款第一句下和第三条第四款下，都要考虑规制目的。专家组解释说：

因此，第三条的目的不是阻止缔约方使用财政性以及规制权力来实现除了为国内生产提供保护之外的目标。特别是，第三条的目的不是阻止缔约方基于与保护国内生产无关的目的对不同产品分类进行区别对待。专家组认为，第三条的有限目的应该在解释该条“相似产品”时予以考虑。总之，在决定两个受到区别待遇的产品是否是相似产品时，有必要考虑这样的产品区分是否是以为国内生产提供保护为目的。①

在美国汽车税案中，专家组采纳了这一立场，在第三条第二款第一句下考虑了规制的目的和效果。但是，在随后的日本酒税案 II 中，专家组则否定了第三条第二款第一句下考虑目的效果理论。② 上诉机构则认为，由于该句不包括任何有关“以提供保护为目的”的措辞，保护性适用的存在不需要与第一句中包含的具体要求独立开来考虑，并且，这并不意味着第三条第一款的

① Panel Report, *United States–Measures Affecting Alcoholic and Malt Beverages*, 5.25, B.I.S.D. 39S/206, DS23/R (Mar. 16, 1992).

② Panel Report, *Japan–Taxes on Alcoholic Beverages*, 6.16, WT/DS8/R, WT/DS10/R, WT/DS11/R (July 11, 1996), as modified by Appellate Body Report WT/DS8/AB/R, WT/DS10/AB/R, WT/DS11/AB/R.

一般性原则在这句中不适用。①

那么问题就是：日本酒税案Ⅱ是不是完全否定了规制目的的考量？答案并不简单。第一，专家组只处理了第三条第二款，本案中专家组和上诉机构都没有分析第三条第四款；第二，从上诉机构的字里行间可以读出，上诉机构并不反对考虑规制目的，只不过是在第三条第二款第一句中，不需要把规制目的作为独立的一个步骤来考量，因为这个考量已经融入在这句话里面了。因此，规制目的的考量还有争论的空间。

关于第三条第二款第二句下的“以提供保护为目的”，上诉机构则把其作为了单独的一个步骤予以考虑。但是，上诉机构的观点是，“这并不是一个意图问题”（this is not an issue of intent）。这样说，其实并没有否认规制目的的考量。如罗伯特·豪斯教授等指出的，这是一个主观目的（Subjective Purpose）和客观目的（Objective Purpose）的问题。② 上诉机构说，立法者和规制者在作决定的时候，脑海里是否有一个保护主义的目的（主观目的，笔

① Appellate Body Report, *Japan-Alcoholic Beverages*, 18, WT/DS8/AB/R, WT/DS10/AB/R, WT/DS11/AB/R (Oct. 4, 1996). 专家组还认为，“目的效果”理论会让第二十条变得没有用。[Panel Report, *Japan-Taxes on Alcoholic Beverages*, 6.17, WT/DS8/R, WT/DS10/R, WT/DS11/R (July 11, 1996), as modified by Appellate Body Report WT/DS8/AB/R, WT/DS10/AB/R, WT/DS11/AB/R.] 但是，当上诉机构在全面分析是否把“为了提供保护”作为单独的一步来考虑的时候，并没有提到这个原因。[See generally Appellate Body Report, *Japan-Alcoholic Beverages*, 18-23, WT/DS8/AB/R, WT/DS10/AB/R, WT/DS11/AB/R (Oct. 4, 1996).] 专家组在EC-Asbestos中分析类似问题时明确否定了这样的推理，专家组认为：第三条第四款和第二十条（b）是有区别的、各自独立的条款，应当各自进行解释。第三条第四款的范围和含义应当根据通常的条约解释的国际习惯法规则进行，而不应当被超出这些解释规则的原因拓宽或者限缩。事实上在那些规则下解释第三条第四款，意味着对于第二十条（b）的引用频率减少了，也并不能剥夺第二十条（b）的有效性。[Appellate Body Report, *European Communities-Measures Affecting Asbestos and Asbestos-Containing Products*, 115, WT/DS135/AB/R (Mar. 12, 2001).] 对于这个理由为什么站不住脚的详细分析，参见：Robert Howse & Donald Regan, *The Product/Process Distinction-An Illusory Basis for Disciplining 'Unilateralism' in Trade Policy*, Vol. 11, No. 2 Eur. J. Int'l L. 249, 266 (2000). 另外一个案子，Canada-Certain Measures Concerning Periodicals，也常常在分析“目的效果”理论时提到。但是，本案中的上诉机构认为专家组没有提供足够的分析以让其作出关于“相似产品”的决定。专家组说道：“关于我们对于第三条第二款第一句下“相似产品”问题的结论，我们发现没有必要处理加拿大关于该句中的“非歧视”问题的诉求了。”[Appellate Body Report, Canada-Certain Measures Concerning Periodicals, 22-3, WT/DS31/AB/R (June 30, 1997)]. 因此，上诉机构事实上没有对第三条第二款第一句中的规制目的问题表态。

② Robert Howse & Donald Regan, *The Product/Process Distinction-An Illusory Basis for Disciplining 'Unilateralism' in Trade Policy*, Vol. 11, No. 2 Eur. J. Int'l L. 249, 265 (2000).

者注），是无关的。[①] 重要的是涉案措施是如何实施的。[②]上诉机构认为，尽管一项措施的目的（Aim of A Measure）不容易确定，但是，保护性的适用大部分时候能够从一项措施的设计，架构以及展现出来的结构（The Design，The Architecture，and The Revealing Structure of A Measure）（客观目的，笔者注）识别出来。[③] 上诉机构明确提到了措施的“目的”，很显然，其并不反对考虑规制目的。问题的实质在于如何确定这个“目的”。在本案中，上诉机构明确了，要通过探求客观目的而不是主观目的方法来确定。

总之，日本酒税案并没有完全反对考虑规制目的。这个案子并没有讨论第三条第四款；在第三条第二款第一句下也似乎留有空间，只是说规制目的不需要作为独立的一个步骤来考虑；在第三条第二款第二句下，上诉机构明确确认了要考虑规制目的，并且这种考量应该基于一项措施的设计，架构以及展现出来的结构等客观因素来推断规制目的而不是基于主观意图。

（2）第三条第四款与“以提供保护为目的”

日本酒税案II并没有提及第三条第四款，所以，据此说第三条四款不能考虑规制目的是没有道理的。相反，如果仔细比较第三条第四款和第二款的措辞和结构，会发现两款下“相似产品”的范围是有差别的。

第三条第二款包含了两句并列的话，而第二句明确提到了第三条第一款。如上诉机构在日本酒税案II中强调的：因为第三条第二款第二句，在适用于更广范围的产品，而非第一句规定的“相似产品”时，要独立的、明确地考虑一项措施的保护性，我们同意专家组的意见，即第三条第二款第一句必须要作限缩解释，从而避免去谴责那些其严格规定未想要谴责的措施。因而，我们也同意专家组的意见，第三条第二款第一句“相似产品”的定义也应该作限缩解释。[④]

这是上诉机构认为目的效果不应该作为单独一步在第三条第二款第一句

① Appellate Body Report，*Japan-Alcoholic Beverages*，27，WT/DS8/AB/R，WT/DS10/AB/R，WT/DS11/AB/R（Oct. 4，1996）.

② Id.，at 28.

③ Id.，at 29.

④ Id.，at 19，20.

中考虑的重要原因。但是，第三条第四款并没有像第二款第二句这样的单独规定。上诉机构在欧共体石棉案中总结说：由于第三条第二款和第四款文本的不同，“相似性”的“手风琴”也与第四款存在区别。[①] 第四款中“相似性”的范围要比第二款第一句中的“相似性”更为宽泛。并且，因为第二款规制财政措施，第四款规制非财政性规制措施，他们在国内规制中的总的目标应该是共同的，因此，二者的涵盖范围也不应该有重大不同。如果二者的范围差别太大的话，会损害第一款中一般原则适用的一致性。

因此，上诉机构在欧共体石棉案中总结说第三条第四款的产品范围要比第二款第一句的宽，但是却不宽于第二款两句话加起来的产品范围。[②] 这就意味着第四款的“相似产品”包含一些第二款第二句涵盖的产品。即便日本酒税案 II 反对第二款第一句下考虑目的效果，也不必然意味着第四款下不能考虑。并且，第二款第二句可以单独一步考虑规制目的，那么就没有理由要求第四款完全不考虑规制目的。否则，两款的范围就会出现重要不同。

另外，如前所述，上诉机构在日本酒税案 II 中认为第三条第一款给该条其他部分提供了指导。[③] 这对于解释第三条第四款具有重要的意义。[④] 专家组在美国酒类饮料案中注意到了在分析第四款时考虑规制目的的重要性：

……一旦产品被认定为相似产品，那么对于它们的不同规制，例如为了标准化或者环境的目的，就会与第三条不符，即便这一规制不是“出于……为国内生产提供保护的目的”。因此，专家组认为，在确定第三条下相似产品的时候，有必要以不对缔约方的规制权利和国内政策选择造成损害的方式进行。[⑤]

---

① Appellate Body Report, *European Communities-Measures Affecting Asbestos and Asbestos-Containing Products*, 96, WT/DS135/AB/R (Mar. 12, 2001).

② Id., at 99.

③ Appellate Body Report, *Japan-Alcoholic Beverages*, 18, WT/DS8/AB/R, WT/DS10/AB/R, WT/DS11/AB/R (Oct. 4, 1996).

④ Appellate Body Report, *European Communities-Measures Affecting Asbestos and Asbestos-Containing Products*, 93, WT/DS135/AB/R (Mar. 12, 2001).

⑤ Panel Report, *United States-Measures Affecting Alcoholic and Malt Beverages*, 5.72, B.I.S.D. 39S/206, DS23/R (Mar. 16, 1992).

因此，在第三条第四款下“相似产品”考量时考虑规制目的，不仅与第三条第一款相符，而且是十分重要的。需要强调的是，因为第三条第四款没有专门提到“以提供保护为目的”，笔者并不建议将规制目的独立于“相似产品”予以考量，而是作为确定是否是“相似产品”时考虑的一个因素。

笔者在此还想讨论另外一个常常被提起的案子——欧共体香蕉案（EC-Bananas）。在本案中，对欧共体生产商以及生产商组织，包括或者直接代表他们的运营商颁发飓风许可证书。[①] 这给产自欧共体的香蕉提供了其他国家香蕉无法获得的优势。专家组认为这一措施违反了第三条第四款。[②] 该措施是具有国别性的。如前所述，在这种情况下，涉案产品会被直接认定为相似产品，而无须更多分析。只要存在不同的待遇，就可以建立第三条第四款的违反。这就是相似产品分析的替代路径（Alternative Route）。从根本上讲，这一替代路径的原理就在于对规制目的的考虑，因为如果一项措施的设计是基于产品的来源国而给予产品不同的待遇，那么这种设计本身就具有保护主义的目的，足以直接建立“以提供保护为目的”。因此，尽管在欧共体香蕉案中，专家组说过，不要求对一项措施是否“以提供保护为目的”进行单独考量，[③] 这并不一定意味着专家组否定了在分析第四款违反时考虑规制目的。事实上，专家组已经考虑过了，因而说没有必要再单独考虑了。

因此，如果一项措施的设计、架构、展现出来的结构及其他因素表明了规制的目的不是为了对国内生产提供保护，而是为了促进可再生能源的发展，保护环境，应对气候变化，那么在第三条第四款下，可再生能源和化石能源电力就不应当被作为“相似产品”。

2. 消费的不同后果

考虑到在决定“相似性”时要考虑所有的相关证据，[④] 另外一个需要考

---

① Appellate Body Report, European Communities-Regime for the Importation, Sale and Distribution of Bananas, 212, WT/DS27/AB/R (Sept. 9, 1997).

② Id. at 212, 214.

③ Id. at 216.

④ Appellate Body Report, *European Communities-Measures Affecting Asbestos and Asbestos-Containing Products*, 102, WT/DS135/AB/R (Mar. 12, 2001).

虑的重要因素就是消费的后果。通常，对于某种产品的消费会鼓励供应商从同一个地方补充这一产品的供应。[①] 对可再生能源电力的消费会刺激更多可再生能源的投入，而对化石能源电力的依赖则会给供应商一个信号，使他们保持甚至扩大对化石能源的投资和开采。这两种行为的环境后果是完全不同的。并且，所导致的空气污染和温室气体排放的影响是跨国界甚至全球性的。这个因素可能在“消费者偏好”中进行考虑，但是由于它本身具有自己独立的价值和重要性，因此需要作为单独的影响两类电力竞争关系的因素予以考虑。

总之，首先，可再生能源电力的独特特征和规制体制，可能会导致它与化石能源电力并不处于相同的相关市场内，因此它们可能并不存在竞争关系，而竞争关系的存在是第四款下“相似产品”界定的必要因素；其次，传统标准，比如物理性质和消费者喜好，以及其他因素，如消费的不同后果等，也使它们区别开来；最后，如果规制的目的表明，这些措施并不是为了给国内生产提供保护，那么也不应当将可再生能源和化石能源电力认定为第四款下的相似产品。

尽管这部分讨论了可能是可再生能源和化石能源电力相区别的普遍性、一般性因素，它是基于目前的规则和实践的讨论，而在个案中，他们的相似性依然具有不可预见性。如果想要在世界范围内实现从化石能源为主导的能源供应模式向更加绿色和可持续的能源供给模式转变的话，就有必要就可再生能源与化石能源电力及相关 PPMs 进行专门谈判。如托马斯·倓卡迪尔教授所建议的，可以就电力贸易进行单独的部门协议谈判，其中专门就 PPMs 进行规定。同时对最不发达国家给予特殊和有区别的待遇，通过技术转让和技术援助来促进对 PPMs 的认可。[②]

---

① Robert Howse & Donald Regan, *The Product/Process Distinction – An Illusory Basis for Disciplining 'Unilateralism' in Trade Policy*, Vol. 11, No. 2 Eur. J. Int'l L. 249, 262 (2000).

② Thomas Cottier, Renewable Energy and Process and Production Methods 7, E15Initiative, International Centre for Trade and Sustainable Development (ICTSD) and World Economic Forum (Aug. 2015), http://www.ictsd.org/sites/default/files/research/E15_ Climate_ Cottier_ FINAL.pdf.

三、结论

本部分讨论了跨境电力贸易规制中最为基础和最具争议的问题。对于可再生能源和化石能源电力是否是“相似产品”的问题存在分歧。但是，这些观点和态度常常是在讨论其他问题的过程中表达出来的，因此“相似性”的问题并没有被非常深入系统的研究过。

笔者在研究中发现以下几个问题至关重要：为什么人们会有 NPR-PPMs 不能被用来作为区别产品“相似性”的因素的印象？这种认识到底是对的吗？更为具体地来讲，在 WTO 体系下，是否有可能把可再生能源电力和化石能源电力作为不同的产品？来自这两种类型的能源的电力在物理性质上是不是真的相同？如果是这样的话，NPR-PPMs 是否会影响到它们之间的竞争关系，进而使它们在第三条第四款下成为不同产品？

考虑到人们对于 NPR-PPMs 的消极态度，可以理解那些反对对可再生能源和化石能源电力进行区别的观点。如果电力被当成普通商品，人们非常有可能得出结论，即可再生能源和化石能源电力是相似产品，因为人们认为它们具有相同的物理性质，只是 NPR-PPMs 不同而已。

但是，在对相关法律文本，司法实践以及政策顾虑与问题进行全面分析之后发现，说 WTO 规则排除了对可再生能源和化石能源电力进行区分的可能性，是没有依据的。

反对者可能没有考虑到电力的独特物理性质，电力市场的独特规制体制以及不同发电来源的可持续性和环境影响。不同于其他商品，电力是一个能量过程。可再生能源和化石能源电力具有不同的物理特征，而且这会影响到它们之间的竞争关系。

即使坚持说可再生能源和化石能源电力的物理性质完全相同，因而将不同的来源和相应的发电技术界定为 NPR-PPMs，系统的研究也表明：第一，可再生能源电力的独特性质和规制体制可能使得可再生能源和化石能源电力并不处于同一个相关市场，它们之间可能不存在竞争关系，因而不是相似产品；第二，传统的标准，如消费者喜好，以及其他因素，如不同的消费后果，同样会影响两类电力的相似性；第三，如果某项对可再生能源和化石能源电力进行区别对待的规制措施，其规制目的并非为了对本国产品提供保护，那么在考虑二者相似性的时候，要将这个因素考虑在内，因为规制的目的可能会影响第三条第四款下相似性的判断。

总之，在 GATT 1994 第三条第四款之下，可再生能源和化石能源电力可能是不相似的。但是也需要强调，这个结论是基于普遍性、一般性因素的考量，而相似性的判断是一个个案问题，需要结合每个案件的具体情况讨论。这里讨论不针对任何一个具体的措施或者情形。

第二节　跨境电力贸易中的国民待遇问题

一、税收措施与国民待遇

有些国家为了鼓励可再生能源的发展，在财税措施上对于可再生能源给予支持，而这类财政措施体现到跨境电力贸易中，可以分为以下几种类型。第一种是对能源的生产过程中投入的原料征收消费税。这被认为是对能源征税的最为方便的方式。因为在生产过程的早期进行征税有如下好处：在这一阶段从事应税交易的经济实体较少，比较容易查验；并且税负会迅速转移到所有的能源消费者，从而直接影响他们的行为。[①] 但是，问题在于，在没有对这些税收进行统一的时候，在征税国的消费者可以通过购买来自其他税收管辖区的进口能源来规避这样的措施。在其他地区，可能存在着不同的征税方式，例如，不对可再生能源和化石能源进行区别化税收。解决这一问题的办法之一就是进行边境税调整；当最终能源在跨越国界的时候，进口国对进口的最终能源产品的原料征收相当于其对国产能源产品原料征收的税收。另外

---

① Environmental Taxes and Border Tax Adjustments: An Economic Analysis, in Critical Issues in Environmental Taxation: International and Comparative Perspectives: Vol. 1, 347 (Kurt Deketelaere, Hope Ashiabor, Larry Kreiser, Janet Milne eds., Richmond Law and Tax, 2001).

一个方法是根据能源的生产方法对能源本身征收差别化税收。①

（一）不进行边境税调整的原材料消费税

税收规则普遍对可再生能源原料的待遇优于化石能源原料，而这种对于发电过程中使用的化石燃料和可再生能源进行差别税收非常有可能符合第三条第二款。这些燃料在物理上与可再生能源技术和材料存在明显差别；消费者也能认识到这些物理上不同的原料所导致的环境后果非常不同。即便可以说产品的最终用途相同（发电），也不能因为这一共同的最终用途就忽视其他非相似性的证据。在关于产品是否是“直接竞争或者可替代”产品时，也可以用类似的分析。并且，除非税收的设计和结构对本国的产品有优待，这样的税收就不能认为是“为了保护国内生产者”而违反国民待遇的规定。但是，需要指出的是，对于可再生能源的优待并不会让一个在其他方面有歧视的税收设计合法化，例如对不同的化石燃料的差别税收（如石油和煤炭）。②

（二）进行边境税调整的原材料消费税

这一问题在 GATT 超级基金案（US-Superfund）中讨论过，对某些化学原料所征的税，在海关对进口的最终产品上征收。欧洲经济共同体认为，这样的税收在 GATT 下是不被允许的，因为该税收所针对的污染后果是在生产国发生的，而非征税国。GATT 专家组则认为，在 GATT 实践中，边境税调整的权利与税收的目的无关，因此美国可以基于原料在生产国的污染因素对其进行征税，只要税收的额度不超过对国内相似原料的税收。③

（三）基于发电来源而对其差别征收

另一种促进可再生能源发展的税收措施是对来自不同来源的电力差别征税。在判断这一税收措施是否违反 GATT 第三条第二款的过程中，需要确定来自非可再生能源的电力与可再生能源电力是否是“相似”产品或者“直接

---

① Robert Howse, World Trade Law and Renewable Energy: The Case of Non-Tariff Barriers 1-2, UNCTAD/DITC/TED/2008/5 (United Nations Publication, 2009), *available at* http://unctad.org/en/Docs/ditcted20085_ en.pdf.

② Id., at 2.

③ Panel Report, Unitde states-Taxes on Petroleum and certain imported Substances (US-Superfund), LI6175 (June 17, 1987).

竞争或者可替代”产品。对于“相似性”，上文在论证第三条第四款下“相似产品”时的很多论据在这里依然适用。譬如可再生能源电力与化石能源电力事实上具有不同的物理性质，虽然都是电流，但是可再生能源电力往往具有不可预见性、间断性的特点，可控性差，很难作为基本负荷，也很难作为高峰负荷备用容量。而且对于可再生能源电力与化石能源电力，消费者的喜好也不尽相同。同样，对于“直接竞争和可替代产品”，上面两点同样适用，而且由于二者的物理性质以及消费者喜好的不同，直接影响了二者的竞争关系，并且如上文所述，可再生能源电力与化石能源电力可能并不处于一个相关市场，二者并不具备竞争关系和可替代性。此外，对于第三条第二款第二句的违反，还要证明“有给国内生产提供保护的目的”，因此单纯为了保护环境而对国产电力和进口电力给予相同税收的措施，即便对可再生能源电力有优惠，也可能并不违反第三条第二款第二句的规定。

最后，尽管对可再生能源和非可再生能源区别征税很可能被第三条第二款允许，有些这类型的税收设计可能还包含一些歧视进口产品的规定，可能违反国民待遇原则。例如，欧洲法院就判决芬兰的一项税收政策违反了《罗马条约》（Treaty of Rome）关于自由贸易的规定。[①] 芬兰根据不同的生产方法对国内产品差别征税，但是，芬兰同时还对进口能源征收最高的税率，而完全不管其生产方法如何，其给出的理由是进口能源的来源很难核实。法院认为，欧洲内部贸易法允许基于生产方法和原材料的不同对能源差别征税，但是芬兰的税收方案对本国和进口能源区别适用，没有给进口方机会来证明自己进口的电力是用什么方法生产出来的，从而享受相同方法生产的国产电力的税率，因此是不被允许的。[②]

① Judgment of the Court of 2 April 1998 in Case C-213/96, Outkumpu Oy [1998] ECR 1-1777.

② Geert van Calster, Topsy-turvy: the European Court of Justice and Border (Energy) Tax Adjustments-Should the World Trade Organization Follow Suit?, in Critical Issues in Environmental Taxation: International and Comparative Perspectives: Vol. 1, 324 (Kurt Deketelaere, Hope Ashiabor, Larry Kreiser, Janet Milne eds., Richmond Law and Tax, 2001).

二、规制措施与国民待遇

GATT第三条第四款规定了非财政性国内法律、法规、规定的国民待遇义务。要求这些非财政性措施给予进口产品的待遇不能低于给予“相似”国产品的待遇。判定某一措施是否违反这一条，首先要看涉案进口和国产品是否“相似”。如果国产品和进口产品是“相似”的，那么下一步就要看规制的差别是否导致了对进口产品的待遇低于国产品的待遇。

在判断规制差异是否对进口商品造成歧视时，中立性的规制差异所导致的某些进口产品比某些本国产品的待遇差并不足以构成“低于同类本国产品待遇”，而是必须在规制的制度和设计上存在某些对进口产品的系统性的偏见和歧视。

促进可再生能源发展的典型非财政性规制措施是最低限价和配额措施。最低限价体系是指法律规定一个最低价格，要求电网或者公用事业企业必须购买“绿色”电力。而配额制度的关键是政府授权特定的市场参与者购买或者销售最低量的可再生能源电力或者发电容量。而政府则分配证书以保证授权数量能够得到良好实施。①

尽管最低限价措施可能还会涉及是否构成补贴的问题，但是对国内和进口能源同时适用的最低限价和配额措施确实是第三条第四款所规定的国内法律、法规和规定。②

（一）最低限价

在加拿大啤酒案中，GATT专家组就政府垄断的零售商店里啤酒的销售规定了最低限价措施进行了审查。专家组否定了最低限价措施本身违反GATT第三条第四款。但是，专家组认为，加拿大最低限价的确定方式本身违反了

---

① Reflections on a Possible Unified EU Financial Support Scheme for Renewable Energy Systems (RES): A Comparison of Minimum－Price and Quota Systems and an Analysis of Market Conditions 12 (EREF and Worldwatch Institute, Brussels and Washington DC, Jan. 2005).

② Robert Howse, World Trade Law and Renewable Energy: The Case of Non－Tariff Barriers 5, UNCTAD/DITC/TED/2008/5 (United Nations Publication, 2009), *available at* http://unctad.org/en/Docs/ditcted20085_ en.pdf.

第三条第四款，因为加拿大是基于国产啤酒的成本规定的最低价格，因此这个价格方案本身的设计和结构就造成了对外国生产商的歧视。

这个案件对于可再生能源电力最低限价方案的设定具有重要的意义：那些完全或者主要基于国产可再生能源电力成本而确定的最低限价有可能会违反第三条第四款。最低限价的设定要允许国产和进口可再生能源享有平等竞争机会。对于那些想要通过最低限价方案来实现环境目标以及促进本国可再生能源工业发展的国家来说，可能还存在问题。但是在实践中，没有哪个外国可再生能源供应商愿意以低于那些可以让本国可再生能源能够生存下去的最低限价出售其电力。这与加拿大啤酒案的情况还有所不同，在该案中，来自美国的竞争者能够并且愿意以低于法律规定的最低价格销售其啤酒。①

（二）为了促进某些能源的发展而采取的内部数量规定

越来越多的国家制定了或者计划制定各种内部规定以促进环境友好型的电力生产和消费。除了上文提到的财税措施以及最低限价措施，还常常涉及的政策工具有：在电力总消费或者总销售中规定一定数量的配额必须来自可再生能源（Portfolio Requirements）（组合要求）；或者要求市场主体必须购买来自特定种类能源的国内电力（Performance Requirements）（履行要求）。

1. 强制组合要求（配额）

根据强制性组合要求，政府会强制适格消费者以及/或者电力贸易商以及/或者配电商购买或者消费的电力中有一定比例必须来自可再生能源。电力企业通过自有资源或者独立的发电商来满足可再生能源电力要求。这一体系还可能配套有可交易的可再生能源证书。

通过强制组合要求给“绿色”电力保留一定的市场份额这种做法在很多国家被采用。实施强制性可再生能源电力购买义务的方法有很多种：要求消费者或者经销商取得可再生能源证书，或者要求供应商/经销商在向最终消费者提供的电费单中明确写出所用的电力来自不同初次能源的比例。

---

① Robert Howse, World Trade Law and Renewable Energy: The Case of Non-Tariff Barriers 5-6, UNCTAD/DITC/TED/2008/5 (United Nations Publication, 2009), *available at* http: //unctad. org/en/Docs/ditcted20085_ en. pdf.

因为对可再生能源的定义不同，各国的强制组合要求也有所不同。例如，在奥地利，可再生能源组合包含除海浪能源之外的各种技术，而比利时和丹麦则把垃圾发电排除在外。在电厂的发电容量或者年限上，可再生能源措施也有所不同。例如，在意大利，可以通过向大型水电厂购买电力来满足组合要求；而有的国家则只有小水电才符合可再生能源定义的范围。①

而在购买的可再生能源电力的国别来源方面，有的国家是中立的，仅仅概括性的要求购买可再生能源电力，如在丹麦，根据1999年的电力法案，所有的消费者都需要逐步购买更多的可再生能源电力。② 捷克共和国则要求配电系统的运营商必须在技术允许的情况下，购买尽可能多的可再生能源和热电联发的电力。

但有些国家则明确的要求要从本国国内购买一定数量或者比例的可再生能源电力。例如奥地利的强制组合要求就有两个独立的义务：一是从小水电厂购买电力，二是其他的可再生能源电力。其立法要求输送给最终消费者的电力中至少有8%是来自国内的小水电厂。③

对于国别中立的措施，在一份提交给NAFTA环境合作委员会的报告中，有关专家认为美国的国家可再生能源组合标准可能违反GATT的国民待遇条款，这一标准要求电力零售商在其组合包保护一定比例或者数量的可再生能源。④ 这一结论在很大程度上基于一个假设，即可再生能源电力和传统能源电力是完全相同的。在这一假设基础上，他们显然认为两种电力是相似产品。

这一结论值得质疑。因为它建立在一个假设基础上，即WTO争端解决机构永远不可能认为两个物理性质类似的产品会“不相似”。这一假设是对欧共体石棉案和日本酒税案所建立的解释框架的不充分理解基础上的。对于可再

① Energy Charter Secretariat, *Regional Electricity Markets in the ECT Area* 118-20 (Oct. 2003).

② Energy Law in Europe-National, EU and International Law and Institutions 402 (Martha Roggenkamp, Catherine Redgwell, Anita Rønne, and Iñigo del Guayo eds., Oxford University Press 2001).

③ Section 43 of the 1998 Austrian Electricity Law.

④ *Gary Horlick, Christiane Schuchhardt and Howard Mann, NAFTA Provisions and the Electricity Sector* 4, Background Paper, Secretariat Report to Council under Article 13 of the North American Agreement on Environmental Cooperation (June, 2002), available at http://www3.cec.org/islandora/en/item/1821-nafta-provisions-and-electricity-sector-en.pdf.

生能源和化石能源电力的不相似性，笔者在上一部分中有了充分的论证，在这里不再展开。总的来说，有很多因素会导致二者不是相似产品，因而使那些中立的、以保护环境、促进可再生能源发展为目的的可再生能源电力组合标准并不违反国民待遇的相关规定。

即使是认为二者是相似的，想要建立对第三条第四款的违反也要证明对外国产品的待遇低于本国产品。该报告认为，可再生能源组合标准中对发电方式的规定对外州生产商和外国进口商造成了歧视，因为不同地区和国家影响发电的规制的、地理的以及环境方面的条件不同。但是，国民待遇不能被解释成为要求政府在其规定中将因为地理因素而导致的不同生产商的比较优势均衡化。这有悖于 WTO 协定本身的宗旨包括优化利用世界各地资源的目标。[①] 在欧共体石棉案中，上诉机构提出，“低于国内产品待遇”必须结合第三条第一款避免“保护”本国产品为目的的措施来理解。如果进口产品的劣势完全是由于外国生产商生产该产品的不利地理位置而导致的，规制的条件是基于非保护主义的目的，理性的进行设计的，那么就不构成“对外国产品的待遇低于本国产品”。

而对于国别或者地域方面不中立的措施，GATT 1994 第三条第五款要求“缔约方不得制定或维持与产品的混合、加工或使用的特定数量或比例有关的任何国内数量法规，此类法规直接或间接要求受其管辖的任何产品的特定数量或比例必须由国内来源供应。”[②]此外，缔约方不得以违反第一款所列原则的其他方式实施国内数量法规。

在实践中，国别不中立的措施可能表现为多种形式。在有些国家，从法律层面上就拒绝了外国电力进入可再生能源市场的可能。最典型的是前述奥地利的电力法，要求 8%的配额必须来自本国的小水电厂，违背了 GATT 第三条，而且违反了第十一条（禁止数量限制）的规定。丹麦也有类似的实践。

---

① Robert Howse, World Trade Law and Renewable Energy: The Case of Non-Tariff Barriers 7, UNCTAD/DITC/TED/2008/5 (United Nations Publication, 2009), *available at* http://unctad.org/en/Docs/ditcted20085_en.pdf.

② 本文中对 GATT 1994 的条款所指的“缔约方”应视为读作“成员”。（GATT 1994 Article 2 (a)）

丹麦公共服务义务（PSO）系统要求所有的丹麦消费者必须消费特定比例的本国环境友好型电力。类似于奥地利的小水电规定，这一系统也常常被指责为制造了不公平的竞争条件。①

再比如上述报告中指出的，有些州的组合标准定义中包括了有些可再生能源却排除了另外一些，这种方式会构成系统性的优待国产品。如果是这样的话，确实可能会给一些进口产品造成歧视。对于这种包括了一些可再生能源却排除了另外一些的可再生能源组合标准，首先要分析的就是来自可再生能源 A 的国产电力（包括在组合标准中）和来自可再生能源 B 的进口电力（没有包括在组合标准中）是否是相似产品。WTO 争端解决结构可能会认为可再生能源电力和非可再生能源电力不是相似产品，但当比较来自两种不同可再生能源的电力时，可能会认为他们是相似的。②

值得注意的是，在有些国家，尽管正式的规定看似是提供了非歧视性待遇，但是许多规定是以发电技术、分类和其他生产条件为基准，这可能对外国生产商和出口商造成事实上的歧视。

以水电为例。通过对可以享受可再生能源电力待遇的水电的最高发电额度进行规定，外国的水电供应商事实上处于了不利地位。例如，克罗地亚把发电容量高于 5 兆瓦的水电站排除在可再生能源之外，捷克和丹麦的这一标准是 10 兆瓦，荷兰是 15 兆瓦。奥地利则专门把 8%的配额留给了小水电，这一限制常常遭到那些没有小水电的省份的批评。③ 可再生能源组合的有些定义根据电厂的建成年限（新电厂）或者使用的技术（节能技术）来界定。而如何判断什么是“新”的或者“节能”的电厂，则没有在相关法律中规定。在很多情况下，是由有权部门决定的。因此也就没法判断这样的条款的实施中是否对外国电力提供了国民待遇。这些例子表明，那些非歧视性的正式规定

---

① SKM Energy Consulting, Harmonisation of the electricity markets surrounding the Baltic Sea, Study performed for the Nordic Council of Ministers Electricity Group Oslo/Copenhagen/Frankfurt a. M (2000).

② Robert Howse, World Trade Law and Renewable Energy: The Case of Non-Tariff Barriers 7, UNCTAD/DITC/TED/2008/5 (United Nations Publication, 2009), *available at* http://unctad.org/en/Docs/ditcted20085_en.pdf.

③ The Viennese Energy Review, in EU Energy 1 (Jan. 7, 2002).

可能在事实上改变进口可再生能源的竞争机会，从而违反 GATT 的国民待遇原则。①

2. 没有特定数量或者比例要求的购买义务（强制履行要求）

这里需要特别提及这种不规定具体数量或者比例的购买国内可再生能源电力的义务，这通常是给电力供应商或者配电商的一种“公共服务义务”。典型的是，可再生能源有关的公共服务义务没有明确的数字化目标，但是这种可再生能源组合要求强制电力企业必须购买其所服务的范围内所有的可再生能源电力。这种义务和组合要求的共通点在于他们都是进口数量限制（他们替代了进口，因为没有给予进口电力同样的机会），只要购买义务限于国内或者当地生产，他们同样改变了进口与国产可再生能源电力的竞争地位。进而构成对 GATT 第三条第五款关于不得“为了保护本国生产而设定的内部数量规定”的违反。②

在这里值得一并提到的是可再生能源配额制度与数量限制。有些可再生能源措施对电网运营商，零售商或者其他经济体规定了必须满足的数量目标。GATT 第十一条关于数量限制的规定，禁止对进口和出口保持除关税，国内税和其他费用以外的禁止或者限制措施。那么，具有数量限制性质的可再生能源措施是否会违反这一规定？因为这些措施事实上限制了市场上可以被出售的非可再生能源的数量，这其中就包括了进口能源。

在印度汽车案（India-Autos Case）中，专家组对第十一条所包含的措施进行了非常宽泛的解释，包括那些并没有正式的限制进口但是事实上存在的禁止和限制。但是，在这些情形下，即便涉案的措施并没有禁止或者限制的形式，但是存在其他种类的以进口或者出口为目标的规制或者行政行动。

换言之，即便是对第十一条的宽泛解释下，对本国产品和进口产品同时适用的数量措施也不在第十一条的规制范围内，而应当受第三条第四款的管辖。Joost Pauwelyn 教授对此进行了阐述：第十一条的禁止是为了防止那些仅

---

① Energy Charter Secretariat, *Regional Electricity Markets in the ECT Area* 121-2, 126 (Oct. 2003).

② Id., at 124-5.

仅适用于进口（或者出口）的数量限制（例如禁止进口鞋子或者设置进口配额以保护本国产品）。将第十一条的禁止适用于所有的措施，包括国内规制，仅仅因为他们同时限制了进口，会侵犯成员的规制自主权。①

第三节 本章小结

本章首先探讨了在 GATT 第三条第四款下可再生能源和化石能源电力是否是“相似产品”的问题，这也是决定很多促进可再生能源发展的政策措施之合法性的关键问题。但是这个问题在学界（包括国际和国内）尚未有深入系统的分析，笔者通过法律文本，相关案例以及政策性的考虑等多个方面进行系统研究，发现通常人们所认为的“可再生能源与化石能源毫无疑问是相似产品”这个观点非常值得质疑，笔者论证了 NPR-PPMs 可以作为判断可再生能源和化石能源电力相似性的因素，并且从竞争关系、物理性质、消费者喜好、规制目的以及消费所带来的后果等方面全方位地证明了有许多因素决定了可再生能源和化石能源电力可能不是相似产品。紧接着，在本章第二部分，笔者分析了有关可再生能源的税收措施和规制措施的国民待遇问题。总的来说，在涉及 NPR-PPMs 以及与环境有关的政策时，措施的合法性往往充满了不确定性。

---

① Rien ne va plus? Distinguishing Domestic Regulation from Market Access in GATT and GATS, unpublished manuscript (Duke University Law School, Durham, NC, Dec. 2004) (Cited from Robert Howse, World Trade Law and Renewable Energy: The Case of Non-Tariff Barriers, UNCTAD/DITC/TED/2008/5 (United Nations Publication, 2009), *available at* http: //unctad. org/en/Docs/ditcted20085_ en. pdf).

第三章 跨境电力贸易中的市场准入及其他贸易壁垒

电力贸易和普通货物贸易有一个重要的区别，那就是电力必须依赖传输网络。可是，由于电力供给关涉国计民生，传统上电力行业往往在政府控制下或者由国有企业掌控，从发电到输电、配电、供电等都是垂直垄断的。虽然随着许多国家国内电力市场的自由化改革，呈现出了逐步放开的趋势，但是即便是允许其他市场主体参与发电、供电等，输配电依然保持原有垄断式经营。对于传输网络的依赖意味着真正的跨境电力贸易的实现需要开放、透明的国内电网准入机制，通过相应的政策措施来开放电网设施。①（这也是跨境电力贸易的规则构建不能够按照传统普通货物贸易的方法，而需要进行国际规制合作的主要原因，关于这个问题笔者将在后面详述）。

如果没有一套有效的系统提供标准化、易管理和可预见的电网准入，跨境电力贸易自由化不可能实现。美国、欧盟成员国和欧盟内部的电力自由化以及竞争性电力市场建设经验也表明，为了保障依赖于电网而进行交易的电力能够送达配电商或者用户（包括大的工业用户和家庭用户），电力进口商或者发电商需要拥有在合理的条件下对现有的输配电设施的入网权，以及在需要的情况下，要求新建这类设施的权利。

现有的运营企业，特别是国有企业（以及已经被私有化的企业）或者在全国或者某个特定地域范围内的一体化垄断企业，通常都会用尽方法来阻止新的竞争者进入。而电网作为电力传输通道，就成了新进入者的瓶颈。电网

① Thomas W. Wälde and Andreas J. Gunst, International Energy Trade and Access to Energy Networks, 36 (2) Journal of World Trade 191, 191 (2002).

垄断企业可以以传输容量已满为由，收取高额传输费用，或者通过信息不对称、故意拖延谈判进程、操纵价格和技术壁垒等手段对新进入者设置障碍。

因此第三者准入制度对于创造一个竞争性的国内和跨国电力市场是一个必要条件。没有第三者准入制度，现有的垄断企业事实上会成为潜在市场进入者必须经过的“收费站”；新的供给以及竞争带来的利益被现有的运营商获得，而用户以及整个社会的经济则不能从其中获益。在这种情况下，电力贸易虽然是可以进行的，但结果是现有的垄断企业可以通过迫使新的供应商依照这些垄断企业设定的条件以及战略规划来输送电力，进而使其垄断地位得到增强。①

但是，第三者准入制度这枚“硬币”还有另外一面。那就是，原来的电力市场因为存在一体化的垄断以及不充分的准入制度，所以形成了一种对国内和国外电力生产者都同时存在市场壁垒，国外生产者很难去挑战这样的状况，因为并不存在对他们的歧视。然而，随着电力市场的改革，一体化垄断结构的破除以及第三方准入制度的建立，原来由垄断企业所保持的市场壁垒在一定程度上消失了。这时，就出现了新的问题，因为一旦放开，就意味着是否要给外国电力以自由的市场准入。

其中最为突出的就是基于互惠的市场准入。由于各国市场开放的程度差别较大，为了避免“搭便车”的现象，以及出于对保护环境的考虑，很多国家规定外国电力的准入以对方国家给予相同程度的开放或者采用相同的环境标准为条件。并且电力供应本身具有的社会公共服务属性，国家和民众对于电力供应安全的担忧，都有可能导致对跨境电力贸易的排斥和审慎态度，加之普遍存在于电力行业中的国营贸易企业，都有可能成为电力贸易中的壁垒。

① Id. , at 194.

第一节　电力市场的自然垄断问题

自然垄断是指那些不能够通过任何商业上可行的竞争机制进行的活动，为了公共利益，需要由一个被法律授予排他权的公司实施。其典型特征是，在这个行业里，如果存在多个公司，而其中一个公司得以迅速成长，并且在其成为市场上唯一的此类公司之前，其商品或者服务的价格随公司规模增长而降低。公用设施行业常常属于自然垄断行业。[①] 以有线电视行业为例，其最大成本支出是铺设电缆网络的费用，电缆一旦铺设完成，使用电缆的用户越多，均摊到每个用户的成本就越低。如果有多家公司开展竞争性业务，争相铺设自己的网络，反倒会因为客户被分流，分担成本的人数降低而导致每个人使用电缆的成本上升。这就是上述自然垄断行业的典型特征。不同于普通行业，在自然垄断行业，市场竞争的价值和可能性都很有限，自由竞争并不能导致成本的降低和服务质量的提升。反倒在形成垄断之前，重复的设施建设会造成资源浪费，提高用户支付的价格。因此对于自然垄断行业来说，更好的办法是在一开始就选出最有效的竞争者，授予其垄断经营权，并通过监管保证其以合理的价格提供服务。[②]

在能源领域，过去几乎所有的能源活动都被认为属于自然垄断行业，特别是电力和天然气行业。人们认为只有通过国家来保证能源的供给，才能维护能源安全和社会经济生活的正常运转。这种认识有着深刻的历史原因，一方面，二十世纪初叶发生的战争导致了人们对国家能源安全的担忧，另一方面，那个时期的集体主义理念也让人们更加希望由国家来作为“家长”保证能源供给。总之，各种因素导致了国家公共垄断企业或者卡特尔的产生。在跨境能源流动方面，由国家控制的进出口垄断企业负责跨境的能源交换，但是他们也只在为保障国家能源安全供给所绝对必需时才会考虑进行跨境能源

① ［美］约瑟夫·P. 托梅因，理查德·D. 卡达希：《美国能源法》，万少廷译，张利宾审校，法律出版社 2008 年版，第 96 页。

② Omega Satellite Prods. Co. v. Indianapolis (7th Cir. 1982).

交换。

这些情况正在逐渐改变，人们越来越能够达成共识，发电和供电并非自然垄断行业，只有输配电具有自然垄断的特性。当电网公司在某一区域架设了输配电线路，再建设替代性的电网耗资巨大，如上文所述，此时如果架设额外的线路会造成资源的浪费和成本的上升，因此不论从环境保护的角度还是经济效率上考虑，都应当充分利用和完善现有的电网设施，而不是新建竞争性的线路。

但是垄断同时会产生问题。虽然传统观念认为，国有企业的所有权属性本身就能够保证其为公共利益考虑进而保证公共服务，但是事实上国有企业有很多自身的利益考量。输配电领域的自然垄断是一种现实的选择，但是垄断本身所存在的潜在问题使得需要对其进行规制。[①]

为了避免电力行业的垄断企业滥用市场地位，可以从三个层面采取措施：

一是对垄断企业本身的行为进行规制。一方面，政府通过授予特许经营权来准许某一企业在某一地域内保持垄断经营；另一方面，政府可以对垄断企业的经营进行严格监管，例如设定服务价格，监管服务质量。这种监管完全不同于自由竞争的市场。但是对于这类行业的投资在收益和价值方面有更高的稳定性。事实上，垄断企业也排他地承担了为该地区提供服务的义务。而与此同时，用户也能获得统一定价的和非歧视的服务。[②] 这使得政府、垄断企业的责任以及消费者利益能够以公平、合理和非歧视的方式分配。具体来讲，对自然垄断的监管手段有：（1）对市场准入进行规定，在发电和售电端培育具有竞争性的市场机制，使得供给多元化，保证外部的发电企业或者进口商的电力有权进入到由自然垄断企业控制和拥有的电力设施（包括连接、传输、存储以及配送设施）；（2）对输配电服务进行定价；（3）控制输配电

① Thomas W. Wälde and Andreas J. Gunst, *International Energy Trade and Access to Energy Networks*, 36 (2) Journal of World Trade 191, 195-6 (2002).

② Jersey Cent. Power & Light Co. v. FERC (D. C. Cir. 1987).

企业的利润率；（4）确保输配电企业履行提供服务的义务。①

二是对电力产业结构进行改革。对于电力行业的自然垄断来说，仅仅对输配电进行规定往往是不够的。在尊重输配电的自然垄断地位的前提下，最为重要的是进行产业结构和所有权关系调整，使得设施所有者的商业利益与想要使用设施进行电力输送者的利益相一致。这就要求对原有的发电、输配电和供电垂直一体化的垄断企业进行拆分，将具有自然垄断性质的输配电业务与非自然垄断的发电与供电业务分离。

三是建设竞争性的线路。这一路径看似与自然垄断行业的特征不符，但是随着技术的进步和观念的改变，即便在传统上认为的自然垄断行业，也有可能通过建设竞争性的线路来改变垄断格局。例如，在天然气管道方面，就有人建设与现有管线相竞争的管道，这就会使该区域的天然气管道运输市场朝着具有竞争性的方向发展。但是这也常常意味着要平衡短期利益和中长期利益。短期利益要求强制电网向所有的进入者开放，以实现市场的自由化竞争；而中长期利益则强调要保护投资者新建线路的积极性，限制其他人对于新建线路的准入，通过建设竞争性线路，使得从长远角度看，国家不需要对线路运营进行过多干涉，就能够实现更高程度的竞争。从实践经验来看，想要在线路发展不成熟的地方吸引私营资金来投资资金高度密集的能源设施，特别是这样的设施建设常常涉及高度的环境风险的时候，在项目的初期可能要让其免于承担强制准入义务，才能够吸引到投资。到中远期的时候，因为有了足够多的竞争性线路，就能够实现更充分的竞争。这种方法关键在于平衡各方的利益，根据投资者和银行的融资期限和范围合理匹配排他权的期间和范围，不形成过度保护，区分获得融资的合理要求与过度的排他权之间的重要差别。②

---

① ［美］约瑟夫·P. 托梅因，理查德·D. 卡达希：《美国能源法》，万少廷译，张利宾审校，法律出版社 2008 年版，第 97～98 页。Thomas W. Wälde and Andreas J. Gunst, *International Energy Trade and Access to Energy Networks*, 36（2）Journal of World Trade 191, 195-6（2002）.

② Thomas W. Wälde and Andreas J. Gunst, *International Energy Trade and Access to Energy Networks*, 36（2）Journal of World Trade 191, 196-7（2002）.

第二节　输配电网的第三方准入

电力贸易是最依靠网络的，电力生产商、贸易商和用户如果没有传输设施的自由准入权，贸易自由化措施就不能有效实施。自由的跨境电力贸易要求输配电网和跨境连接设施向所有的市场参与者开放，并且建立在非歧视、透明和可预见的条件之上。

如上文所述，因为传输和配电仍然保留着自然垄断，因此进口或者出口商对现有传输设施有效准入需要通过支持竞争的规定来保证，这些规定要给予第三方以合理的费用和实际的技术条件获得合理的容量份额的权利。因此第三方准入不仅是创造竞争性国内电力市场的前提，而且是保证跨境电力贸易不被扭曲的条件。没有了第三方准入制度，电力贸易虽然是可能的，但是现有的运营传输设施的垄断企业可能会利用他们的市场力量对新进入者设置壁垒。[①]

一、输配电网第三方准入中的利益平衡

第三方准入（Third-Party Access，下称TPA）指第三方依据法律有权在支付合理的费用和满足相关的技术条款基础上，使用输配电设施，不仅仅是未使用的容量，还包括现有容量的合理共享。对于那些没有实施分拆的电力企业，他们通常同时拥有电力传输设施和发电、供电业务，因此，请求准入的第三方往往是这些企业的竞争者，也就是说在第三方准入制度下，输配电网企业要给竞争对手提供使用期设施并与其在下游售电市场竞争的机会。这种给竞争对手的输配电设施的准入权概念并非天然有之。输配电设施的建设耗资不菲，投资者为此承担了巨大的风险，而想要通过这些输配电设施进行电力销售的竞争者则不用费力去投资建设，不必承担风险和失败的可能，正因如此输配电设施的所有者绝对不会同意其他竞争者轻而易举地使用这些设施。

---

① Energy Charter Secretariat, *Regional Electricity Markets in the ECT Area* 130 (Oct. 2003).

输配电设施的所有者认为，如果法律要求他们给予其他竞争者 TPA，那么就构成了对其资产的征收。宪法和基于条约的国际法（如 NAFTA，ECT 等）保护合法财产免受“等同于”正式征收的规制行为的侵犯。① 尽管有人认为 TPA 是征收行为（规制性征收），应当全额补偿。但也有观点认为竞争法作为国家经济政策制定权的一部分，限制了所有权的行使，通过对私有财产权行使的限制来引入竞争，进而打击市场支配地位的滥用，这并不是构成财产剥夺的过激规制，而是对于国家规制权利的合法和适当的行使。如果一个公司因法律授权而享有对于电力传输的垄断权，并且因此利润颇丰，当它被要求基于合理条件给其他企业准入权时，可能法院也很难被说服去同意这种构成征收。②

TPA 这一概念的核心在于国家在有些情况下对于经济进行干涉的责任，以使市场具有竞争性，因为有非常强的证据证明，竞争能够使经济发展更加繁荣和有活力；在这种情况下，现有设施的所有权人就会被要求承担因此带来的损失。

但是，也要平衡两方面的利益：一是设施所有权人的合法财产权，因为经济想要繁荣就必须尊重财产权；二是国家进行干涉以保证新的竞争者有更好的机会。为了平衡二者的利益，在授予准入权的同时，要规定合理的费用（反映成本，甚至可能要考虑投资以及风险因素），规定现有的和新的使用需求的协调，技术兼容性等。最后，有效的规制改革要采取措施来制止既有垄断企业对这些标准的操纵，因为这极可能使得这些规定无法落地。③

二、输配电网第三方准入与必要设施原则

关于什么情况下法院有权要求设施所有人或者控制人授予 TPA，在实践

① Thomas W. Wälde and Abba Kolo, Environmental Regulation, Investment Protection and Regulatory Taking in International Law, 50 Int'l & Comp. L. Q. 811, 814 (2001).

② Susan Rose-Ackerman and Jim Rossi, Disentangling Deregulatory Takings, 86 Va. L. Rev. 1435, 1481-1486 (2000).

③ Thomas W. Wälde and Andreas J. Gunst, *International Energy Trade and Access to Energy Networks*, 36 (2) Journal of World Trade 191, 204-5 (2002).

中发展出了所谓的必要设施原则。雅各布斯（Jacobs）在 Bronner 案的意见中对必要设施的概念进行了阐释："必要设施可能是一个产品如原材料或者是一项服务，包括提供对于某个地方的准入，例如港口或者机场，或者是一个传输系统，如电讯网络。在许多情况下，这种关系是垂直的，占有支配地位的企业将产品或者服务留给自己的下游运营商，或者对其自己的下游运营商进行歧视性的支持，而以（牺牲）下游市场竞争者（的利益）为代价。"[①] 必要设施原则起源于美国法院在解释《谢尔曼法》时提出了竞争者对事实上无法被复制的必要设施的第三方准入之概念。典型的案件是美国诉终端铁路案（United States v. Terminal Railroad），但是美国的联邦最高法院从来没有明确采用这个原则，[②] 下面的法院对该原则的适用发展出了如下的标准：（1）垄断者必须控制着必要设施；（2）竞争者在事实上或者理性地讲无法复制该必要设施；（3）垄断者拒绝了竞争者使用该设施；（4）提供对该设施的准入是可行的。[③]

这个概念后来被欧洲引进，但是欧洲法院只是间接地对其进行了引用。与美国的原则类似，法院在多个案件中发展出了一个观点：一个占有市场支配地位的经营者如果把一项辅助活动留给自己做，而这项活动本来可能由另外一个经营者实施，由此可能排除所有的竞争，那么这个经营者就滥用了其市场支配地位。[④]

在海运集装箱案（Sea Containers）中，欧盟委员会将这个概念界定如下："如果一个企业对某一必要设施（即如果不通过这个设施竞争者就不能够给他们的客户提供服务）拥有支配地位，并且其自身也使用该设施，但是它却拒绝了其他公司使用该设施，而且没有客观的正当化理由，或者它给竞争者的准入条件低于给自己的服务的条件，如果 EC 第 82 条规定的其他条件也满足，

① Opinion of Advocate General Jacobs in Case C-7/97, Oscar Bronner GmbH & Co KG v Mediaprint Zeitungs und Zeitschrifienverlag GmbH & Co KG and others [1998] ECR 1-7791, 50.

② Eryk Dziadykiewicz, Refusal to Grant Third-Party Access by an Electricity Transmission System Operator-Overview of Competition Law Issues, 25 J. Energy Nat. Resources L. 114, 138 (2007).

③ Seventh Circuit, MCI Communications v. AT&T, 708 F 2d 1081, 1132-1133 (1983).

④ Case 311/84 CBEM v. CLT and IPB (Telemarketing) (1985) ECR 3261, at 3278.

那么就构成对该条的违反。一个享有支配地位的企业不能够在一个相关市场中偏向于自己的活动而对其他参与者造成歧视。必要设施的所有人利用其在一个市场中的力量来保护或者强化其在另一个相关市场中的地位，特别是通过拒绝向竞争者提供准入或者通过给竞争者的准入条件低于给自己的服务的条件，因此给竞争者造成了竞争劣势，违反了 EC 第 82 条。”① 在布朗纳（Bronner）案中，涉及一份日报进入由竞争者运营的家庭派送系统的问题，法院在判决中确定了必要设施概念适用的三个条件：（1）拒绝提供服务可能会消除下游市场的所有竞争（日报市场）；（2）拒绝不能够被客观的正当化；（3）服务本身对于申请人的业务开展是不可或缺的，不存在事实上或者潜在的设施能够替代该必要设施。②

这个观点扩展到了一系列有关公司进行交易的义务的决定中（即拒绝交易原则），如果一项公平的交易对必要供给来说是需要的，那么拒绝交易会被认为是对市场支配地位的滥用。③

澳大利亚也将美国的原则吸纳到了其竞争法中，第三方可以通过设法让该设施被宣告为必要设施（An Essential Facility）或是通过和必要设施运营商谈判（该运营商要遵守行业准入规则）来获准使用该设施。如果某工业设施（特别是交通以及公共基础设施）由一个具有市场主导地位或者垄断地位的竞争者所有，而该设施又被认为对于商业运作是必须的，那么就需要将其向新进入者开放，否则其将无法进入市场并展开竞争。

但是，在 2004 年的一个案件中，美国联邦最高法院对于运用反垄断法来强制一个公司通过给竞争对手提供其基础设施的准入来帮助对手的情况作出了非常重大的限制。在该案中，美国联邦最高法院对于必要设施原则明确表达了强烈的保留，并表示其从来没有明确承认过这一原则，它是被一些低层级的法院所创造出来的。此外，美国联邦最高法院表示了对于反垄断当局和法

---

① Sea Containers v. Stena Sealink-interim measure, OJ 1994 L 15/8, 66.

② Oscar Bronner GmbH & Co KG v Mediaprint Zeitungsund Zeitschrifienverlag GmbH & Co KG and others [1998] ECR 1-7791.

③ A. Palasthy, Third Party Access (TPA) in the Electricity Sector: EC Competition Law and Sector-Specific Regulation, 20 J of Energy & Natural Resources L 1 (2002).

院在处理必要设施案件中的合理角色的怀疑。对于被认为是必要设施的基础设施的强制准入涉及复杂的与价格相关的问题，而在美国联邦最高法院看来，这些机构在这方面并不擅长。[①]

总的来说，关于适用必要设施原则的合理性以及在何种情况下拒绝提供准入构成滥用市场支配地位，存在很多的争议。要区分哪些是既有垄断企业利用其优势进行的竞争行为，哪些又是其对其他竞争者滥用市场垄断地位的行为，想要区分二者并非易事。如果可以合理期待一个竞争者能自己去建设这样的设施，就不是“必要设施”；而且，当一项交易并不是战略性的、当存在竞争或者当设施相对较新，进入的障碍只是暂时的而非压倒性的，法院以及竞争当局似乎更不愿意去认定是必要设施。在电力基础设施不发达的地方建设新的传输设施，投资大风险高，因此为了商业上和融资上的可行性，在排他性的运营管线方面，相对于那些已经完全折旧，发展完善的传输线路要给予其更大的宽容。相较于那些因为敏锐的商业触觉而发展建立起来的具有暂时性商业优势地位的设施，当设施不但难以复制，并且基于排他性授权、特权而受到法律保护的时候，对必要设施的TPA更容易被接受。[②]

三、输配电网第三方准入的实现路径

TPA常常遭到那些同时还拥有供电业务的传输设施运营商的反对，因为他们原来对输配电设施的垄断或者控制地位能够帮助其供电业务的发展。因此TPA制度要求有配套的程序保证这一权利的实现。总的来说可以区分为两种入网机制：一种是大部分具有约束力的入网条件是由双方自己设定的，这叫作谈判型准入（Negotiated Access）；另一种则是由一个有权机关设定并监督实施，通常是独立的规制机关、法院、国家部委以及行政机关（特别是竞争监管当局），或者行业协会，这被称为规制型准入（Regulated Access）。

因为自然垄断的存在，谈判型准入常常并不能起到相应的作用，因为作

---

① Verizon Communications Inc v. Law Offices of Curtis V Trinko LLP, 540 US 682 (2004).

② Thomas W. Wälde and Andreas J. Gunst, *International Energy Trade and Access to Energy Networks*, 36 (2) Journal of World Trade 191, 206 (2002).

为一体化输电系统运营商（Transmission System Operator，下称 TSO），他们同时拥有发电、供电等业务，一方面，他们会为了维护自身的利益而拒绝和阻挠公平的电网准入；另一方面，他们作为电网系统运营商，有更完善的信息，会对谈判的形势有更敏锐的洞察，这都让其在谈判中占有优势。外部有权机关的介入能够帮助平衡双方在谈判中的地位，特别是当有权机关通过的规则具有法律约束力的时候，这个优势就更加明显。但是规制型准入也有缺点，在这种机制下，当一方未按规定执行时，诉诸诉讼来解决争议往往旷日持久，而这本身就被当成一种阻挠战术，特别是当电网由不同主体所有的时候，诉讼会是很昂贵的手段。

因此为了更好地保障 TPA，就要改变阻止其发展的产业结构，即改变发电、输配电和供电一体化的垄断结构。具体的操作方法有三种：一是分开记账（Accounting Unbundling），让 TSO 分别披露其不同业务的收支，避免交叉补贴；二是分开管理（Management Unbundling），避免输电部门通过阻碍 TPA 或者通过提供有关竞争者运营的竞争情报来帮助另一个部门获得运营优势；三是所有权的分离（Ownership Unbundling），这也是最为彻底的办法，即所谓的“公共运输”（Common Carriage）制度，通过剥离其他的业务，公共运输承运人仅仅基于开放的费率提供具有自然垄断性质的运输服务。将 TSO 变为类似于公共运输提供者的角色，只根据规定的费率进行运送，使其商业目标成为通过尽可能多的输送电力来增加盈利。通过这种结构上的调整，切断其通过对输配电的垄断而给发电或者供电等部门输送利益的动机和链条。

输配电网 TPA 不管是以什么方式实现，都要求处理一系列复杂而且具体的问题，如准入条件、程序、定价、拥塞以及容量不足的管理等。接入电网系统的技术也要互相兼容，必须有相应的条件和一套监督体系以保证技术上的不兼容不会被用作阻碍 TPA 请求的借口。[①]

这些具体的问题主要有以下几个方面：（1）容量短缺：电网输送电力的容量是有限的，这就需要一套在不同的用户之间公平合理地分配容量的机制。

---

① Id.，at 198，207.

具体的方法有：在已有的承诺和新进入者之间按比例分配容量、仅仅开放可得容量先到先得、按资质排名或者按电力来源如可再生能源享有优先入网权、招投标或者拍卖等。并且，如果现有容量不足以满足新的需求，还有义务考虑扩充容量。与之密切联系的问题还有拥塞管理。现有的运营商常常将容量全部用完，借此拒绝准入。但是仅仅给出“容量短缺”这个拒绝的理由是不够的，越来越多的时候，需要在所有技术上和财务方面满足资格的申请者中公平地分配现有的传输容量。当需要做长期的容量保留以鼓励投资的时候，在享有线路的优先使用权的同时，要保证将未使用的容量向短期市场开放——具有反竞争性的优先容量保留要受“不用即退”原则（A Use-it-or-lose-it principle）的约束。（2）透明度原则：要按规定适时公布实际过网量，以帮助获知可得容量。[①]（3）过网费率：费率的设定应该基于增量/边际成本，或者是未折旧资本的成本，对于那些已经完全折旧的设施，在一定程度上考虑原始的投资和风险（尽管可能已经通过垄断租金得到了补偿）。费率的设计应当不使其成为电力从一个运营商的设施到另一个设施流动的障碍，特别是在跨境贸易的情形下。[②]（4）入网条件：应当是合理的，不倾向于大企业，非歧视的，不是大企业阻碍新的进入者，标准化和公开的。（5）入网程序：最坏的情况是只依赖于单纯的谈判型 TPA，谈判本身就成了不可忽视的贸易成本，给阻碍准入者提供了机会。在费率和条件都是经过批准的、公开的情况下，谈判应该成为标准化的，甚至接近于自动化的——更像是使用公共交通。谈判型 TPA 更适合于大规模的长期性交易，特别是当新的竞争性设施被建立起来，自然垄断性质消失的时候。[③]

---

① See Establishing a Guideline on Capacity Allocation and Congestion Management, art 3, COMMISSION REGULATION (EU) 2015/1222 (July 2015).

② See the EU Commission Proposal for the Regulation on Cross-border Electricity Trade (Mar. 13, 2001).

③ Thomas W. Wälde and Andreas J. Gunst, *International Energy Trade and Access to Energy Networks*, 36 (2) Journal of World Trade 191, 207-8 (2002).

四、国际法层面的输配电网第三方准入

很难在国际法中找出规定第三方准入的规则。[①] 有关跨境运输设施（如英伦海峡海底隧道，电力和天然气管网）的政府间的双边协定越来越倾向于包括一些有关第三方准入的纲领性原则。在 ECT 的谈判过程中，这个问题也曾经被提及。[②] 1991 年的《欧洲能源宪章》（European Energy Charter）以及早些时候的 ECT 草案包含有可以理解为要求各国政府引入 TPA 的文字。但是迫于能源巨头们的压力，这些文字被删除了，ECT 最终法案中有一条“谅解”（Understanding）专门确认了 ECT 并没有引入 TPA 的意图。[③]

但是 ECT 有关非歧视性义务的规定（第十条第一款）以及确保国有企业以及特权企业遵守 ECT 义务的规定（第二十二及二十三条），实际上禁止了能源运输垄断企业和特权企业以拒绝提供准入或者以歧视性条件提供准入等手段来歧视外国投资者。[④] 这并不是完全意义上的 TPA，但是接近于 TPA 了，从根本上讲，它也是非歧视性原则对处于市场支配地位的能源运输设施公司

---

① 欧盟《内部电力市场共同规则》（Common Rules for the Internal Market in Electricity）（Directive 2009/72/EC）中规定了第三方准入制度，但是一般欧盟的指令并不能被看做国际法，笔者将该相关规定译出以作参考：“第三十二条 第三方准入 1. 成员国应当确保对于输配电系统的第三方准入体系的贯彻实施，基于公布的费率，适用于所有的适格用户，在系统使用者中客观和无歧视的适用。成员国应当确保这些费率或者费率的计算方法在生效前根据第三十七条获得了批准，并且这些费率和计算方法——在只有计算方法被批准的情况下——在它们生效之前公布。2. 输配电系统运营商可能在缺乏必要容量时拒绝准入。对于这样的拒绝，必须给出充分的经证实的理由，特别是已经考虑到了第三条的规定，并且基于客观的，技术上和经济上正当化的标准。成员国规定的规制当局或者成员国应当确保这些标准适用的一致性，并且被拒绝准入的系统用户能够使用争端解决程序。规制当局同样应当确保在适当的时候当发生拒绝准入的情况时，输电或者配电系统运营商提供关于加强系统所必要采取的措施的信息。要求提供这些信息的一方可能被收取合理的费用以反映提供这些信息所需的成本。”［Directive 2009/72/EC of the European Parliament and of the Council of 13 July 2009 Concerning Common Rules for the Internal Market in Electricity and Repealing Directive 2003/54/EC, art. 32, 2009 O. J. （L. 211）55, 80］.

② Thomas W. Wälde (ed.), The Energy Charter Treaty (London, Kluwer, 1996).

③ Ibid.

④ See Thomas W. Wälde et al., State Responsibility in a Liberalised World Economy: State, Privileged and Subnational Authorities Under the 1994 Energy Charter Treaty, an Analysis of Articles 22 and 23, 27 Neth Ybk Int'l L 143-191 (1996).

的适用。类似的双边投资协定中的非歧视条款也可以这样解释。[①]

在实践中，国际法下引入第三方准入规则的障碍之一在于准入义务是私人实体的义务，而国际法主要是规定国家行为的。这并不是说私人不能够成为国际法的规制对象。有越来越多的例子证明是可以的，如国际刑法、人权法、国家与私人投资者间投资争端的仲裁等。但是在国际层面很难通过像国内法那样的直接影响来发展一套具体的准入制度。还有一种方法就是尝试证明：日渐频繁的国家对于能源输送设施的第三者准入规定构成了国际习惯法意义上的国家实践，或者成为了一种国际商事实践，但是这个证明难度很大。此外，如果一国国内的有关规定建立了 TPA 制度，通过国际条约中的非歧视待遇条款来争取对该国电网的准入权也是一种现实的选择。

第三节　跨境电力贸易的其他壁垒

随着市场经济的发展，很多国家的电力产业逐步自由化，有的还建立起了有效的第三方准入制度。这将更加有利于资源的优化配置，充分激发市场的活力。但是，电力市场化越是深入的国家和地区，就越会在国际经贸方面面对更多的问题和矛盾。因为一旦放开，就意味着是否要给外国电力市场准入。由于各国市场开放的程度差别较大，为了避免“搭便车”的现象，很多国家规定外国电力的准入以对方国家给予相同程度的开放为条件；还有的国家禁止进口产自某些污染严重的电厂或者危险系数较高的核电厂的电力，要求进口电力必须达到本国的环境标准，即所谓的环境互惠，其合法性值得探讨。此外，电力本身的战略地位也决定了电力供给具有公共服务的属性，在许多国家，电力的贸易、跨境输配都由国营贸易企业负责，这些因素虽然本身并不具有歧视性，但是对于公共服务和国营贸易角色的不当使用都有可能成为电力贸易中的壁垒。

---

① Thomas W. Wälde and Andreas J. Gunst, *International Energy Trade and Access to Energy Networks*, 36 (2) Journal of World Trade 191, 209 (2002).

一、跨境电力贸易中基于互惠准入水平的市场准入

美国联邦能源规制委员会（the Federal Energy Regulatory Commission，下称 FERC）第 888 号令要求，如果加拿大公用设施单位或者其附属单位想要通过美国公用设施企业的传输线路出口电力，必须将其位于加拿大的输电设施用来提供互惠服务。[①] 互惠服务是 FERC 在决定是否授权某一公用事业单位以竞争性市场价格售电的关键因素。[②] 为了满足互惠要求，进而得到价格授权，加拿大的公用事业单位向省规制机关申请批准开放入网传输费率（Open Access Transmission Tariffs，下称 OATT）。[③] 通过 OATT 保证第三方在最低的条件和要求的情况下，享有不受歧视地使用公用事业单位设施的权利。[④] 因此，遵守第 888 号令进而获得美国的市场准入，成了加拿大电力改革的重要催化剂。[⑤] 第 888 号令和 FERC 基于市场的定价自由裁量权相结合，使得其有权决定加拿大输电网的输电权如何给予。[⑥] FERC 的这一规定引发了很多争议，有人认为第 888 号令的这一互惠规定违反了 NAFTA 下的国民待遇原则。[⑦]

以互惠为条件的准入常常表现为对于适格用户（Eligible Customers）的互惠要求。由于各国电力行业自由化进程不同，有的国家开放程度高，所有的电力用户都有权自由选择电力供应商，而有的国家就规定只有用电量超过一定量的工业用户才有自由选择权，甚至有的国家并没有给用户自由选择的权

① Promotion Wholesale Competition Through Open Access Non-discriminatory Transmission Serices by Public Utilities, Order No. 888 Final Rule, 75 FERC 61, 080 (1996) (18 CFR § 35 and § 385) at 156.

② Energy Alliance Partnership, Order Denying Application for Market-Based Rates Without Prejudice, 73 FERC 61, 019 at 61, 025 (3 Oct. 1995).

③ Ian Blue, Off the Grid: Jurisdiction and the Canadian Electricity Sector, 32 Dalhousie L. J. 339, 343 (2009).

④ Id., at 342.

⑤ Marjorie Griffin Cohen, From Public Good to Private Exploitation: GATS and the Restructuring of Canadian Electrical Industries 23 (Canadian Centre for Policy Alternatives, Nova Scotia, 2002), available at http://www.policyalternatives.ca/sites/default/files/uploads/publications/National_Office_Pubs/electricity.pdf.

⑥ J Owen Saunders, North American Deregulation of Electricity: Sharing Regulatory Sovereignty, 36 Tex. Int'l L. J. 167, 169 (2001).

⑦ Id., 171.

利。有权自由选择电力供应商的用户就是所谓的适格用户。对适格用户的规定不同，会直接影响到外国供应商在一国的电力销售渠道的畅通程度，适格用户范围越广，开放程度越高；在所有用户都有自由选择供应商的权利的国家，外国的供应商最能够充分发挥其竞争优势。因此，开放高的国家，为了保证本国的供应商在国外也能够获得相同的竞争地位，就会要求该国也同等放开适格用户的范围，否则，就不批准该国的电力出口商向其相应用户售电。

欧盟第一次能源改革方案中的电力指令第十九条允许成员国依据缺乏互惠约定拒绝外国供应商。因为该指令的最终目标是完成内部电力市场的一体化，所以允许成员国把互惠作为市场准入条件只是过渡期的一种做法，在指令生效的九年之内可以采取。奥地利、比利时、德国、意大利、卢森堡、荷兰、西班牙和英国等国家曾在相应的立法中规定了这样的措施。在欧盟的第二次和第三次能源改革方案的电力指令中，均要求在 2007 年 7 月 1 日之前，所有的用户都应该成为适格用户。①

在互惠基础上建立更高水平的市场准入需要尊重 GATT 1994 第一条，因此，对于 A 国来说，不可能只对 B 国开放电力市场，而不对 C 国开放，虽然 B 国与 A 国的电力市场自由化程度相似，而 C 国相对更加保护主义。这是非歧视原则意义所在。非歧视原则的经济考量在于，它认为一国市场的开放，即使是单边的，通过提高效率，降低价格，也能够使提供开放市场的一方受益。因此 GATT 1994 规定了无条件的最惠国待遇原则，背后的考虑就是贸易应当在所有人平等的基础上展开，让所有的 WTO 成员享受市场开放成果，而

① 欧盟《内部电力市场共同规则》(Common Rules for the Internal Market in Electricity)(Directive 2009/72/EC) 第三十三条规定了市场开放和互惠规定："1. 成员国应当确保适格用户包括：(1) 在 2004 年 7 月 1 日之前，适格用户应包括 Directive 96/92/EC 中第十九条第一款至第三款中明确的范围。成员国应当在每年的 1 月 31 号公布适格用户的界定标准。(2) 从 2004 年 7 月 1 日起，所有的非家庭用户；(3) 从 2007 年 7 月 1 日起，所有的用户。2. 为了避免电力市场开放程度的不平衡：(1) 如果一用户在双方的制度下都被认为是适格用户，那么就不能禁止另一成员国的供应商向该适格用户供电的合同；并且 (2) 如果基于该用户只在一国是适格用户这一原因，禁止上款中规定的交易，那么委员会可以在考虑市场情况以及共同利益的基础上，强制要求拒绝方应适格用户所在地成员国的要求，执行所请求的供应"。[Directive 2009/72/EC of the European Parliament and of the Council of 13 July 2009 Concerning Common Rules for the Internal Market in Electricity and Repealing Directive 2003/54/EC, art. 33, 2009 O. J. (L. 211) 55, 80].

不是只有强大的贸易伙伴之间达成双边减让，进而使得世界经济秩序建立在经济力量角逐下产生的无数双边条约基础上。无条件的最惠国待遇原则能够促进透明度、避免低效、促进贸易，从而实现生活水平的整体提高。①

进口国以出口国没有提供类似的市场准入水平为基础否定或者限制出口国电力的进口，是歧视性贸易实践，与最惠国待遇原则相违背，而这一原则是 WTO 和 ECT 的基石。最惠国待遇原则要求："在有关进口和出口的全部规章手续方面，以及在第 3 条第 2 款和第 4 款所指的所有事项方面，任何缔约方给予来自或运往任何其他国家任何产品的利益、优惠、特权或豁免应立即无条件地给予来自或运往所有其他缔约方领土的同类产品。"

这里需要强调的是"立即无条件"。换言之，进口许可与进口国和出口国之间，或者两个出口国之间的电力市场开放程度的区别是无关的，不能够作为给予来自不同国家的电力进口以不同待遇的前提。

虽然如此，还是有人支持在具体产业的贸易协定中，特别是电力贸易中加入互惠条款。他们认为互惠要求并不违反 GATT/WTO。可是他们忽略了一个关键性的区别：当互惠要求被当成一种谈判手段时，这种观点是对的；但如果把它当成执行谈判所达成之减让的条件，就不对了。自 GATT1947 伊始，互惠原则就在削减贸易壁垒谈判框架中具有中心地位。这一原则代表着基于谈判结果的义务与减让的总体平衡，同时也意味着每个参与谈判的国家都作出平等的贸易减让。在谈判中，人们想出了不同的方法来实现这一原则，但是互惠从来都不意味着要对某一商品适用每一对 GATT/WTO 成员达成的互惠双边协定。而是要实现对减让（互惠）的平等享有，达到减让的累积效应。

GATT/WTO 没有规定如何衡量互惠，而是由每个政府自行决定减让所获得的经济利益和优势。互惠原则在 GATT/WTO 的中心地位还进一步体现在，"非互惠"②这一概念自二十世纪六十年代以来被作为了一项发达国家和发展

---

① See Energy Charter Secretariat, Trade in Energy: WTO Rules Applying under the ECT 22 (Brussels, 2001).

② See Part IV of GATT 1994; 1979 Decision of the CONTRACTING PARTIES (known as the Enabling Clause) (授权条款).

中国家之间谈判的例外，也就是说发展中国家在贸易谈判中不应当被要求作出与他们各自的发展、财政和贸易需求不符的让步。

虽然互惠是贸易谈判的重要因素，但是只要作出了约定或者自愿承诺，就不能把互惠作为适用贸易减让的条件。最惠国待遇原则植根于WTO的规则体系中，明确规定于GATT 1994和GATS条款中，是优先于互惠原则的谈判技术。值得一提的是，虽然互惠原则在有关具体部门的协定中有实质性的应用，但是这些谈判的结果事实上要惠及协定外的国家。例如，新加坡部长会议期间决定的信息技术协定。①

二、跨境电力贸易中以保护环境为目的的贸易措施

在大多数发达国家和许多发展中国家，公众对保护环境的关切日益增长。因此在国内和国际两个层面出现了各种保护环境的规定。在能源领域，许多国家把提高能源效率和降低能源生产及消费的环境影响作为政策制定时优先考虑的因素。当电力部门中竞争和贸易的增长带来的经济效益显现出来的同时，人们对电力部门自由化以后带来的环境影响的担忧同样也在增加。

在电力部门，应对环境问题的政策措施有很多种，比如说通过数量限制的规定限制某些能源进口，促进另外一些能源发展，以及补贴和生产规制。为了反映大众对于某些疏于环境治理的国家所可能产生的潜在区域性甚至对整个洲环境影响的关切，许多ECT签约国在法律中潜在性地排除了从某些目标国家的电力进口。

例如，那些禁止使用核电的国家认为，核电的使用会对环境造成潜在的巨大威胁，因而他们也想要限制核电的进口，这些国家自由的进口机制与要求对方政府采取必要措施来制止消极环境影响之间的矛盾日趋紧张。这背后重要的原因是切尔诺贝利的核事故，以及某些中欧和东欧国家中还在运营的被认为不安全的核电站。来自民众和某些NGO的压力迫使政府考虑禁止从某些国家进口电力，因为他们的工业政策允许不安全的核电站和高污染的热电

① Energy Charter Secretariat, *Regional Electricity Markets in the ECT Area* 107-11 (Oct. 2003).

厂运营。在这样的政治背景下，奥地利和卢森堡是第一批在立法中引入这类条款的国家，随后意大利、捷克、匈牙利和德国也引入了类似条款。

与环境有关的贸易条款经常被称作“环境互惠”或者“绿色互惠”。这些条款背后的理念是：出口国与发电有关的环境标准应当与进口国相当。如果这些标准不同，进口可能会受阻。①

与环境有关的电力进口限制条款得到了NGOs以及进口国发电商的广泛支持。这一阶段性成功可以解释为保护产业利益和保护环境之间恰好有了共同的诉求。在欧洲，奥地利“环境互惠”条款背后的主要推动力量是对捷克泰梅林（Temelin）核电站安全性的担忧。捷克和奥地利的环境保护主义者不仅反对该项目，认为CEZ（捷克的电力运营商）没有做好充分的安全检查，他们还对从污染严重的电厂进口廉价电力的行为施加压力。但是，支持泰梅林核电站的理由中，也有的是出于环境考虑。譬如老化的燃煤电站和大量的采煤区已经让这一地区成为了欧洲污染最严重的地区，而核电站能够缓解捷克北部地区持续的环境退化。

在进口电力的时候加设环境保护要求，其合法性应该依据个案情况进行探讨。如本书在探讨可再生能源与化石能源电力之相似性时所论证的那样，可再生能源和化石能源电力可能并非相似产品，如果进口国对可再生能源电力给予优于化石能源电力的待遇，且这样的措施是中立的适用于国产电力和进口电力的，那么这种环境要求很有可能并不违反GATT 1994；并且，即便是个案中认定二者是相似产品，但是，如果这样的歧视不是为了保护本国生产，而是为了保护动植物和人类的健康或者保持清洁的空气，在符合第二十条其他规定的情况下，这样的违反有可能被正当化。但是当进口国规定出口国的化石能源电力应当如何生产，需要符合什么样的环境标准，才可以准许进口，这种措施的合法性就存疑了。因为以不同的标准和方法生产出来的化石能源电力很有可能是相似产品。对于它们的不同待遇极有可能违反国民待

① Statement by Öko-Institut before the Committee on Industry, External Trade, Research and Energy of the European Parliament at the Public Hearing on the Completion of the Internal Market in Electricity and Natural Gas (Brussels, Nov. 6, 2001).

遇原则。① 这时，只能尝试通过第二十条的有关规定来正当化这样的措施。

可是，一国是否可以为了保护其领土外的可用竭自然资源［或者第二十条（b）款下的人类，动植物］而采取限制措施，这一点是没有确定答案的。② 目前的案例法要求采取措施的国家与其要保护的资源有“充分的联系”(sufficient nexus)。③ 如果一国禁止进口核能，原因是为了保护来源国人们的身体健康和环境，这时候域外性就成了个问题。即便这一域外保护不能被正当化（在司法实践中这点还没有定论），采取措施的一方可以去论证“非绿色”电力的生产和自己领土有“充分联系”，例如，可以指出核灾难对其国民和呼吸的空气的跨界影响。然而，即便是一项电力进口措施属于 GATT 第二十条（g）“有关保护可用竭的自然资源”如果它“的实施在情形相同的国家之间构成任意或不合理歧视的手段或构成对国际贸易的变相限制”（常被称为第二十条的“帽子”），依然不能被第二十条正当化。这一要求旨在在阻止第二十条的例外被滥用。它要求第二十条例外的使用具有合理性。

在 US-Gasoline 案中，虽然争议措施属于第二十条例外的具体情形，但是因为没有满足第二十条的“帽子”，而没有得到支持。因为可能还存在达到相同目标的替代路径。如果采取限制措施的国家事前没有尝试和起诉方寻求达成合作安排的可能，从而制定共同的标准，那么第二十条的“帽子”也可能没有满足。在 US-Shrimp/Turtle 案中，“帽子”被认为是对诚实信用原则和禁止权利滥用原则的适用。如果一项措施构成了对第二十条例外的滥用，那么就与“帽子”不符，即当该项措施的具体实施规定了任意或者非正当化的行

---

① 例如，奥地利与环境保护相关的进口规定就要求，如果电力供应合同包含从第三国购买电力的，而这些生产电力的电厂不满足当时的工艺水平或者电厂的运营直接或者间接的损害联邦土地上人员、动植物的生命或者健康，或者他们不能提供证据证明发电所产生的废弃物得到了妥善的处理，并且没能就将来发电产生的废弃物的处理给出计划，那么这一电力供应合同不能被允许。

② 支持：Panel Report, *United States-Restrictions on Imports of Tuna*, 5.26, 5.33, DS21/R-39S/155 (Sept. 3, 1991)；反对：Panel Report, *United States-Restrictions on Imports of Tuna*, 5.15-5.17, DS29/R (June 16, 1994)。

③ Appellate Body Report, United States-Import Prohibition of Certain Shrimp and Shrimp Products, 133, WT/DS58/AB/R (Nov. 6, 1998).

为或者一项措施事实上通过任意或者非正当化的方式实施。①

如果一国把各自的规定（生产过程和生产方法）适用于其管辖权之外。同时还赋予了执行机关很大的自由裁量权去决定什么时候、对哪个国家或者出口商施加限制；而且这些条款中并没有说明，出口国有关部门或者出口商是否有机会申诉以及依据什么样的行政程序。那么这些规定导致了电力贸易缺乏可预见性，构成了市场准入壁垒。

总之，国家的环境条款与 WTO 相关规定的相容性并不能一概而论，而且各种不同规定的合法性充满不确定性。在欧洲议会就内部能源市场一体化举行的听证会上提出了一个问题：欧盟委员会或者成员国是否应该限制从那些环境或者社会标准较低的国家进口能源，如果是这样的话，采取什么样的方式才能符合 WTO 和 ECT 的规定。尽管在这一立场的有效性上存在分歧，许多国际贸易法专家认为为了实施欧盟的环境标准而对第三国采取的措施是与 WTO/ECT 不相符的。ECT 将 WTO 的规则内化了，将互惠要求应用在 ECT 缔约国之间的贸易中具有法律上的困难。②

在欧洲消费者组织（Bureau Européen des Unions de Consommateurs）（BEUC）和英国国家消费者理事会（the UK National Consumer Council）提交给欧洲议会的报告中提到，“单边的限制从环境和社会标准较低的国家进口是不合适的。我们的经验表明，这种限制进口的方式并不能在实际中帮助相关国家提高环境以及/或者劳工标准。并且，这一策略事实上常被当成廉价的保护主义的借口。这一问题中的措施可以和美国的‘超级 301 条款’相比，具有任意性并且与多边协定相悖。”

因为不同的环境影响和标准，将个别电厂（或者整个国家）孤立，从经济学的角度讲是反生产的。因为这会导致资金和技术的匮乏，从而延缓现有电厂的现代化以及新建电厂。如果电厂的运营商没有办法通过售电产生必要

---

① Id., at 160.

② Hancher, L. (Catholic University Brabant, Tilburg), Replies to Questions for the Hearing on the completion of the internal energy market [The original document cannot be retrieved. Cited from Energy Charter Secretariat, *Regional Electricity Markets in the ECT Area* (Oct. 2003)].

的收入，那么他们很难去更新基础设施。收入的减少使得在安全上的投资也会缺乏，从而使电厂存在更多的潜在危险。更好的策略应该是和这些国家开展合作建设，帮助其提高生产技术水平，而不是通过进口禁令或者其他制裁的方式将其孤立。①

三、跨境电力贸易与国营贸易

传统上，进口垄断企业以及国营企业在电力供应产业中占有主导地位。尽管这一领域正在逐步自由化，但是国营贸易依然在许多国家存在。

垂直一体化的公司在相应的区域（大多时候在整个国家或者指定的地域内）享有垄断性权利，他们从发电商手中购电，再销售给用户或者电力进出口商，构成 GATT 1994 第十七条下的国营贸易。

GATT 1994 并不禁止贸易主体或者进口垄断企业归国家所有。但是，为了确保成员国不通过国营贸易企业来规避其义务，第十七条要求这类企业在涉及进出口购销方面，必须遵守其政府在入世时作出的承诺。② 如果没有这样的规定，WTO 成员可以很容易就将其全部或者部分政策制定权委托给其控制下的企业，从而不用遵守 GATT 1994 的规定。③ 许多 WTO 成员，其中包括许多 ECT 签字国，已经将他们的约束税率降到了很低的水平，甚至零关税。而 GATT 1994 第十一条不允许通过除关税或者其他税费的方式限制或者禁止进

---

① Energy Charter Secretariat, *Regional Electricity Markets in the ECT Area* 111-7 (Oct. 2003).

② GATT 1994 第十七条："国营贸易企业 1.（a）每一缔约方承诺，如其建立或维持一国营企业，无论位于何处，或在形式上或事实上给予任何企业专有权或特权，则该企业在其涉及进口或出口的购买和销售方面，应以符合本协定对影响私营贸易商进出口的政府措施所规定的非歧视待遇的一般原则行事。（b）本款（a）项的规定应理解为要求此类企业在适当注意本协定其他规定的前提下，应仅依照商业因素进行任何此类购买或销售，包括价格、质量、可获性、适销性、运输和其他购销条件，并应依照商业惯例给予其他缔约方的企业参与此类购买或销售的充分竞争机会。（c）缔约方不得阻止其管辖范围内的企业［无论是否属本款（a）项所述企业］依照本款（a）项和（b）项的原则行事。"

③ See Energy Charter Secretariat, *Trade in Energy*: *WTO Rules Applying under the ECT* 47 (Brussels, 2001).

口。这两点，再结合第二条第四款的规定，[①] 实际上对承诺零关税国家的电力进口垄断国营贸易企业施与了严格的义务。

GATT/WTO 案件中指出，如果一个国营贸易企业同时享有进口垄断权和国内市场分销权，那么国内的限制分销措施会导致对于进口的限制，从而违反第十一条关于进口数量限制的规定。[②] 事实上，以电力为例，如果垄断运营商拒绝配送进口电力，没有其他的办法可以把进口电力输送出去。因而，就导致进口电力没什么用。因此，在这种情况下，内部的歧视性实践或者限制依然会违反第十一条（而传统上，只有边境措施才会）。[③]

尽管是企业的运营而非所有权决定了一个特定的企业是否是国营企业，但是，政府和他们所属的企业之间的联系可能构成对贸易的隐性壁垒。事实上，政府和国营贸易企业在实施政策时可能有其他非贸易的合法利益考虑，如环境保护或者社会服务。GATT 关于国营贸易的主要顾虑是这些企业的商事运作是不是单纯的出于商业考虑，或者政府是否介入或者直接控制着其商业行为，从而实现保护主义的目的。例如，专属权可能产生市场控制地位，限制外国竞争者进入市场；专属权可能产生垄断力量，形成单一买家的局面；国营贸易企业可能会歧视某些贸易伙伴；只要专属权使得企业拥有了独占地位（即既负责国内销售又负责出口），国营贸易企业可能会对出口市场的销售交叉补贴；因为和政府的关系，他们可能享有一些私营企业不享有的隐性补贴或者其他优势；国营贸易企业可能会受到政府保护，免于破产，这是他们相对于私营企业的重要优势等。

---

① GATT 1994 第二条：“减让表……4. 如任何缔约方形式上或事实上对本协定所附有关减让表中列明的任何产品的进口设立、维持或授权实行垄断，除非该减让表中有所规定或最初谈判减让的各方之间另有议定，否则此种垄断不得以提供平均超过该减让表所规定的保护水平的方式实施。本条的规定不得限制缔约方使用本协定其他规定所允许的、对本国生产者提供任何形式的援助。”

② Panel Report, Canada-Import, Distribution and Sale of Alcoholic Drinks by Canadian Provincial Marketing Agencies, 4. 24, B. I. S. D. 35S/37 (Mar. 22, 1988).

③ See Energy Charter Secretariat, *Trade in Energy: WTO Rules Applying under the ECT* 22 (Brussels, 2001).

四、跨境电力贸易与电网的公共服务义务

在有些国家，电力被认为是一个公共产品而不是商品，因为以合理的价格给家庭和工业用户提供有保障和稳定的电力是政府的基本服务。在电力部门自由化的背景下，有些政府倾向于通过给大企业施加公共服务义务，而不是通过完全的市场竞争来保证电力公共服务的提供。①

公共服务义务通常是在国内规制的范围内，并不直接和涉外贸易相联系。在 WTO 和 ECT 下，政府完全可以在社会政策中规定普遍服务义务或者类似措施，如果这一义务没有创造贸易壁垒并且没有对进口电力进行歧视的话。② 但是，公共服务义务的范围和功能往往并不能清晰地界定，往往会进行扩大化或者自由的解释。因此，公共当局或者电力企业可能会借公共服务之名阻止来自进口电力的竞争。③

政府也可能会借此影响公用事业单位的决策，包括给国外电力供应商的竞争环境带来负面影响的措施。此外，给既有的电力企业施加公共服务义务可能会使他们保存现有的特权，进而破坏有效的市场开放。最后，公共服务义务有可能成为政府介入电力企业管理决策的手段，例如就业和通胀目标。因此公共服务义务可能与以市场经济为基础的自由竞争原则相违背。

公共服务义务常常包括直接或者间接给予国内生产的电力以优惠待遇，因此对进口电力的竞争机会造成歧视。例如，政府可能要求购买某些国产电力以满足公共服务义务。他们还可能强制公共服务企业给予国内电力优先入网权，或者要求他们以优于进口电力的价格传输国产电力。

公共服务义务还可能和对贸易有扭曲作用的补贴相联系。当运营商中只

---

① European Commission, Services of General Interest in Europe [COM (2000) 580 final, Brussels, 2000].

② Energy Charter Secretariat, *Regional Electricity Markets in the ECT Area* 127 (Oct. 2003).

③ Written statement by Walter Schulz, Energiewirtschaftliches Institut, University of Cologne, before the Committee on Industry, External Trade, Research and Energy of the European Parliament at the Public Hearing on the Completion of the Internal Market in Electricity and Natural Gas (Brussels, Nov. 6, 2001) [The original document cannot be retrieved. Cited from Energy Charter Secretariat, *Regional Electricity Markets in the ECT Area* (Oct. 2003)].

有一个或者有限的几个运营商被要求承担公共服务义务时，额外的服务费用可能会通过对其他非公共服务运营商收取或者通过公共基金支付。当公共服务义务和竞争性商业活动没有彻底分开时，竞争（或者市场准入）问题就会凸显。[①] 在这种情况下，很难将公共服务义务所产生的费用和竞争市场的活动费用分开。

在有些情况下，公共服务义务还会被明确或者隐性地包括有减少进口的目标。公共服务义务的概念里包括了在生产、进口和出口之间保持一定比率，以保证能源的自给自足。[②]

第四节 本章小结

在电力行业，电力的传输必须要依赖电网，但是输配电具有自然垄断性质，常常在垄断企业控制之下。笔者首先分析了电力行业的自然垄断性质；接着探讨了电网的第三方准入制度的理论基础，以及实现第三方准入的方法，如谈判式准入和规制式准入，并且提出，通过电力行业结构改革，将输配电主体和发电商，供电商分离，能够从制度上使得他们的利益诉求相一致，进而促进第三方的准入。但是在国际层面，则很难找到关于第三方准入的规定。这也是为什么要通过国际规制合作促进准入的重要原因。本章第二部分还探讨了基于互惠要求的电网准入，如适格用户的互惠要求以及环境互惠；分析了国营贸易企业和公共服务义务可能给电力贸易带来的市场壁垒。

---

① OECD Reviews of Regulatory Reform: Regulatory Reform in Greece 2001 (OECD Publishing, Paris, 2001).

② Energy Charter Secretariat, *Regional Electricity Markets in the ECT Area* 126-9 (Oct. 2003).

第四章 跨境电力贸易中的电力过境规则

全球的初次能源分配具有地域上的不均衡性，很少有国家的能源是完全自己自足的。因此跨国的能源供给就变得十分重要。在这样的背景下，跨境和跨地区的能源传输并不是新鲜事物。但是，一方面，化石能源配置环节多，配置效率不高，例如电煤，运输环节多，损耗大，如果将电煤就地转换为电力，以输电代替输煤，特别是利用特高压输电具有容量大、距离远、效率高、低损耗、占地少等优势，能够实现能源配置一步到位；[①] 另一方面，为了应对全球能源总量供应及能源环境的挑战，大力发展清洁能源势在必行，世界能源结构正在经历从化石能源为主向清洁能源为主的转变。随之而来的，世界能源配置需求也将从目前的化石能源为主逐渐转变为清洁能源为主。[②] 全球清洁能源的分布也很不均衡，北极、赤道附近地区和各洲内大型的水电、风电、太阳能发电基地，大多距离负荷中心数百甚至数千千米，需要构建电网从能源基地向负荷中心输电，这是最经济最便捷的能源配置方式。[③] 总之，随着世界能源向清洁化发展，电能远距离、大范围配置的重要性将越来越凸显。

在这一过程中，经过第三国国境将电力传输到目的地国的电力过境活动就在所难免。电力过境的方式不同于普通货物，而是必须依赖电网，这和通过管道进行石油和天然气的运输非常相似，必须使用过境国的管网基础设施。这就决定了电力的过境的法律制度与普通货物过境制度存在很大的差别。如上文所述，电网一般属于自然垄断，而且电网的容量是有限的，这就需要专

① 刘振亚：《全球能源互联网》，中国电力出版社 2015 年版，第 66 页。
② 刘振亚：《全球能源互联网》，中国电力出版社 2015 年版，第 65 页。
③ 刘振亚：《全球能源互联网》，中国电力出版社 2015 年版，第 105 页。

门的制度来保证电力过境顺利进行。

但是国家间在电力过境问题上的合作远不及在其他能源领域那么机制化，并没有专门针对能源过境的国际性条约；有关过境的规则散落在各个地方，共同构成了过境问题的国际治理框架。[①]

第一节　过境自由的缘起

1958 年《公海公约》提出了过境自由的概念，这在当时的国际多边条约中是一个创新。该公约中规定的过境自由是为了保证无海岸国能平等享受公海自由，解决无海岸国进入海洋的权利问题，其第三条要求“位于海洋与某一无海岸国之间的国家，应通过与后者的共同协议并根据现行国际公约：（a）在互惠基础上，给予该无海岸国自由过境”。[②]

还有其他在联合国下的一系列国际条约——1958 年《领海和毗连区公约》,[③] 1958 年《大陆架公约》,[④] 以及 1982 年《联合国海洋法公约》[⑤] 强化了现代国际海洋法下过境自由的概念。《联合国海洋法公约》中确认了《公海公约》中关于内陆国出海的过境自由权,[⑥] 同时还有多条相关规定，如对于领海的无害通过权,[⑦] 对用于国际通行的海峡的过境通行权以及无害通过权等[⑧]。与电力过境最为相关的是第七十九条关于大陆架上的海底电缆和管道的规定。该条明确了所有国家都有按照该条规定在大陆架上铺设海底电缆和管

① Rafael Leal-Arcas, Andrew Filis, and Ehab S. Abu Gosh, International Energy Governance: Select Legal Issues 59 (Edward Elgar, 2014).

② 《公海公约》(Convention on the High Seas)（1958 年通过，1962 年 9 月 30 日生效），第三条。

③ 参见《领海及毗连区公约》（1958 年 4 月 29 日订于日内瓦，1964 年 9 月 10 日生效），第一编第三节“无害通过权”中第十四条至第二十条。

④ 参见《大陆架公约》（1958 年 4 月 29 日订于日内瓦，1964 年 6 月 10 日生效）第四条及第五条。

⑤ 《联合国海洋法公约》（1982 年 12 月 10 日在牙买加签署，1994 年 11 月 16 日生效），其中有多条涉及过境自由，如第十七至三十二条、第三十八条、第四十五条及第七十九条等。

⑥ 《联合国海洋法公约》，第一百二十五条（出入海洋的权利和过境自由）。

⑦ 《联合国海洋法公约》，第十七条（无害通过）。

⑧ 《联合国海洋法公约》，第三十八条（过境通行权）。

道的权利。只是线路的划定需要经沿海国同意，而沿海国一般情况下对于铺设或者维持这种海底电缆或者管道不得加以阻碍，除非“为了勘探大陆架，开发自然资源和防止、减少和控制管道造成的污染有权采取合理措施”。[①] 这一条的规定对于海上石油和天然气，海上风电、潮汐等海洋能源，以及因为客观地理条件需要经过海底大陆架进行的其他可再生能源的电力过境传输具有重要意义。

这些国际协定总体来说构成了海洋能源过境规则的重要因素，如果相关国家是这些协定的成员国的话，对于它们之间的能源过境治理有重要意义。对于那些条约不能适用的情形，则需要在国际习惯法下来分析过境自由的地位和具体内容。

关于过境自由在国际习惯法下的地位存在争议。有人认为，国家历来喜欢把过境条款纳入双边条约，这一事实就证明，过境自由并没有取得国际习惯法地位。[②] 在没有相关国家参与的国际公约对过境自由有明确规定的情况下，过境自由在国际法下的地位和范围目前并不清楚。[③]

第二节　通过固定基础设施的过境与 WTO 下的过境自由

在 WTO 的法律规则下，GATT 1994 第五条规定了过境运输中的商品的过境自由。根据 GATT 1994 第五条第一款的规定：“货物（包括行李）及船舶和其他运输工具，如经过一缔约方领土的一段路程，无论有无转船、仓储、卸货或改变运输方式，仅为起点和终点均不在运输所经过的缔约方领土的全部路程的一部分，则应被视为经该缔约方领土过境。”对于这一过境运输商品，应免除关税和所有过境税或对过境征收的其他费用（第五条第三款）。同

① 《联合国海洋法公约》第七十九条（大陆架上的海底电缆和管道）。

② See Lothar Ehring & Yulia Selivanova, Energy Transit, in Regulation of Energy in International Trade Law 49, 51-52 (Yulia Selivanova ed., Wolters Kluwer Law International, 2011).

③ Rafael Leal-Arcas, Andrew Filis, and Ehab S. Abu Gosh, International Energy Governance: Select Legal Issues 60 (Edward Elgar, 2014).

时第五条第二款还明确要求“对于通过国际过境最方便的路线、来自或前往其他缔约方领土的过境运输，应具有经过每一缔约方领土的过境自由”。也就是说，过境的路线是国际过境最方便的路线，而不是对于过境国家最方便的路线。但是，对于方便过境国家和方便出口国之间产生的紧张关系应该如何协调并没有相关规定。[①] 该条还禁止在自由过境方面对不同国家予以歧视。

需要指出的是，该条并没有指出能源产品或者其他该条适用的产品。因此，该条事实上是顺带性的，而非明确的，适用于能源产品的过境。因为它是适用于所有 WTO 范围内产品的概括性规定。这带来的问题就是，能源产品的运输具有特殊性，对于像电力、石油和天然气等通过固定基础设施进行传输的能源产品，这一条是否适用。这一条是否要求过境国家在其境内必须要设置电力或者油气传输设施供所有 WTO 成员平等开放适用?

从 WTO 实践来看，在 WTO 争端解决机制下，过境自由问题并不是一个热点。在 2009 年，争端解决机构专家组关于哥伦比亚入境港案（Colombia-Ports of Entry）的报告中指出，第五条过境自由要求成员国必须对所有的成员平等的以最方便的路线享有过境权。[②] 该案中哥伦比亚限制纺织品，服装和鞋类的运输过境。哥伦比亚称作出这样的限制主要是担心通过巴拿马走私这些产品。而专家组则认为这些措施违反了第五条的规定，因为这一措施限制了方便贸易流动的路线的准入，并且还对不同的产品和产地存在歧视。因而违反了第五条不得限制运输国家以及非歧视性准入的规定。因为本案并不涉及能源产品，因此专家组并没有对通过固定设施的能源运输发表意见。[③]

从学界的讨论来看，对这点争议非常大。有人认为，不能够假定该条自动的适用于这样的基础设施。[④] 而有人则认为，该条的文本中没有包含任何词

---

① See Danae Azaria, Energy Transit under the Energy Charter Treaty and the General Agreement on Tariffs and Trade, 27 J. Energy & Nat. Resources L. 559, 570-574 (2009).

② Panel Report, Colombia-Indicative Prices and Restrictions on Ports of Entry, WT/DS366/R (May 20, 2009).

③ See Lothar Ehring & Yulia Selivanova, *Energy Transit*, *in* Regulation of Energy in International Trade Law 49, 51-52 (Yulia Selivanova ed., Wolters Kluwer Law International, 2011).

④ See Danae Azaria, *Energy Transit under the Energy Charter Treaty and the General Agreement on Tariffs and Trade*, 27 J. Energy & Nat. Resources L. 559, 571 (2009).

语指出该条要排除适用于通过固定设施的运输，该条明确指出了不适用于航空器过境，因此，如果成员方想要排除通过固定设施的运输的话，就会像航空器那样明确指出来。[①] 还有学者认为，通过固定基础设施的过境运输属于第五条的调整范围；尽管固定基础设施本身不是“过境运输”，但它是运输的途径。尽管在 GATT 谈判过程中，管道并没有被广泛使用，但是石油管道确实存在并且电网也已经广泛存在。1923 年在国际联盟（the League of Nations）的支持下就签订了《电力过境输送公约》[②] 和 1941 年就有了《石油管道建设公约》。[③] GATT 的谈判方肯定是考虑到了这些设施的存在。[④]

在 WTO 多哈回合有关贸易便利化的谈判中，这个问题曾被提出，欧共体曾经建议需要澄清第五条是否包含通过管道的石油和天然气过境。[⑤] 另外也有多个提议建议把管道和电网明确纳入“过境运输”中。例如在亚美尼亚、欧共体、马其顿共和国、吉尔吉斯斯坦共和国、蒙古、巴拉圭、摩尔多瓦、卢旺达和瑞士的联合提议中，明确包括了通过固定基础设施，例如管道运输的产品。[⑥] 但是遗憾的是这点并没有被纳入最终的《贸易便利化协定》文本中。可以看出，鉴于如果承认这条适用于通过固定基础设施的运输，对于各国之影响巨大，各国对此非常谨慎。

---

① See Mireille Cossy, Energy Transport and Transit in the WTO, in Global Challenges at the Intersection of Trade, Energy, and the Environment 113-121 (Joost Pauwelyn ed., Geneva: Centre for Trade and Economic Integration, 2010).

② Convention on the Transmission in Transit of Electric Power, Done at Geneva, 9 December 1923, 58 League of Nations Treaties Series 315.

③ Convention on the Construction of Oil Pipelines. Done at Montevideo, 6 February 1941, M Hudson, n 6 above, 1938-1941, vol VIII, at 623-624.

④ Danae Azaria, *Energy Transit under the Energy Charter Treaty and the General Agreement on Tariffs and Trade*, 27 J. Energy & Nat. Resources L. 559, 575 (2009).

⑤ Communication from the European Communities, WTO Trade Facilitation-Strengthening WTO Rules on GATT Article V on Freedom of Transit, WTO Council for Trade in Goods, G/C/W/422 (Sept. 30, 2002) [Cited from Rafael Leal-Arcas, Andrew Filis, and Ehab S. Abu Gosh, International Energy Governance: Select Legal Issues 59 (Edward Elgar, 2014)].

⑥ Communication from Armenia, the European Communities, the Former Yugoslav Republic of Macedonia, the Kyrgyz Republic, Mongolia, Paraguay, the Republic of Moldova, Rwanda and Switzerland, Negotiating Group on Trade Facilitation, TN/ TF/W/133 (July 10, 2006) [Cited from Rafael Leal-Arcas, Andrew Filis, and Ehab S. Abu Gosh, International Energy Governance: Select Legal Issues 59 (Edward Elgar, 2014)].

第三节　《能源宪章条约》（ECT）与电力过境

ECT的起草和缔结来自于所谓的宪章进程（the Charter Process），这一进程以柏林墙的倒塌和前苏联的解体为背景，以欧洲国家为主的一些国家重新思考其在能源领域的利益诉求，并试图构建一个新的能源格局以保证多元化的能源供给。[①] 其创始成员国的主要目标之一就是设计一套国际法律制度来确保来自前苏联的能源向欧洲稳定的输送，进而降低对于中东能源的依存度，为跨境能源贸易和投资提供具有可预见性的，非歧视的法律基础，并以附带的争端解决体制来保障这些规定的实施。[②] 在ECT体制内，过境自由被认为是“集体能源安全的关键问题……因为越来越多的能源要跨越多国边境线在生产商和消费者之间传输”。[③] 事实上，ECT的支持者也主要集中在欧洲大陆那些对能源过境非常重视的国家。[④]

并且，随着近几十年能源过境流动的增长，过境贸易也变得越来越复杂。ECT谈判各方考虑到GATT 1994第五条的规定不足以解决所有相关问题了，需要更为具体的规则来确保能源过境。[⑤] 因此ECT第七条专门就能源过境进行了规定，其内容比GATT第五条的规定要综合和详尽的多。

一方面，ECT中关于贸易和过境的规定是基于WTO的规定的，不减损WTO规定的权利和义务是ECT的基石；但另一方面，ECT的过境条款包括了一些GATT 1994第五条没有规定的重要内容。例如该条明确规定了过境自由适用于通过固定基础设施的传输。[⑥] 它还包括了争端解决方面的规定。[⑦] ECT

① See Energy Charter Secretariat, The Energy Charter Treaty: A Reader's Guide.

② Yulia Selivanova, The Energy Charter and the Internatinal Energy Governance, in Regulation of Energy in International Trade Law 373 (Yulia Selivanova ed., Wolters Kluwer Law International, 2011).

③ See Energy Charter Secretariat, The Energy Charter Treaty and Related Documents: A Legal Framework for International Energy Cooperation 15 (2004).

④ Lothar Ehring & Yulia Selivanova, *Energy Transit*, *in* Regulation of Energy in International Trade Law 49, 81-2 (Yulia Selivanova ed., Wolters Kluwer Law International, 2011).

⑤ Energy Charter Secretariat, The Energy Charter Treaty: A Reader's Guide 29 (2001).

⑥ The Energy Charter Treaty, art. 7 (10) and (a), 2080 U. N. T. S. 95 (Dec. 17, 1994).

⑦ The Energy Charter Treaty, art. 7 (6) and (7), 2080 U. N. T. S. 95 (Dec. 17, 1994).

第七条是目前关于能源过境问题规定的最为全面和详尽的条款,[①] 并被认为是“该条约中最有创造性的以及在事后看来最为重要的元素之一”。[②]

一、ECT 关于过境的定义

ECT 把“过境”定义为:“能源材料和产品经由一缔约方境内运输,或者是要去往或者来自其境内的港口设施装载或者卸载,而这些材料和产品产自另一国境内并且以第三国为目的地,只要另一国或者第三国是缔约方即可;或者能源材料和产品经由一缔约方境内运输,而这些材料和产品产自另一缔约方境内并且以此另一缔约方为目的地,除非相关缔约双方另有约定,并且将其决定在附件 N 中进行联合登记。该缔约双方可以通过向秘书处递送共同书面意向通知来删除在附件 N 中的登记,秘书处应当将通知转交所有其他缔约方。此删除应在正式通知四周之后生效。”[③]

也就是说,并不需要所有涉及的国家都是 ECT 缔约方,只要过境国家是缔约方,并且原产国或者目的地国之一也是缔约方即可适用。还有一种情况是产品产自一个缔约方并且以这一缔约方为运输的目的地,只是在运输的途中要经过另一个缔约方,也就是说,原产国和目的地国是同一个国家。缔约方可以选择不承认后一种情况构成过境。

GATT 1994 第五条并没有明确指出该条是否适用于经由固定基础设施的能源运输,而 ECT 则明确表示其适用于依赖于管网的能源运输。第七条中明确指出,能源运输设施包括高压输气管道,高压输电网线,原油输送管道,煤浆管道,成品油管道以及其他专门用作处理能源材料和产品的固定设施。也即,电力过境属于 ECT 过境条款规制范围。

---

① Rafael Leal-Arcas, Andrew Filis, and Ehab S. Abu Gosh, International Energy Governance: Select Legal Issues 64 (Edward Elgar, 2014).

② Thomas W. Wälde and Andreas J. Gunst, *International Energy Trade and Access to Energy Networks*, 36 (2) Journal of World Trade 191, 213 (2002).

③ The Energy Charter Treaty, art. 7 (10) (a), 2080 U. N. T. S. 95 (Dec. 17, 1994).

二、ECT 过境条款中的过境自由

ECT 的过境条款中提到了过境自由原则和非歧视原则。第七条第一款规定："每个缔约方都应当采取必要的措施促进能源材料和产品的过境，要与过境自由原则相一致，不因能源原料和产品的来源、目的地或者所有权而对其进行区别对待，或者基于这些区别进行定价而造成歧视，并且不能施以任何不合理的迟延、限制或者费用。"尽管 ECT 并没有给出过境自由的概念也没有明确提及 GATT 1994 第五条，人们还是普遍认为 ECT 第七条确认了 GATT 1994 第五条中的过境自由原则。① 但是需要注意的是过境自由原则本身并不仅仅限于 GATT 1994，在谈判过程中曾经指出过不能把 GATT 1994 第五条作为解释 ECT 第七条的唯一依据。②

关于 ECT 第七条提及过境自由的规范价值存在三种不同的观点：一是 ECT 的规定比 GATT 要弱，因为其并没有明确要求遵守过境自由。ECT 第七条所要求的"采取必要措施促进过境"，在规范术语上比"应当保证过境自由"这样的措辞力度要弱。③ 二是 ECT 第七条的范围几乎接近于对 GATT 第五条的直接引用。④ 三是 ECT 比 GATT 的规定更为深入，因为它要求采取切实的积极行动来促进过境。⑤ 这一推理的逻辑在于，缔约方必须采取必要的措施来促进过境，这构成了一种积极的要求，而不是仅仅消极的要求允许过境。

笔者同意第三种观点，如瓦尔德等人所分析的，ECT 第七条第一款要求

---

① Thomas W. Wälde and Andreas J. Gunst, *International Energy Trade and Access to Energy Networks*, 36 (2) Journal of World Trade 191, 213 (2002).

② Legal Sub-Group, European Energy Charter Conference Secretariat, 14. 5. 93/1396 (May 27, 1993).

③ Roggenkamp, Transit of Networkbound Energy: The European Experience, in The Energy Charter Treaty, An East-West Gateway for Investment and Trade 509 (Thomas W. Wälde ed., London, the Hague, Boston: Kluwer Law International, 1996).

④ Craig S. Bamberger, Adjudicatory Aspects of Transit Dispute Conciliation under the Energy Charter Treaty, 4 (1) Oil, Gas & Energy Law Intelligence 5.

⑤ B. Clark, Transit and the Energy Charter Treaty: Rhetoric and Reality, Web Journal of Current Legal Issues 4 (1998), available at webjcli. ncl. ac. uk/1998/issue5/clark5. html. [The original document cannot be retrieved. Cited from Lothar Ehring & Yulia Selivanova, *Energy Transit*, *in* Regulation of Energy in International Trade Law 49, (Yulia Selivanova ed., Wolters Kluwer Law International, 2011)].

政府采取必要的措施来促进能源过境，比GATT的规定更深入，因为促进能源过境的积极义务要求采取必要的措施以使得过境变得现实可行。如果预期的管道投资者已经准备好出资，并遵守相关规定，那么政府就很难找到理由来拒绝授权并支持新的管道的建设。[①] 并且，从第七条的其他条款中，也可以印证这一积极的过境要求，主要体现为以下两个方面：

第一，过境国鼓励相关实体就有关事项开展合作的义务。第七条第二款规定缔约方“应当鼓励相关实体”就以下事项开展合作：（1）能源材料和产品过境所需的能源运输设施的现代化；（2）服务范围不止一个缔约方的能源运输设施的开发和运作；（3）减少对干扰能源材料和产品供应的影响之措施；（4）促进能源运输设施的互联。

尽管从概念上讲，“应当鼓励”这样的措辞意味着具有约束力的积极的法律义务，但是这些条款似乎在性质上还是偏“软”。[②] 有人认为任何依据这一款提出的诉讼都有可能不具有可裁决性，特别是考虑到并没有给出“相关实体”这个用语的定义。但是正如艾林所认为的，这并不是这一条的唯一解释和适用方法。在特定的案件中，裁定人可以结合争议的实际情况来找出“相关实体”的含义。裁定人还可以认定缔约方没有履行其义务来鼓励合作，例如当它明显没有采取任何措施，或者更有甚者，它给合作增添了障碍。因此，至少在有些情况下，第七条第二款的规定可以被认为是有力度的。[③]

第二，对于新建过境运输设施的规定。第七条第四款要求：“当能源材料和产品的过境无法在商业条件下通过能源运输设施实现时，缔约方不应该阻碍新的容量的建设，除非在符合第一款规定的可适用的法律中可能另有规定。”[④] 而紧接着第五款中规定：“当缔约方证明建设新的容量会威胁到其能

---

① Thomas W. Wälde and Andreas J. Gunst, *International Energy Trade and Access to Energy Networks*, 36 (2) Journal of World Trade 191, 213 (2002).

② B. Clark, *Transit and the Energy Charter Treaty: Rhetoric and Reality*, Web Journal of Current Legal Issues 4 (1998), available at webjcli. ncl. ac. uk/1998/issue5/clark5. html.

③ Lothar Ehring & Yulia Selivanova, *Energy Transit*, *in* Regulation of Energy in International Trade Law 49, 85 (Yulia Selivanova ed., Wolters Kluwer Law International, 2011).

④ The Energy Charter Treaty, art. 7 (4), 2080 U. N. T. S. 95 (Dec. 17, 1994).

源体系包括能源供应的安全或者效率的情况下，不能强制其批准建设或者改造能源运输设施。”也就是说缔约方拒绝新的容量的建设需要有足够充分正当且符合规定的理由。

原则上，缔约方应当允许必要的新的容量之建设；而不允许则是例外，根据第四款和第五款，例外情形有，（1）当现有的可适用的法律有其他规定时（这些法律必须符合第七条第一款关于过境自由和非歧视原则的规定）。这类法律可能有关环境保护，土地使用，安全或者技术要求等。[①]（2）当缔约方证明建设新的容量会威胁到其能源体系的安全或者效率时。这些例外给缔约方提供了一些自由裁量权，允许将可适用的法律以及能源供应安全等作为例外因素，可能也是 ECT 出于对国家主权原则的尊重。[②]

这两个方面不仅仅说明了第七条所规定的过境是比过境自由更深层次的积极义务，而且也具体说明了第七条第一款所指的“必要措施”有哪些内容，当然并不是穷尽性的。

此外，关于过境国对于新建容量的义务范围，有些人认为第七条第四款和第九款是矛盾的，因为第九款规定：本条不得被解释为强制任何缔约方采取任何本条规定的有关该种能源运输设施的措施，如果其并没有用于过境的这类能源运输设施的话。但是，该缔约方有义务遵守本条第四款。[③] 但是，也有人认为第七条第四款和第九款的关系可以归结为一个事实，那就是过境国家可以有一些自由裁量权，来决定他们想要在领土内建设和运营哪种类型的能源运输设施。根据这个观点，过境国没有义务来建设在其领土上以前没有的那些种类的能源运输基础设施，例如液化天然气设施。考虑到第九款明确指出缔约国有义务遵守第四款（当然第四款本身规定了一些例外情形），因此第九款的规定没有使得其允许建设新容量的义务无效。因此，第七款和第九款并非矛盾。

---

① The Energy Charter Treaty, art. 7 (4), 2080 U. N. T. S. 95 (Dec. 17, 1994), UNDERSTANDING With respect to Article 7 (4).

② B. Clark, *Transit and the Energy Charter Treaty: Rhetoric and Reality*, Web Journal of Current Legal Issues 4 (1998), available at <webjcli. ncl. ac. uk/1998/issue5/clark5. html>.

③ The Energy Charter Treaty, art. 7 (9), 2080 U. N. T. S. 95 (Dec. 17, 1994).

总的来说，第七条第一、四、五和第九款的规定可以归结为以下几点：(1) 缔约国如果没有用于过境的某类能源运输设施的话，那么其不必专门为此建设这类设施。第九款的规定优先于第七条其他条款适用，但是第四款例外。(2) 第四款要求缔约方不能阻止新建运输容量，除非存在可适用的法律另有规定，而且这些法律必须符合第一款的规定。(3) 第五款对第四款的义务进行了例外规定，也即如果建设新的容量威胁到了能源供应安全和效率，缔约国就没有义务允许这样的建设。虽然在第九款中没有提到第五款，但事实上第五款作为对第四款义务的修正，同样也应适用。[①]

三、ECT 过境条款中的非歧视要求

第七条第一款规定了在促进过境中的非歧视要求，“……不因能源原料和产品的来源、目的地或者所有权而对其进行区别对待，或者基于这些区别进行定价而造成歧视……”。虽然第七条没有明确规定最惠国待遇，但是从第一款的这个规定，可以认为是隐含了最惠国待遇要求。并且如果按照 GATT 第五条对“过境自由”进行解释的话，因为 GATT 第五条明确规定了最惠国待遇，所以也可以进一步印证 ECT 的过境规定也包括了最惠国待遇要求。[②]

而第七条第三款可以说是规定了国民待遇，但是该规定可能是这一条中最具争议的规定。[③] 该款要求：“每个缔约方保证，其与能源材料和产品运输以及能源运输设施使用有关的规定，应当给予过境能源材料和产品以不低于其对产自或者以其自己境内为目的地的这类原料和产品的规定的待遇，除非现有的国际协定有其他规定”。[④] 通过这一条 ECT 的谈判方想赋予第七条相对

① Lothar Ehring & Yulia Selivanova, *Energy Transit*, *in* Regulation of Energy in International Trade Law 49, 83-6 (Yulia Selivanova ed., Wolters Kluwer Law International, 2011).

② Danae Azaria, *Energy Transit under the Energy Charter Treaty and the General Agreement on Tariffs and Trade*, 27 J. Energy & Nat. Resources L. 559, 581 (2009).

③ 有关第三款的解释，对于俄罗斯来说是一个棘手的问题。因为它的模棱两可，不同的解释对于俄罗斯来说结果是完全不同的。因为受到国家规制的内部天然气运输费用在当时远远低于本来应有的成本，即能够支付真实的花费并保证投资的合理回报的价格。See Theodore I. Shtilkind, Energy Charter Treaty: a Critical Russian Perspective, 3 (1) OGEL 3 (Mar., 2005).

④ The Energy Charter Treaty, art. 7 (3), 2080 U. N. T. S. 95 (Dec. 17, 1994).

于 GATT 第五条更大的力度。事实上，GATT 第五条中并没有明确要求给予过境以不低于对进出口或者在国内不同地点间的运输的待遇。

在这里涉及四种不同的模式：过境、进口、出口和国内运输。比较明确的是，如果对于过境能源材料和产品的待遇低于进出口的产品，第七条第三款的规定无疑使得这样的歧视违反了 ECT。但是不太确定甚至非常有争议的是，第三款是否同样意味着穿过一国国境的能源过境要享受不低于适用于国内运输的待遇？欧共体和俄罗斯之间对此曾经有过争议。这种不确定和争议源自于对“或者”（or）一词的理解。如果“或者”被理解为“包含性”的，那么它就包括那些产自国内并且以国内某地为目的地的能源材料和产品的运输，即纯粹的国内运输；如果它被理解为“排斥性”的，要么是产自国内的，要么是以国内为目的地的，但是却不包括既产自国内又以国内为目的地的产品的运输，也即仅指出口或者进口。如果是前一种情况，该条就要求给予过境运输不低于国内运输的待遇；如果是后者，那么就仅仅要求给予过境运输不低于进出口运输的待遇，即产自该国，而后被出口运输到这个国家之外（出口），或者从另一个国家向该国输送（进口）。

对此，艾林等人进行了系统性的研究。按照《维也纳条约法公约》第三十一条的条约解释规则：“条约应依其用语按其上下文并参照条约之目的及宗旨所具有之通常意义，善意解释之。”如果先考虑“或者”（or）一词的通常意义，就会发现语言相比于逻辑和数字来说并没有那么精确。根据《新牛津简明英语词典》（New Shorter Oxford English Dictionary），“or”一词可以指这个或者那个，但不是两者都有（one or the other, but not both）；并且“or”还可以指这个或者那个，抑或两者都有（either one or the other, or both in combination）。通常来说，要根据上下文来确定“or”到底指的是那种情形。如果二者不是互相排斥的，那么包含性的“or”就允许两种情形都有。这就是为什么要使用语言上看起来很累赘而且不优雅的“and/or”（和/或者）这样的表达方式，而不是仅仅说“or”。例如在这里讨论的 ECT 第七条第三款的情况下，如果使用更清楚的表述方式，就会省去很多的争论。可是不论是在国际条约中还是国家的国内法中，都很少使用“and/or”这样的表述。“or”是典型的“选择性”而非“累计性”条件的表达方式。选择性的条件不需要同时满足，只要其中之一满足了即可，但是同时它也允许多于一个的条件被满足。对于目前的问题来说，所有这些讨论都倾向于支持第七条第三款包括国内两个地点之间的运输，也即对于过境的待遇也不得低于国内运输，因为“产自其境内”和“以其境内为目的地”这两个概念并不互相排斥。“产自其境内”从概念上包含“以其境内为目的地”，就如同它包含那些不以其境内为目的地，而是要出口的运输一样；相应的“以其境内为目的地”也包含“产自其境内”，就如同其包含不产自其境内而是进口的一样。在这种情况下，当这两种情形有潜在的重叠的时候，并且在实践中可能会有很大一部分重叠的时候（例如，在一个大国，国内的销售远远大于进出口贸易），就很难将“or”理解为排除性的了。

另外一个认为第七条第三款中的“or”是“包括性”的论据是，谈判方可以本能地使用“进口”或者“出口”这样的词汇，如果他们想要排除国内运输的话。谈判方选择使用“产自其境内”，“以其境内为目的地”这样的表述，恰好是因为他们不仅指进出口运输，而且想要把那些来自境内又以境内为目的地的运输包括进来。如果一项非歧视义务规定了多于一个的比较对象，这样做的目的是为了扩大保护的范围加强保护的力度。此外，像俄罗斯这样的能源净出口国，如果谈判方不想把境内运输也包括进来的话，在谈判过程中就会将这个问题提出来。从第七条第三款的目的来讲，也应该进行较为宽泛的解释，因为该款是为了保护过境而做的非歧视规定。不把国内运输排除出去，能够更好的服务于这个目的。①

此外，ECT 第七条还规定了通过和解的争端解决程序，② 并且如果过境出现纠纷，在纠纷解决程序完结之前，不得“打扰或者减少、允许任何受其控制的实体去打扰或者减少、或者要求任何受其管辖的实体去打扰或者减少现有的能源材料和产品的流动，除非在对这一过境有约束力的合同或者其他协

---

① Lothar Ehring & Yulia Selivanova, *Energy Transit*, *in* Regulation of Energy in International Trade Law 49, 87-9 (Yulia Selivanova ed., Wolters Kluwer Law International, 2011).

② The Energy Charter Treaty, art. 7 (7), 2080 U. N. T. S. 95 (Dec. 17, 1994).

议中有具体规定，或者是根据调解人的决定得到允许。”[①]

第四节　《过境议定书》（草案）与电力过境

尽管第七条包含了规制能源过境的必要元素，对 GATT 第五条的规定进行了补充，但是该条事实上也没能在一些关键问题上进行详细规定。[②] 例如，关于拥塞管理、新容量的建设以及过境费用，在许多过境纠纷中都是个棘手的问题，也需要更为详尽的规定。[③]

在 1998 年 ECT 生效后不久，为了减少与过境相关的风险，加强能源安全，能源宪章会议（ECC）在 2000 年决定就能源过境专门进行谈判，达成一个更为详尽、具有可执行性的《过境议定书》（Transit Protocol）。谈判开始于 2000 年，主要关注的问题有：安全，效率，不受打扰、以及无障碍的过境，过境设施的高效使用，过境设施的建设以及/或者升级的便利化。但是，到 2011 年 11 月，因为无法达成一致，ECC 废除了《过境议定书》的谈判授权。但是这并没有完全排除未来谈判的可能。ECC 贸易和过境组依然准备对未来的谈判进行咨询，并且为 ECC 提供建议。[④] 但是，《过境议定书》（草案）对于研究电力过境问题也有重要参考价值。

《过境议定书》（草案）主要就以下问题进行了规定：用于过境的能源运输设施的可用容量的定义；可用容量的谈判式第三方准入；促进用于过境的能源运输设施的建设，扩建或者运营；设定过境费用的方法等。在 2002 年 12 月的能源宪章会议上，《过境议定书》（草案）已经取得了 51 个 ECT 成员国的同意，但是有三个重要问题却难以达成一致：（1）拥塞管理机制（其中最具争议的是对于通过拍卖取得的收入如何反映成本的问题），（2）可用容量利

---

① Id.，art. 7（6）.

② The Energy Charter Treaty，art. 7（6），2080 U. N. T. S. 95（Dec. 17，1994）.

③ Thomas W. Wälde and Andreas J. Gunst，International Energy Trade and Access to Energy Networks，36（2）Journal of World Trade 191，213（2002）.

④ See“Transit Protocol”，Energy Charter Secretariat，http：//www. energycharter. org/what-we-do/trade-and-transit/transit-protocol/.

用（主要争议点是长期容量预定）和新设过境基础设施，（3）《过境议定书》（草案）在欧盟内部的适用。[①]

一、拥塞管理机制

如果请求给予的容量超出了过境可用容量的量以及/或者持续时间（容量拥塞），对现有容量的分配应该以非歧视和透明的方式进行。[②] 作为一个原则，《过境议定书》（草案）第十条规定了费用应当基于运行和投资成本，包括一定合理比例的回报。[③] 但是，有人认为过境容量的拥塞可以用拍卖的方式来解决。[④] 从性质上讲，拍卖可能并不一定会拍出反映成本的价格，而且可能产生超出成本的收入。[⑤] 使用拍卖的形式来管理拥塞和准入，应当限于缓解拥塞所必须的时候。从拍卖所得的收入应当被用于缓解拥塞或者降低费用，以避免这种制度成为保持拥塞的激励因素。[⑥]

如果拥塞持续时间长，合理的解决办法是投资建设新的容量。[⑦] 为此，有关各方专门提议在原有的第十条关于过境费用的条款基础上，再加一个并列的第十条（Article 10 bis）［下称第十条（二）］专门就拥塞管理机制进行规

---

① Ibid.; Lothar Ehring & Yulia Selivanova, *Energy Transit*, *in* Regulation of Energy in International Trade Law 49, 95-7 (Yulia Selivanova ed., Wolters Kluwer Law International, 2011).

② Andrey A. Konoplyanik, Gas Transit in Eurasia: Transit Issues between Russia and the European Union and the Role of the Energy Charter, 27 (3) Journal of Energy and Natural Resources Law 445, 478 (2009).

③ Final Act of the Energy Charter Conference with Respect to the Energy Charter Protocol on Transit (Draft), art. 10, Energy Charter Secretariat (Oct. 31, 2003) (Last formal version of the draft Transit Protocol as discussed by the Charter Conference in 2003), available at http://www.energycharter.org/fileadmin/DocumentsMedia/CC_251_ENG.pdf.

④ Final Act of the Energy Charter Conference with Respect to the Energy Charter Protocol on Transit (Preliminary Draft), Art. 10 bis, Energy Charter Secretariat (Jan. 22, 2010) (Last informal version of the draft Transit Protocol as it emerged from consultations among the member states of the Energy Charter Treaty), available at http://www.energycharter.org/fileadmin/DocumentsMedia/TTG_87_ENG.pdf.

⑤ Andrey A. Konoplyanik, *Gas Transit in Eurasia: Transit Issues between Russia and the European Union and the Role of the Energy Charter*, 27 (3) Journal of Energy and Natural Resources Law 445, 477 (2009).

⑥ Andrey A. Konoplyanik, Gas Transit in Eurasia: Transit Issues between Russia and the European Union and the Role of the Energy Charter, 27 (3) Journal of Energy and Natural Resources Law 445, 477 (2009).

⑦ Lothar Ehring & Yulia Selivanova, *Energy Transit*, *in* Regulation of Energy in International Trade Law 49, 97-8 (Yulia Selivanova ed., Wolters Kluwer Law International, 2011).

定，并且原来第十条第三款关于“费用应当基于运行和投资成本，包括一定合理比例的回报”的规定要进行相应的修改。

第十条（二）规定，拥塞管理机制，包括先到先得（first come first served），按比例分配（pro rata）或者拍卖，[①] 而且只能用于相关能源运输设施的拥塞点或者段的可用容量分配，以过境费用的形式实施，并且在潜在的想要得到可用容量的用户间以公平、透明和非歧视的方式实施。缔约方应当以与本议定书和 ECT 相关规定相符的方式，确保采取所有合理措施来降低拥塞以及使用相关联的拥塞管理机制。

为了防止缔约方为了增加过境收入，故意延长拥塞时间段，形成恶性循环，该条要求在特定的拥塞点或者段超过了合理时间后，缔约方不应允许与此拥塞有关的拍卖，在决定“合理时间”的时候，要考虑：（1）缓解相关拥塞所采取的措施的程度；（2）这些措施的经济成本和利益；（3）可以将这些措施正当化的环境或者其他可持续性的措施。

如果持续的或者重复的使用拥塞管理机制并且拍卖使得过境费用明显地超出了第十条第三款的要求，超出部分的收入应当用于减少或者降低目前或者可预见的拥塞，包括，在适当的时候，采取措施维护或者恢复物理运行容量，如果这部分费用没有在本议定书第十条第三款规定的过境费用中包括的话。[②]

二、可用容量利用

可用容量的利用（第八条）是《过境议定书》（草案）的核心条款之一。每个缔约方应当确保在其管辖范围内的能源运输设施（Energy Transport Facili-

---

① 先到先得指依照收到能源运输设备的所有者或者运营者真实善意地容量请求的日期顺序来分配容量。按比例申请只根据潜在用户对于运输量的真实善意请求按照比例将可用容量分配给他们。对于容量的请求只有在关于传输量，持续时间以及请求容量的商业价值做出的可信的承诺之支持才能被认为真实善意。

② Final Act of the Energy Charter Conference with Respect to the Energy Charter Protocol on Transit (Draft), art. 10 bis, Energy Charter Secretariat (Oct. 31, 2003) (Last formal version of the draft Transit Protocol as discussed by the Charter Conference in 2003), *available at* http: //www. energycharter. org/fileadmin/DocumentsMedia/CC_ 251_ ENG. pdf.

ties，ETF）的所有人或者运营者真诚善意地与任何其他缔约方或者缔约方的实体就过境的可用容量的准入请求进行谈判。俄罗斯还提出，缔约方可以选择创设一套能源运输设施准入规制体系，其中包括过境的目的，并且在任何情况下，申请的程序应当透明，并且不能基于原产地、目的地或者能源材料和产品的所有权歧视，并且不应以任何方式减少本议定书所规定的能源运输设施准入权。缔约方应当确保所有人或者运营者在完全或者部分拒绝准入和使用可用过境容量时，应当有义务提供一个充分的实质性的解释。①

但是，每个缔约方有权拒绝任何缔约方的实体在第八条下的利益，如果行使拒绝之缔约方证明这一缔约方的实体为第三国的实体所有或者直接或间接的被其控制，而对于第三国，行使拒绝之缔约方：（a）没有外交关系；或者（b）采取或者保持着以下措施：（i）禁止和该国的实体进行交易；或者（ii）如果本条的利益给予了该国的实体，会被违反或者规避。

关于第八条可用容量利用，争议最大的是长期容量预定和容量不足时新设过境基础设施的条件，关于这个问题，也有人称作合同错配。在能源领域，供给合同的期限常常有二十五年甚至更长。保证供应商对相关运输容量的准入对于现有供给合同之履行至关重要。② 如果过境安排的期限比这个短，会面临因为没有过境合同而造成影响供给的风险。在2003年版的草案中，第八条第四款要求："当过境协定约定的与碳氢化合物的过境期间与供应合同的期间不吻合的时候，碳氢化合物过境经过的缔约方应当确保在其管辖范围内能源运输设施的所有人或者运营者，在就可用容量的准入进行谈判的时候要考虑诚实善意并且在竞争条件下考虑这一过境协定的更新。"而且该款明确指出："这意味着现有的过境协定面临到期的用户应当被给予不优于也不差于当时的其他潜在用户，除了现有的用户应当被给予第一个去接受关于可用容量的新的过境协定开出的条件的机会。"这意味着现有的用户有优先权在过境容量向其他人放开之前来更新过境协定。也就是所谓的优先购买权（Right of First

---

① Id.，art. 8.

② Andrey A. Konoplyanik, *Gas Transit in Eurasia: Transit Issues between Russia and the European Union and the Role of the Energy Charter*, 27 (3) Journal of Energy and Natural Resources Law 445, 469 (2009).

Refusal)。[①]

但是，俄罗斯认为这个第四款的规定还不够好，因此在2008年提出了对于该款的修改，对提出请求方和被请求方的权利义务进行了更为详细的规定，并分为现有容量足以满足供给和不足以满足供给两种情况进行了相关规定。当现有容量不足以满足过境请求时，还对进行新的投资的条件以及新增容量的分配进行了规定。这一修改并未取得缔约方一致同意。[②]

需要指出的是，第四款的相关规定明确指出了其适用范围为“碳氢化合物”的过境，也就是说，对于电力的过境，这一款规定并不适用。因此笔者在这里不再展开讨论。

三、在欧盟内的实施

ECT过境条款下的义务适用于欧盟以及其成员国个体，因为后者也是ECT的缔约方。这种双重批准产生了一个问题，那就是ECT在欧盟内的适用。对于这个问题，关键在于“过境”的定义是否仅仅适用于穿过整个作为单一区域性经济一体化组织的欧盟地区的行为，还是也包括穿过一个欧盟成员国，在后一种情况下，当产品原产地和目的地都在欧盟内部时，过境纪律也适用。

《过境议定书》（草案）第二十条包含了一个所谓的区域经济一体化组织条款（REIO-clause），在该条下，过境议定书的条款不适用于欧盟成员国，而只适用于欧盟本身。换言之，穿过欧盟成员国的运输不构成过境，如果欧盟是该能源产品的发源地或者目的地的话。这和GATT 1994第五条的规定相背离了，考虑到不仅欧盟，而且其成员国也是WTO成员。欧盟的成员要完全受GATT 1994第五条的规定的约束，这一状况不太可能改变，因为，首先在

---

① Andrey A. Konoplyanik, The Energy Charter Treaty and Transit Protocol and Related Issues, Workshop on “OPEC and Energy Charter Treaty” (Vienna: OPEC Secretariat, Jan. 23, 2003), available at http://konoplyanik.ru/speeches/2-E-Vienna-23.01.pdf.

② Final Act of the Energy Charter Conference with Respect to the Energy Charter Protocol on Transit (Draft), art. 8.4, Energy Charter Secretariat (Oct. 31, 2003) (Last formal version of the draft Transit Protocol as discussed by the Charter Conference in 2003), *available at* http://www.energycharter.org/fileadmin/DocumentsMedia/CC_251_ENG.pdf.

可预见的将来，成员方不太可能退出WTO；其次，其他的WTO成员方不会同意因为部分成员组成了区域一体化组织就减少其在第五条下承担的义务。ECT还包括了区域一体化协定的例外（第二十五条），但是这一例外明确的只适用于最惠国待遇义务。

过境议定书在欧盟内的适用是俄罗斯和欧盟之间分歧的焦点。① REIO-clause会减少过境议定书对欧盟的适用。遭到了俄罗斯的反对，俄罗斯强调过境议定书的标准在欧盟成员国个体国家的过境中适用的重要性。

对于欧盟，REIO-clause似乎是必不可少的。在欧盟内部，货物的自由移动是一种宪法性权利。② 对整个欧盟领域的能源流动适用。但欧盟还有专门针对能源的立法来促进欧盟能源市场的一体化。③ 整个欧盟应当在能源产品和材料的自由移动中保持相同的步调，而不是限制在二十八个单独的领土上。对于过境自由的保证不应当导致将欧盟的内部市场划分为众多的国内市场。④ 因此在这个问题上，欧盟也不太可能妥协。

四、《过境议定书》（草案）中的其他内容

《过境议定书》（草案）第十条规定了过境费用问题，这常常是能源过境中最有争议的问题。过境费用必须“客观，合理，透明，并且……不得基于原产地，目的地或者所有权而对其进行歧视”。每一缔约方应当保证过境费用和其他条件不被市场扭曲所影响，特别是用于过境的能源运输设施的任何一

① Andrey A. Konoplyanik, A Common Russia-EU Energy Space: The New EU-Russia Partnership Agreement, Acquis Communautaire and the Energy Charter, 27 (2) J. Energy & Nat. Resources L. 258, 280 (2009).

② Treaty on the Functioning of the European Union (TFEU), art. 26. 2: “The internal market shall comprise an area without internal frontiers in which the free movement of goods, persons, services and capital is ensured in accordance with the provisions of the Treaties.”

③ 根据TFEU第四条第二款（i），“能源”被明确列为欧盟和成员国共享权能的领域。在能源领域，欧盟也历经三次内部能源市场改革，出台过一系列的立法文件。例如：Directive 2009/72/EC of the European Parliament and of the Council of 13 July 2009 Concerning Common Rules for the Internal Market in Electricity and Repealing Directive 2003/54/EC, 2009 O. J. (L. 211) 55, 80。

④ Lothar Ehring & Yulia Selivanova, *Energy Transit*, *in* Regulation of Energy in International Trade Law 49, 99-100 (Yulia Selivanova ed., Wolters Kluwer Law International, 2011).

个所有者或者运营者滥用市场支配地位所导致的扭曲。过境费用应当基于运行和投资成本，包括一定合理比例的回报。在这些前提下，过境费用可以通过合适的方式确定，包括规定，商业谈判或者拥塞管理机制。①

《过境议定书》（草案）还对能源过境运输设施的建设，扩建等作出了具体的规定。要求缔约国应当就其境内的能源运输设施的建设、扩建、延长、重建以及运营制定授权程序或者立法，授权程序或者立法应当客观、透明并且不因能源材料和产品的原产国，目的地和所有权而对其歧视，并且应当不低于那些与建设、扩建、延长以及重建缔约方领土内用于国内能源材料和产品运输的能源运输设施有关的措施（在不损害第十条规定的前提下）。而且被申请方应当在合理的时间内以书面形式回复，并且应当确保其决定是公平，透明，基于客观的考虑，且不以能源材料和产品的所有权，原产地或者目的地为基础对其歧视。②

为了保障过境的顺利进行，《过境议定书》（草案）要求每个缔约方应当确保其用于过境的能源运输设施所有权人以及运营方采取必要措施将对过境的意外干扰、减少或者停止的风险降到最低，并且迅速地恢复被意外干扰、减少或者停止之过境的正常运行。缔约方应当立即通知任何其他与过境的意外干扰、减少或者停止有关的缔约方并告知原因；并且他们应当就什么时候过境能够被恢复提供一个实际的评估。③

为了保护过境国家的利益，《过境议定书》（草案）要求缔约方要确保他们的过境能源实体所有者不能拒绝本着诚实善意就过境国能源的供给进行谈判。如果这样的谈判失败了，过境国不能够干扰或者减少过境或者阻止可用过境容量的准入。④ 第六条明确禁止过境国未经授权获取过境的能源材料和

---

① Final Act of the Energy Charter Conference with Respect to the Energy Charter Protocol on Transit (Draft), art. 10, Energy Charter Secretariat (Oct. 31, 2003) (Last formal version of the draft Transit Protocol as discussed by the Charter Conference in 2003), *available at* http://www.energycharter.org/fileadmin/DocumentsMedia/CC_ 251_ ENG.pdf.

② Id., art. 9.

③ Id., art. 16.

④ Id., art. 15.

产品。①

同时，缔约方应当采取适当措施确保能源运输设施的建设、扩建、延长、重建、运营和维护以有成本效益的方式将对环境有害的影响降到最低。并确保他们的国内法规定有效的非歧视的责任制度来救济由过境能源材料和产品以及用于过境的能源运输设施引起的损害。②《过境议定书》（草案）还对技术和其他标准③、会计标准④、计量⑤等技术性问题进行了规定。

第五节　本章小结

过境问题的国际法保障最初来自于联合国下一系列关于海洋法的规定，主要是为了保障内陆国过境沿岸国进入海洋，本章首先介绍了在联合国机制下对于过境自由的规定；接着笔者介绍了 WTO 体制下 GATT 1994 包含的过境自由条款，但是该条款是否包含通过固定基础设施（如电网、油气管线等）的过境，是存在争议的，新的《贸易便利化协定》也并未对此作出澄清；目前，只有 ECT 的过境条款明确适用于电力过境，并且该条是 ECT 最有特色的条款之一，对于电力过境规则具有重要意义。笔者从 ECT 关于过境的定义，ECT 下的过境自由规定以及关于非歧视规定的争议三个主要方面分析了 ECT 的过境制度。但是单单一条的内容对于复杂的电力和油气等过境问题来说远远不够，因此 ECT 在 2000 年启动了《过境议定书》的谈判，希望在 ECT 的基础上专门制定一个关于过境的细则，笔者分析了导致该议定书迟迟未获通过的三个主要因素，即拥塞管理、过境容量分配以及议定书在欧盟内部的适用等关键问题。

---

① Id. , art. 6.

② Id. , art. 7.

③ Id. , art. 12.

④ Id. , art. 13.

⑤ Id. , art. 14.

第五章　跨境电力贸易国际规制合作

跨境电力贸易中存在着诸多区别于普通商品贸易的问题，本书第二章、第三章、第四章对其中最为突出的和最具理论性的法律问题进行了剖析。例如：可再生能源电力大规模入网的需求越来越强，为了促进可再生能源电力发展而采取的措施对于化石能源电力是否造成歧视，是否违反国民待遇；在跨境电力贸易中，输配电网的第三方准入，国家出于争取均等的贸易机会以及环境保护等目的而对电力出口国的互惠要求，国营贸易，公共服务问题所带来的潜在的隐性市场壁垒；以及公平、透明、可靠的电力过境保障机制的建立等。从前面的分析中可以看出，虽然现有的多边贸易机制能够对这些问题进行一定程度的回应，但是却显得应对不足。并且跨境电力贸易的法律问题不限于此，譬如还有很多非常具体的技术性问题需要有明确的指导规则，在这些问题上，多边贸易体制就更加缺乏专业性和针对性了。

目前的多边贸易体制大多建立于二十世纪末，在当时，跨境电力贸易的法律保障问题并没有获得太多的关注，随着跨境电力贸易的重要性日渐凸显，以及跨境电力贸易本身具有的特殊性，需要有专门机制对其进行规制。由于电力客观上事关国民经济稳定与安全，不论是发展中国家还是发达国家，都对电力行业进行严格管制，并且都不会轻易地让渡自己对于电力市场的规制权，也不会轻易通过国际条约对自己的规制行为进行约束。在这种情况下，单纯通过传统意义上的正式国际谈判、达成条约或者协定来协调电力领域的问题就变得难度极大。

笔者认为，国际规制合作（International Regulatory Co-operation）是解决这一问题的更好手段和方式，因为规制合作更为灵活，方式也更加多样化，更加适应跨境电力贸易规制的特点。需要指出的是，本章的内容并不仅仅针对第二章、第三章、第四章所剖析的三大块问题，而是从更为广泛的意义上，提出进行跨境电力贸易规则构建可以选择的路径和方法。

第一节　国际规制合作与跨境电力贸易

一、跨境电力贸易规制存在的问题

在上文关于国民待遇、市场准入以及电力过境等问题的阐述中可以发现，现有的普遍性贸易规则虽然可以用来分析跨境电力贸易的问题，但是由于电力贸易本身的特殊性，用原有的规则来解决电力贸易问题，会给电力贸易政策的合法性判断带来很大的不确定性；并且电力贸易中很多特殊的问题在普遍性多边贸易体制中并没有相应的解决措施。这就需要就跨境电力贸易的规则构建进行重新思考。

在很长一段时间里，潜在的电力交易国和私人贸易商似乎都不太关心现有的多边贸易规则对电力贸易的影响。这有历史上的原因，因为没有足够的跨境电网以及大的连接多国的电网。只要没有物理基础设施，电力贸易的规则就缺乏相关性。更重要的是，只要电力贸易限于国家常常是国有垄断企业之间，这种交易的条款是建立在双方协商的基础上的，那么就没有必要依赖于 GATT 或者其他贸易协定条款。即便在那些存在双边贸易条约的国家之间也存在这一现象。能源垄断企业以及他们的监管机关倾向于对贸易问题以“一事一议”的方式作出决定，而不是依据一般性贸易协定规则来处理。[①]

总体来说，在 WTO 体制下，并没有对于电力贸易的专门规定；ECT 作为能源领域唯一一个专门性国际条约，对于电力贸易有重要意义，但是 ECT 关于贸易的规定基本上是基于 WTO 规则的，而且迫于大的能源企业的压力，对于电力市场的第三方准入没有进行规定。并且当时环境与可持续发展问题并

① Energy Charter Secretariat, *Regional Electricity Markets in the ECT Area* 87 (Oct. 2003).

没有现在这么突出，对于可再生能源电力的问题亦没有相关规定。虽然其中关于过境问题的条款是目前电力过境方面最为直接的规定，但是在很多关键问题上缺乏可操作性规定。

二、用国际规制合作的方法构建跨境电力贸易规制体制的原因

基于对跨境电力贸易制度存在的各种问题，以及电力贸易和电力行业的独特性分析，笔者认为，国际规制合作是解决这一问题的更好手段和方式，因为规制合作就是为了解决国家间的规制协调问题，比传统上单一的正式多边协议的方式更加适合电力贸易的特点，形式更为灵活，方式也更加多样化。

（一）国际规制合作适合于电力贸易自身的特征

对于国际规制合作，目前并没有国际公认的统一定义。OECD 将规制合作定义为国家间的（包括以双边、区域或者多边的模式）、以支持不同规则的收敛和统一为出发点的任何正式或者非正式的协定或者有组织性的安排，旨在促进规制的设计、监督、执行或事后管理。需要注意的是，国际规制合作并不限于严格的国际法律义务，它同样包括没有约束力的协定和自愿性的措施。也不限于规制治理过程中的制度设计阶段，它可能存在于监督或执行过程中，或者存在于整个规制治理过程中。

就范围而言，规制合作包括正式或者非正式的双边和多边合作。例如，建立规制合作理事会，进行信息交换，建立互信、加强相互理解等。培训和技术协助也是一种合作形式。

就场合而言，规制合作发生在不同的场合，包括在业已建立的多边性国际组织中，以及在区域性贸易协定之下，[①] 抑或在正式的国际机构之外。规制合作同样也可以产生于国际标准化组织制定、发展国际标准的多边过程之中。另一种合作形式是自发形成的政府间网络，如两个或者多个国家的规制机关达成的协定，该举措也有可能发展为拥有更多成员的多边安排。

就实施的机制而言，正式的规制合作机制包括但不限于规制联盟、给予

① See Anne-Marie Slaughter, Global Governance Networks, Global Information Agencies and Disaggregated Democracy, 24 Mich. J. Int'l L. 1041 (2003).

同等效力或者互认，规制收敛和协调。前述机制一般要求有某种形式的机构或者程序性框架，包括不同政府及其部门，以及股东和公众间的非正式网络，使之得以共同建立规则制定与执行的完整体系。① 在此情形下，不同国家“功能类似”的规制部门会促进规制合作，而法律体系、规制方法和国家基础设施方面的相似性同样也很重要。故有人认为，国内规制实施良好的国家，能够更好地参与到国际的规制合作中。②

就规制合作的愿景和情形而言，特定行为的愿景可能会依参与国所处的情形不同而不同。例如：对于以强大经济纽带联接的两个主要贸易伙伴，它们之间的规制合作可能会希望进行全面的协调；而对于两个规制体系非常不同的国家，它们对规制合作可能只有较低的预期，如仅仅为贸易便利而增加互信和相互理解等。

但是，无论形式和程度多么不同，规制合作有一个共同特征，即这是一个前瞻性的过程，目的在于尽早发现潜在的规制摩擦，以便在国家立法和特定措施将规制确定下来之前，避免潜在的、不必要的规制差异。一旦特定措施生效，往往为时已晚。总之，有效的合作应当是国家间的一种预防性贸易考虑。③

由于电力所具有的战略性意义，各国均在国内法中对电力行业进行高度管制，虽然近些年逐渐出现了去规制化的趋势，但是对于电力的输配仍然保持着垄断地位。国家不会轻易通过国际条约来让渡自己的规制权力，让关涉国计民生的领域受制于具有强制力的国际条约约束。因此想要通过世界贸易组织一揽子谈判的多边模式来解决电力贸易的问题几乎不可能。而国际规制合作强调自下而上的协调和治理，从机制上，可以通过更为灵活的正式抑或非正式机构进行，从模式上，可以体现为标准的互认，不具有约束力的技术

---

① Scott H. Jacobs, Regulatory Cooperation for an Interdependent World: Issues for Government, in Regulatory Cooperation for an Interdependent World (OECD, Paris, 1994).

② Lcs Mctcalfe, The weakest Links: Building Organizational Networks for Multi-Level Regulation, in Regulatory Cooperation for an Interdependent World (OECD, Paris, 1994).

③ Regulatory Cooperation Between Members, 6-7, Background Note by the Secretariat, G/TBT/W/340 (Sept. 7, 2011).

性指南等。针对电力贸易中不同问题的特征，从多种渠道寻求更加切合实际的解决方法。近年来，国际规制合作的性质呈现出两个重要的变迁：一是作为规制主体的国家和非国家实体的多样化，以及私人规制的兴起；二是从完全的规则协调转变到更加灵活的规制合作机制上，不仅为解决规则的一致性问题，更注重它们的实施。[①]（对于这两点，下面将进行详细阐述）。

（二）国际规制合作机制的灵活性

在合作机制上，国际规制合作越来越体现为国家和拥有规制权的非国家实体组成的多样化规制主体，反映了传统规制的国家模式的变化，以及私人规制的兴起。

1. 从单一模式到多重模式的规制转变

现代国家由许多不同部门构成——包括不同层级的政府和公共机构。它们成为了重要的规制主体，正在挑战着二十世纪以来的传统国际合作模式，后者以政府在国际组织和多边条约中作为国家的代表为基础。[②] 而前述新的规制主体则相反。它们并不是国家的核心，且直接与国外同行合作，构成了 Slaughter 和 Raustalia 所称的规制者的“政府间网络”，[③] 并在有限的范围内或以非直接的方式接受着中央政府的监督。

功能运作相似的规制国家的兴起，促进了政府间网络的兴起，使一国的规制者在另一国能找到职能类似的规制者进行讨论。信息技术的进步使通讯更为容易和快捷，这也极大地支持了规制网络的形成。

政府间网络包含不同国家处于相同级别的规制者之间的平行合作。在 OECD 的调查问卷中，各国的反馈显示：规制权分散于各级政府和公共部门及机构。总的来说，规制合作并不单是中央政府中某一个部门的责任。它常常是主管部门和/或者公共机构在各自管辖领域的职责。

---

① OECD, International Regulatory Co-operation: Addressing Global Challenges 54 (OECD Publishing, 2013), available at http://www.oecd-ilibrary.org/governance/international-regulatory-co-operation_9789264200463-en.

② Kal Raustiala, The Architecture of International Cooperation: Transgovernmental Networks and the Future of International Law, 43 (1) Virginia Journal of International Law Association (2002).

③ Ibid.; Anne-Marie Slaughter, The Real New World Order, 76 (5) Foreign Affairs, 183-197 (1997).

2. 跨境私人规制的角色越来越重要

随着市场和规制任务的日益国际化，出现了私人国际规制的形式，且一直在激增，从而替代传统的政府间规制合作形式。这一趋势旨在应对政府层面合作出现的下列问题：标准设定和执行之间的不一致难以协调，行政和司法执行的分歧，以及信息不对称等，它们使得单纯的公共性规制合作已不足以解决问题。对跨境私人规制的实例研究显示，这一新型规制模式的兴起和发展取决于以下四个因素：

第一，若干商品及服务的生产超越了国界。国内立法已不太容易直接进行规制。这在国际性产品涉及森林采伐和减排问题时尤为突出。

第二，全球价值链延伸到了法治尚未健全的国家。导致契约性治理取代了国内公共机构的职能。

第三，市场的快速发展变化和高科技信息需要规制，特别是涉及高科技和知识密集型活动之际。这使得决策者必须依赖于私人主体，至少在技术规格的概念方面是如此。

第四，在许多政策问题上，私人主体的专业知识至关重要。它们是最了解情况的主体，是处于最佳位置解决问题或者控制有必要资源的主体。[①]

就体制而言，跨境私人规制（Transnational Private Pegulation，下称 TPR）在组成、任务、地理范围、治理结构和规制功能等方面差别巨大。TPR 体制下产生的最普遍的规制结果，是行为规范、指导意见、商事合同、产业标准和社会或者环境标准。对 TPR 的案例研究显示，TPR 有两个主要工具：组织和合同。TPR 的组织可以有各种形式，如协会、营利性或者非营利性基金会等。作为组织，最重要的作用是规制成员的行为，但也可能会影响到第三方。

而 TPR 的另一工具——商事合同，作为对传统行为规范和指导意见的补

① OECD，International Regulatory Co-operation：Addressing Global Challenges 54-61，65（OECD Publishing，2013），available athttp：//www. oecd-ilibrary. org/governance/international-regulatory-co-operation_ 9789264200463-en.

充，越来越多地用以确保当事人在整个跨境供应链中都遵守相关规定。[①] 这一特征反映出供应链作为规制手段的使用日益频繁。典型例子如英国领先的服装零售商 Marks and Spencers，要求其供应商中的前 100 个工厂减少 10%的能源消耗。

溯本清源，跨境私人规制始于对特定产业部门的规制，如环境、私人安全服务、金融市场、技术标准和电子商务等领域。而近期以来，出现了各种 TPR 机制的合并，私人元规制者（Meta-Private Regulators）开始出现，并出台了适用于多个领域的普遍性规则。典型的例子是 ISO 最近发布的“伞形”标准，把之前的标准归入到了一个共同的框架下（如 ISO 2600 社会责任标准）。合并合作机制这一趋势，是多种因素影响的结果，主要体现为一系列需求，包括解决机制激增的问题，避免不同机制之间的冲突，通过标准化来提高质量和效率，降低成本，提高执行和遵守度等。

“治理在私人化的同时国际化”——这一点充分体现在国际私人标准化机构不断获得规制授权的事实上。技术标准机构可以是公共的，也可以是私人性质的。它们的数量庞大，通常侧重于某一特定领域并占据垄断地位。在这些机构中，规模较大、历史较长并具有国际性的包括：国际标准化组织（ISO），国际电信联盟（ITU），国际电工委员会（IEC），万维网联盟（W3C）和食品规范委员会，以及国际会计准则委员会（IASB）等。

具体而言，IASB 发布的国际金融报告标准（IFRS），是对公司金融信息进行记账和报告的国际通用标准。ISO 和 IEC 制定的标准，占所有国际产品标准的 85%。ISO 又和 ITU 以及 IEC 形成了国际标准合作联盟（World Standards Cooperation Alliance）——一个以加强自愿标准设定体制为目标的合作机制。此外，许多区域性技术标准制定者在特定地区从事技术标准的协调工作，如欧洲标准化委员会（CEN）、泛美标准委员会（COPANT），以及非洲标准化组织（ARSO）。

---

① Fabrizio Cafaggi, The Regulatory Function of Transnational Commercial Contracts: New architectures (Aug. 26, 2012), available at SSRN: https://ssrn.com/abstract=2136632 or http://dx.doi.org/10.2139/ssrn.2136632.

应当指出，在WTO体制内，标准化机构的重要性已被《TBT协定》所明文确立。该协定第2.4条规定，如有现行的或即将出台的国际标准，WTO成员应采用这些国际标准，作为其技术规制的基础。[①]

（三）国际规制合作模式的多样性

这些年来，有关规制合作模式的争论一直在持续，特别涉及从完全的规制“协调”（包括规则的统一化）到更加灵活的选择，后者被认为是对国家利益的尊重，并且达成共同规则的成本更低。这一转变在一定程度上是对现实困境的回应，即法律上的限制和缺乏灵活性，影响了规制者以某种方式修改规制的能力。

同时，这一转变也可归结于对下列情形的认知：在规制上缺乏一致性，既是源于规范和标准本身的多样性，也是源于其具体适用的情况。特别是，即便两个国家采取的是共同的标准，他们在遵守和确认该标准时也会存在不同。如加拿大-美国规制合作理事会（Canada-U.S. Regulatory Cooperation Council）就是一例，其目标在于改变规制的管理，而不是协调，后者被认为更加费时和困难，也常常要求立法上的改变。

1. 互认协议（MRAs）的发展及其他保有国家规制权的手段

由于意识到欧盟的过度协调导致协调的具体执行实施很差，欧盟理事会在1985年出台了“技术协调和标准化新路径”，将当时欧洲共同体的规制限于必要的安全和健康要求。而欧洲委员会在同年发布了《完成内部市场》（Completing the Internal Market）这一白皮书，主张应区别哪些是必须进行协调的事项，哪些事项只要互相承认对方国的法律有关健康和安全的基本要求就足够了（这是基于一个假设，即每个国家立法要求都是“平等的”）。

正如Schmidt和Nicolaidis等的分析，MRAs实现了责任的跨政府分配，却几乎不会对共同的规则和程序达成协议，因为是依赖于不同成员国的能力去规制和执行规则。MRAs的核心在于：承认国家通过不同的规制能够实现相同

① OECD, International Regulatory Co-operation: Addressing Global Challenges 61-67 (OECD Publishing, 2013), *available at* http://www.oecd-ilibrary.org/governance/international-regulatory-co-operation_9789264200463-en.

的目的，换言之，“不是通过达成共同的规则而废止国家设定规则的能力，而是同意互相承认产品、培训认证，服务标准或者认证，它们都各自基于平等的国内规则。”由此，MRAs保有了各国的规制主权和国家民主责任。同时，MRAs也未必就是一个容易的或低成本的选择，特别应意识到，与之相伴随的是不同的国家规则，从而可能产生重要的交易成本。①

2. 软法和信息合作的支持作用

越来越多的国家诉诸软法和信息对话，这一趋势也体现于诸多政府间组织（IGOs）在支持规制合作过程中日益重要的作用上。其中角色最重要的是OECD，尤其涉及软法。

OECD理事会发布的文件，包括对成员国具有约束力的决定（通过时提出保留者除外），以及没有约束力的建议。截至2012年末，在OECD发布的249个文件中，有28个是决议，170个是建议，还有51个为其他种类的文件，例如宣言。和其他政府间组织一样，OECD通过为决策者提供会见平台、制定标准、发布指导意见和其他指引等方式，促进国家间的规制合作。

在许多情况下，规制者在国际层面非正式的活动（如对话等），作为对正式活动的补充，不仅有助于建立信任，而且为更加机制化的合作活动打下坚实的基础（尽管信息共享可能为法律或其他障碍所妨碍）。规制者通过与利益相关方（如研究人员、产业代表和消费者群体）进行接触来解决问题，正是信息对话的写照。

3. 支持性国际机构的设立

随着国际规制合作的深入发展，越来越多的区域性和/或者国际性机构应运而生，它们或多或少都有一定的规制权。设立这些机构是为了适应规制合作新发展的需要，因为它们提供了一个对话平台，以服务于正在进行和将要进行的合作。当然，这些机构可能只是被赋予了管理规制网络的职能，以便

① Kalypso Nicolaidis and Gregory Shaffer, Managed Mutual Recognition Regimes: Governance Without Global Government, Univ. of Wisconsin Legal Studies Research Paper No. 1007 (2005), available at https://papers.ssrn.com/sol3/papers.cfm?abstract_id=723150.

促进讨论，或者被赋予了制定规则或软法的一定权利（通常要以一致同意为基础）。[①]

国际规制合作机制的多样性和灵活性契合了电力贸易规制的特点，因此是电力贸易规制的可选路径。但是值得注意的是，每个电力市场有自身的特点，很难有统一的解决方案。笔者在下文中结合国际上现有的跨境电力贸易案例的实际情况，从跨境电力贸易国际规制合作的机构和制度两个大的方面，对每一种可选模式进行了分析，为实践中按需选取不同的模式或者结合多种模式进行跨境贸易规则构建提供参考。

第二节　跨境电力贸易国际规制合作的机构

一、通过超国家的或联合性的机构实现一体化或者协调化

一国的规制权限为超国家的立法和机构留下了余地。以欧盟为例，其因规制和经济一体化的深度和广度成为和谐化的典型例证。鉴于欧盟以规制为典型特点，一些学者甚至称其为“规制国家”[②]。在规定欧盟职能的相关条约中，成员国将自己的部分主权让渡出来，使欧盟各机构有权进行立法，由此产生的法律（法规、指令和决定）优先于国内法，并对国内权力机构具有约束力。在此，欧盟享有特定的、超国家机构的支撑（如：欧洲委员会，欧洲议会和欧洲法院）。而基于联合性的机构所实现的一体化，典型者如北欧合作协定和比荷卢经济同盟等。

即便在欧盟，当本欲完全协调成员国在某一政策领域的规制陷入僵局，成员国不禁意识到：有时完全的协调代价太大，以至于本来想要解决的市场失灵问题已不成比例。成员国由此不得不采取如下方法：只局限在协调“必

① OECD, International Regulatory Co-operation: Addressing Global Challenges 61-64 (OECD Publishing, 2013), *available at* http: //www.oecd-ilibrary.org/governance/international-regulatory-co-operation_9789264200463-en.

② Giandomenico Majone, Regulating Europe (J. Richardson ed., Routledge, New York, 1996).

要要求”（essential requirement）。对于未落入“必要要求”的领域，欧盟的规制合作机制基本上都采取“互认协定”的方式。（见下文的“互认协议”（Mutual Recognized Agreements）部分）①

在能源领域，欧盟提出了建立一个完全一体化的内部能源市场（A fully-integrated internal energy market），在这个一体化市场中，能源应该能够在整个欧盟内部自由流动，没有任何的技术或者规制障碍。只有这样，能源提供方才能够自由竞争，以最优的价格供给能源，欧盟也才能完全实现其可再生能源的潜力。具体到电力领域，欧盟提出，投资建设连接各国的电力基础设施以增强能源流动，提高能源安全，减少对于进口能源的依赖，也为可再生能源的输送准备传输网络。其具体目标是要在2020年，每个成员国的电力容量中的10%要来自国与国互联的电力容量。而且欧洲议会还认为，有必要继续努力，在2030年将这一比例提高到15%。②

欧盟在能源市场方面的历史可以追溯到其形成初期，1952年煤钢共同体和1957年的欧洲原子能共同体。但是，能源市场历史上都是在各国国内或者地区层面运作的公有制垄断企业。即便有电力的跨境贸易，也仅仅限于高压电网的所有人之间的批发交易，根据二十世纪五十年代建立的一个行业协会的规则进行管理。③

在二十世纪八十年代中期，欧盟委员会在很多市场采纳了自由化和独立规制的政策，包括能源市场，来促进单日市场议程。还决定促进内部跨境能源市场的发展。这些原则被规定在了1987年通过的《单一欧洲法案》（the Single European Act）中。

---

① OECD, International Regulatory Co-operation: Addressing Global Challenges 25-7 (OECD Publishing, 2013), *available at* http://www.oecd-ilibrary.org/governance/international-regulatory-co-operation_9789264200463-en.

② Helping Energy Cross Borders, European Commission (Feb. 25, 2015), https://ec.europa.eu/commission/priorities/energy-union-and-climate/fully-integrated-internal-energy-market/helping-energy-cross-borders_en.

③ 电力传输协调联盟（Union for the Co-ordination of Transmission of Electricity），建立于1951年。Jorge Vasconcelos, Towards the Internal Energy Market: How to Bridge a Regulatory Gap and Build a Regulatory Framework, 1 (1) European Review of Energy Markets (2005).

在欧盟内部，能源市场私有化和自由化在二十世纪八十年代的英国出现了，但是在不同成员国之间以很不相同的步调在发展。1989 年英国建立了第一个独立的规制机构（电力管制办公室，Office of Electricity Regulation，下称 OFFER），之后北欧国家随后也有了。在 1994 年，已经有七个成员国建立了独立规制机构。①

能源领域的自由化进程遭到了许多成员国的反对。但是那些不愿意进行能源市场自由化，或者不愿意将权利让渡给欧盟的国家，认为能源是一个事关地缘政治和经济大局的关键性部门，并且是一项重要的公共服务。② 因此在许多国家，自由化遭到了政府和强大的企业联合体的抵制。不同于电信行业，技术的升级和全球竞争对于国家层面的能源政策的冲击力并不大。③

然而在 1996 年，欧盟委员会成功地谈成了两个旨在确保各国能源市场自由化的指令。包括适用于垂直一体化企业的最低分拆要求，最低适格用户门槛，以及网络准入机制。但是，尽管这些措施刺激了大部分成员国的自由化改革，它们在一些关键问题上给了成员国很大的自由裁量权，例如垂直一体化企业的分拆问题，导致各国的立场参差不齐。④ 另外，指令对跨境能源贸易或者多国能源市场的一体化几乎没有提供指引。⑤

它们没有确保每个成员国国内的自由化和规制条款与其他成员国相应条款的兼容性。同时行业所有权结构的发展导致了在有些情况下泛欧洲能源公司的发展，它们实质上是在国家的监管框架之内运作的。作为一个一直致力

---

① 英国，匈牙利，芬兰，瑞典，西班牙，葡萄牙和意大利。

② Stephen Padgett, Energy Co-operation in the Wider Europe: Institutionalizing Interdependence, 49 (5) Journal of Common Markets Studies, 1065-1087 (2011), available at https://papers.ssrn.com/sol3/papers.cfm?abstract_id=1897963.

③ Ian Bartle, Globalisation and EU Policy-Making: The Neo-Liberal Transformation of Telecommunications and Electricity (Manchester University Press, Manchester, 2005).

④ Leigh Hancher, Delimitation of Energy Law Jurisdiction: The EU and Its Member States: From Organisational to Regulatory Conflicts, 16 J. Energy & Nat. Resources L. 42 (1998).

⑤ Julia Black, European Union energy regulation, in International Regulatory Co-operation: Case Studies, Vol. 2: Canada-US Co-operation, EU Energy Regulation, Risk Assessment and Banking Supervision, 21, 27-8 (OECD Publishing, 2013), available at http://www.oecd-ilibrary.org/docserver/download/4213161e.pdf?expires=1483371287&id=id&accname=ocid56013776&checksum=96ECAA8F766DF680C1ABD56AEA4A3431.

于欧盟能源市场一体化的超国家机构，欧盟在协调成员国国内立法方面，拥有比一般国际组织要强大得多的权力，但是即便如此，欧盟在促进跨境电力贸易的时候也遇到了极大的阻力，在欧盟层面通过指令协调成员国国内立法，而在实施中各国国内立法却参差不齐。因此，如 CEER 的领导人在 2000 年到 2005 年间评论的，在国家能源市场和欧盟跨境能源市场之间出现了一个“规制缺口”。[①] 这也进一步证实了，在促进跨境电力贸易方面，想要通过一体化一步到位的方式是不太现实的。也正是意识到了这个问题，欧盟推动建立了多层次的协调机构来弥合这个“规制缺口”。

二、政府间网络的积极作用与演进

依照 Verdier（2009）的定义，政府间规制网络（Trans-governmental regulatory networks）是“把各国的规制机构或者部门聚合到一起的、非正式的多边论坛，旨在使参与者在其权限范围内促进具有共同利益的问题的多边合作”。此政府间网络出现于 20 世纪后 50 年，是对以条约为基础的规制合作的补充，如证券规制、竞争政策和环境规制。

Raustiala 发现，即便过去从不考虑国际层面的机构，现在也在积极地与其国外同行进行合作，范围涵盖执行、政策发展、能力建设和信息共享等方面。[②] 此类合作常常以非正式的，或者没有法律约束力的协议为指导，以面对面的方式或用虚拟手段进行。同时，这些网络间合作有的由某个具体组织牵头（如国际证监会组织，IOSCO），有的则没有牵头方（如国际竞争网络，International Competition Network）。来自不同管辖领域的同行间的合作，使其履行国内职责的能力最大化，同时也能更有效地执行国内法律。

政府间网络促进了国内规制的收敛，但同时却没有进行“中心化”的规则制定，尽管有些时候（如在银行业监管中），确实发展出了需成员方在国内

---

① Jorge Vasconcelos, *Towards the Internal Energy Market: How to Bridge a Regulatory Gap and Build a Regulatory Framework*, 1 (1) European Review of Energy Markets (2005).

② Kal Raustiala, *The Architecture of International Cooperation: Transgovernmental Networks and the Future of International Law*, 43 (1) Virginia Journal of International Law Association (2002).

法中落实的法典和规则。

当然，政府间网络的发展非常快，难以进行穷尽式列举，而这些网络的持续时间、治理结构和运作模式也各有不同。在此的典型例子包括：欧洲公共行政网络、巴塞尔银行业监督委员会（Basel Committee on Banking Supervision）、国际证券委员会（IOSCO）、国际消费者保护和执行网络（ICPEN）、国际竞争网络（International Competition Network）、国际实验室认证认可合作组织（ILAC）、国际认证论坛（IAF）、药品检查合作计划（PIC/S）、全球协调工作组（GHTF），以及欧洲学术认可和移动性国家信息中心网络（ENIC）等。[①]

政府间网络在跨境电力贸易规制中扮演着至关重要的角色。以欧盟为例，如上文指出，欧盟的能源规制出现了"规制缺口"，由于缺乏直接的权力去要求成员国去协调国内能源市场的规制，也缺乏能源市场的专业知识，欧盟委员会用"软"权力来建立各国规制机关的合作，促进一体化并由这些规制机关来提供专业知识。[②] 它促进建立了两个论坛，国家规制机关可以在这里与其他国家的规制机关、欧盟委员会、欧洲议会以及网络运营商和用户，包括生产商，消费者，贸易商以及系统运营商会面并开展谈判和合作。欧洲电力规制论坛在 1998 年于佛罗伦萨举办，欧洲天然气规制论坛在 1999 年于马德里举办。此后，他们平均每两年举办一次。

欧盟委员会要求他们搜集或者生成有关信息，并发展和实施自愿性协调规则。其中最紧迫的是使处于任何网点的用户都能够自由的选择从任何一个供应商那里购买电力或者天然气。这就要求，共同的准入规则，共同同意的整个网络的电力或者天然气传输定价规则（传输网络的不同部分由不同的运营商所有），以及发展技术协调机制，包括管理拥塞的机制，传输运营商之间

---

① OECD, International Regulatory Co-operation: Addressing Global Challenges 34-6 (OECD Publishing, 2013), *available at* http://www.oecd-ilibrary.org/governance/international-regulatory-co-operation_9789264200463-en.

② Burkard Eberlein, The Making of the European Energy Market: The Interplay of Governance and Government, 28 (1) Journal of Public Policy, 73-92 (2008).

为补偿跨境贸易而进行的给付。[①]

但是这些进展比较缓慢，很大程度上因为成员国有不同的利益，特别是在传输定价方面，各国的产业结构不同，在网络中的地理位置不同，扮演的角色也不相同，如生产商，消费者或者传输系统运营商。例如，那些主要扮演生产者或者消费者角色的国家，想要电力或者天然气在系统中以最便宜的价格流动；而主要扮演传输角色的国家则要确保对其网络使用的成本能充分回收，[②] 例如有些国家，如德国，因为其地理位置原因，在任何一体化的欧洲网络中都是重要的传输国，就拒绝那些使得其他生产者的电力从其网络上经过但却没能确保德国的网络得到了充分的补偿（费用问题）的规则，也拒绝那些可能对德国电力生产商和供给商造成损害的措施，如促进来自其他国家的便宜电力服务德国消费者。[③]

佛罗伦萨和马德里论坛给了各国创立有组织的规制者和系统运营商团体的动力。因为规制者和欧盟委员会要和行业运营商进行谈判，为了让行业运营商更加理性，也为了鼓励他们的独立性，欧盟委员会将原有的行业团体正规化，在 1999 年成立了欧洲网络传输系统运营商协会（一个天然气协会，一个电力协会）（ENTSOs）。在 2000 年，规制机关决定成立他们自己的合作团体，欧洲能源规制者理事会（CEER）。最开始基于十个国家规制当局（National Regulatory Agencies，下称 NRAs）之间的谅解备忘录，随着成员的增加，决定将 CEER 更加正式化，因此 2003 年在布鲁塞尔建立了一个非盈利性组织。

欧盟委员会鼓励这一发展，授权 CEER 在论坛中发展一套跨境贸易的体

---

① Jorge Vasconcelos, *Towards the Internal Energy Market: How to Bridge a Regulatory Gap and Build a Regulatory Framework*, 1 (1) European Review of Energy Markets (2005); Burkard Eberlein, Regulation by Co-operation: The "Third Way" in Making Rules for the Internal Energy Market, in Legal Aspects of EU Energy Regulation (Peter Cameron ed., Oxford University Press, Oxford, 2005).

② Stephen Padgett, *Energy Co-operation in the Wider Europe: Institutionalizing Interdependence*, 49 (5) Journal of Common Markets Studies, 1065-1087 (2011), available at https://papers.ssrn.com/sol3/papers.cfm?abstract_id=1897963.

③ Burkard Eberlein, *The Making of the European Energy Market: The Interplay of Governance and Government*, 28 (1) Journal of Public Policy, 73-92 (2008).

系，尽管其没有约束力。CEER发展了许多没有约束力的指导意见，有关于定价，准入，透明度，特别是公布可用的传输容量。但是，自愿性的协定却很难达成，例如关于传输的协定直到2003年才达成。这些规则的执行和监督也很困难。部分是因为生产者、贸易商、传输系统运营商以及最终用户的供给商的垂直一体化依然在某些国家存在，这就导致了成员国之间的利益冲突，特别是那些已经将市场自由化的国家和没有自由化的国家（没有开放自己的市场，但却进入了别国的自由市场，例如法国）之间，以及因为有两个地理位置对于欧盟的内部一体化能源市场建设非常关键的国家，德国和瑞士，没有建立NRAs，因而在CEER中没有代表。①

因此欧盟委员会继续利用其法律手段来确保协调工作的开展。在2000年3月，发展一个一体化的能源市场被纳入到了里斯本议程中，因而也就获得了更多政治上的关注和推动。第二次能源改革方案在2003年公布。根据其中的指令，成员国要建立独立的电力和天然气市场NRAs，并且规定了最低的权力设置。成员国被要求在特定日期之前将其市场完全自由化；关于网络准入体制以及垂直一体化公用事业单位的拆分也作了更严格的规定，尽管还给成员国保留了一定的自由裁量权。② 此外，NRAs被要求互相合作，并和欧盟委员会开展合作。③ 在一个单独的条例中，发展新的关于跨境问题规则要根据协商的欧盟委员会体系程序，包括一个专家顾问委员会和欧盟的机构，而不是规制者之间的协定。欧盟委员会还引入了对于跨境电力贸易的规定，将论坛达成的协议正式化，赋予其法律基础。

但是，因为成员国依然不愿意将规制权利让渡给欧盟委员会，在欧盟层面还是每层创设一个协调规制手段的机构性机制。作为替代，欧盟委员会建

---

① Jorge Vasconcelos, *Towards the Internal Energy Market: How to Bridge a Regulatory Gap and Build a Regulatory Framework*, 1 (1) European Review of Energy Markets (2005).

② Peter Cameron, Completing the Internal Market in Energy: An Introduction to the New Legislation, in Legal Aspects of EU Energy Regulation (Peter Cameron ed., Oxford University Press, Oxford, 2005).

③ Electricity directive 2003/54/EC, Article 23.12; Gas directive 2003/55/EC; Regulation (EC) No. 1228/2003 on conditions for access to the network for cross-border exchanges in electricity; Regulation (EC) No. 1775/2005 on conditions for access to the natural gas transmission networks.

立了欧洲电力和天然气规制者集团（the European Regulators Group for Electricity and Gas，下称 ERGEG），ERGEG 是欧盟委员会的咨询机构，目的在于促进国家规制当局的咨询，协调和合作，为共同体立法的实施一致性贡献力量（Decision 2003/796/EC）。ERGEG 的创立将 CEER 在论坛中的角色更加正式化，但是 CEER 依然继续作为一个国家规制合作的促进者而存在，并且还部分扮演着对欧盟委员会的“防波堤”角色。[①] CEER 和 ERGEG 共享一个董事会，有联合的特别小组和工作组，CEER 的秘书处为 ERGEG 提供支持。[②]

在 2006 年，ERGEG 开启了一系列的电力区域和天然气区域性倡议，基于许多多国区域性能源市场，它创设了七个电力和三个天然气区域，作为完成单一能源市场的过渡。意在将国家电力和天然气市场合为更大范围的区域市场，促进这些地区的规制融合，作为建立竞争性单一欧洲市场的跳板。[③] 这些倡议通过利益相关方团体和其他会议，把能源规制者，欧盟委员会，欧盟成员国和公司以及其他利益相关方聚集起来。ERGEG 反过来向佛罗伦萨和马德里论坛报告。通过这些地区性倡议，各国与自己的邻国就贸易和竞争中的特定壁垒（例如缺乏透明度以及不同体制之间的平衡）一同寻求解决的办法，进而提高市场的一体化程度，例如有关管理拥塞，计算和分配网络容量以及将容量信息公开等。[④]

区域性倡议被认为成功的促进了协调，他们建立了一个 NRAs 和 TSOs 会面和通过讨论共同问题培养互动习惯的论坛，在有些情况下，还能从互相的不信任管理变为建设性的交流。他们同样允许各区域以不同的速度来实现一体化，通过示范项目，标杆管理以及最佳实践的传播来促进实验。但是，同

① Burkard Eberlein, Experimentalist Governance in the European Energy Sector, in Experimentalist Governance in the European Union (Charles F. Sabel and Jonathan Zeitlin eds., Oxford University Press, Oxford, 2010).

② ERGEG (European Regulators Group for Electricity & Gas), Annual Report (2010).

③ European Commission, Interconnecting Europe-New Perspectives for Trans-European Energy Networks (Brussels, 2008).

④ www.energy-regulators.eu/portal/page/portal/eer_home/eer_activities/eer_initiatives, accessed 21 March 2012.

一项研究发现，这一进程被许多因素阻碍，包括，缺乏清晰的政策指引和参考条款，关于倡议到底要实现什么结果，在有些情况下不适当的关于区域边界的定义，缺乏领导力，缺乏对于国家政府角色的定义，与其他倡议的重合，与 NRAs 权力的偏离，次优的咨询机制以及项目管理不足。①

尽管引入了法律措施，但是实施依然是一个大问题。缺乏直接干预的权力，欧盟委员会利用其竞争法下的权力来进行能源市场调查，旨在评估优势竞争条件以及建立预想的市场失灵的原因。调查包括市场一体化的缺乏，包括缺乏对跨境问题的规制监督。

调查发现，在要求实施指令的最后期限过去三年以后，在批发市场层面，天然气和电力市场依然是限于国内，并且普遍保持着自由化之前的高度集中模式。例如，新的进入者缺乏网络准入，即便在那些自由化已经正式发生的地方，也有歧视存在。既有的大企业供给者更受长期供给合同的青睐，特别是在天然气市场。关于跨境贸易，跨境容量的不足或者不可得，以及不同的市场设计，阻碍了市场的一体化，天然气和电力市场都是这样，即便与欧盟法相违背，在某些国家还是存在保留容量的现象。发电容量，天然气储量和网络的可用性等的透明度也做的不够。

欧盟委员会认为，市场的失灵不仅仅是因为反竞争的实践，还有其他更为基础性的问题，明显的如网络拆分不足导致的系统性利益冲突，缺乏流动性和透明度，长期存在的规制结构的缺口，特别是在跨境问题上。因此要加强规制框架，这个框架要包括强化独立的国家能源规制者的权力，加强国家能源规制者之间的协调，强制传输系统运营商之间的合作，以及实质性的加强跨境问题规制的一致性，加强共同体的监督角色，确保内部市场利益。②

欧盟委员会发布的《能源战略评论》（Strategic Energy Review）（下称《评论》），释放了能源政策转变的信号，从单纯的市场自由化和竞争议程向

① Everis and Mercados Energy Markets International (Mercados EMI), From Regional Markets to a Single European Market (Final Report) (2010).

② European Commission, Communication from the Commission: Inquiry Pursuant to Article 17 of Regulation (EC) No. 1/2003 into the European Gas and Electricity Sectors (Final Report), SEC (2006) 1724, COM/2006/851 final (Brussels, 2007).

一个竞争与对环境可持续发展和能源供给安全相结合的政策转变。关于规制协调，《评论》认为国家规制者需要承担促进内部能源市场的发展的责任。自愿性的路径至今没能提供一个需要的治理，并且进展已经远远落后于所需。特别是，各国的相关技术标准依然不同，使得跨境贸易很难甚至无法进行。它威胁说要建立一个欧盟层面的机构，以此来激励和说服国家规制机关更加紧密的合作。此外，它认为，鉴于欧盟整体对于外部石油和天然气的高度依赖，以及许多国家单独依赖一个天然气供应商，要建立有效的机制确保成员国在能源危机时的团结一致。① 需要一个新的规制路径来确保欧盟能源和气候政策目标的实现，通过对能源基础设施的现代化和促进可再生能源入网提供激励。

在 2007 年到 2008 年，欧盟委员会提议了第三次能源改革方案。最重要的是，方案包括了建立一个欧盟的规制机构来监督能源市场一体化以及跨境规制协调：能源规制者合作机构（ACER）。该提议在 2009 年被采纳。第三次能源改革方案包括：两个指令，设定了天然气和电力市场运营的基本规则，加强 NRAs 的权力和独立性（欧盟委员会认为这对自由化至关重要）；两个条例，设定了跨境贸易的跨境网络准入条件，将现有的系统运营商的合作正规化，建立了两个基于法律的欧洲网络传输系统运营商（ENTSOs），一个关于电力，另一个关于天然气，它们的角色是促进电力和天然气的跨境贸易以及管理传输网络；一个建立能源规制者合作机构以协调 NRAs 工作的条例；一个允许为了保障欧盟内天然气供给安全而采取例外措施的条例，这个条例是在 2010 年补充采纳的，为了应对 2009 年 1 月的天然气危机，俄罗斯切断了经过

① European Commission, Communication from the Commission to the European Council and the European Parliament: An Energy Policy For Europe, COM (2007) 1 final (Brussels, 2007).

乌克兰管道向欧洲的天然气供应。①

ACER 实质上是 ERGEG 的正规化，在 2011 年 1 月开始运行。ERGEG 和 CEER 的主席成为了 ACER 的主席。ERGEG 被解散，其任务分别分配给了 ACER 和 CEER。ACER 继续承担 ERGEG 发展区域倡议以促进合作和协调的工作；CEER 将承担 ERGEG 有关消费者，以及 ACER 职权之外区域的合作以及共同利益的发展，包括国际能源问题。②

ACER 将原有的 NRAs 的合作网络正规化了，因此被形容为一个"网络机构"。③ 对于欧盟的规制机构来说，ACER 的治理结构并不寻常（但是和欧盟的金融规制机构的模式相同），包括规制者董事会，由每个欧盟成员国 NRAs 的一个高级代表和一个替补代表组成，还有一个没有投票权的欧盟委员会代表。还设有行政董事会，由九个成员和各自的一个替补成员组成，其中两个成员（及其替补成员）由欧盟委员会指定，两个（及其替补成员）由欧洲议会指定，五个（及其替补成员）由欧洲理事会指定。行政董事会指定主任人选并负责 ACER 的治理，包括制定工作计划，工作计划需要得到规制者董事会和欧盟委员会的批准。还有一个上诉董事会。

ACER 的核心任务是：确保 ENTSOs 的合作，ENTSOs 根据 ACER 的《框架性指导方针》负责制定具有约束力的《网络准则》，并由 ACER 评估，考虑其是否与指导方针相一致，以及是否符合欧盟的能源政策目标，即竞争性的内部市场，可持续发展和供给安全。接着 ACER 建议欧盟委员会按照规制审

---

① Directive 2009/72/EC of the European Parliament and of the Council of 13 July 2009 Concerning Common Rules for the Internal Market in Electricity and Repealing Directive 2003/54/EC, 2009 O. J. （L. 211） 55, 80; Directive 2009/73/EC concerning common rules for the internal market in natural gas and repealing Directive 2003/55/EC; Regulation （EC） No. 713/2009 establishing an Agency for the Co－operation of Energy Regulators; Regulation（EC） No. 714/2009 on conditions for access to the network for cross-border exchanges in electricity and repealing Regulation（EC） No. 1228/2003; Regulation（EC） No. 715/2009 on conditions for access to the natural gas transmission networks and repealing Regulation（EC） No. 1775/2005; Regulation（EU） No. 994/2010 concerning measures to safeguard security of gas supply and repealing Council Directive 2004/67/EC.

② ERGEG（European Regulators Group for Electricity & Gas）, Annual Report（2010）.

③ Mark Thatcher, The Creation of European Regulatory Agencies and Its Limits: a Comparative Analysis of European Delegation, 18（6） Journal of European Public Policy, 790-809（2011）.

查程序采纳，当然还有咨询马德里论坛和佛罗伦萨论坛；批准 ENTSOs 关于能源网络的十年发展计划以及他们的年度计划；监督建设新的连接容量的工程的实施进度，监督网络安全并批准垂直一体化传输系统运营商在一个联合企业下合作运营的合规计划，这个联合企业包括两个或者更多成员国的容量分配；监督 NRAs 对能源指令和条例的贯彻实施，当其认为 NRAs 不遵守指令或者其具有法律约束力的意见或者决定时，向欧盟委员会报告；争端解决权，有关适用于跨境基础设施的准入和安全条款和条件，当 NRAs 没能够在六个月内达成一致或者当他们联合请求时；监督内部电力和天然气市场，特别是电力和天然气的零售价格；重振区域倡议进程，让其成为发展泛欧盟一体化能源市场的基础；欧盟委员会在认证传输系统运营商时，要求提供信息，批准《网络准则》，以及决定对连接容量的投资激励规则细节时，可以征求 ACER 的意见。

第三次能源改革方案将之前存在的行业团体正规化了，建立了两个欧洲网络传输系统运营商实体 ENTSOs，分别为 ENTSO-E（电力）和 ENTSO-G（天然气）。它们有许多的任务，其中之一就是根据 ACER 的《框架性指导方针》制定《网络准则》。在实践中，ENTSOs 和 ACER、欧盟委员会一起制定准则，还要咨询公众意见。这些准则需要得到 ACER 和欧盟机构的批准才能在法律上有约束力。[①] 这些准则处理的跨境问题包括网络安全和可靠性，网络连接，容量分配，拥塞管理，与网络准入有关的贸易规则，平衡，透明度，第三方准入，数据交换和结算，互操作性，以及紧急运行程序。目的是让《网络准则》成为发展和实施欧盟范围内自由电力市场所需的一套详细的统一的规则框架，并且服务与欧洲电力系统的安全运行。一旦这些准则生效，ENTSOs 和 ACER 都负责监督这些准则的实施和影响。

从欧盟三次能源改革的历程中可以清晰地看到，跨境电力贸易的规制具有极大的挑战性，必须通过不断地尝试。历经多年的发展，欧盟形成了一套多层次的规制网络，有正式的——基于欧盟法并且由欧盟的规制的监督机构

① Network Code Overview, ENTSO-E (2012), www.entsoe.eu/major-projects/network-code-development/.

ACER；非正式的——欧盟能源规制者理事会（CEER），向 ACER 提供建议并且协调 ACER 职权之外的有关事项；天然气事务商议论坛（马德里论坛）（Madrid Forum），和电力事务商议论坛（佛罗伦萨论坛）（Florence Forum），这两个论坛由规制当局，欧盟委员会，行业运营商以及其他利益相关方组成；由正式的行业协会（ENSTOs）根据 ACER 设定并经欧盟委员会批准的指导方针制定的部门性合作协定（欧盟范围内的《网络准则》）。①

在大湄公河次区域电力贸易的规制中，政府间网络也发挥了重要作用。该区域电力市场的发展最初由 1995 年成立的次区域电力论坛（Subregional Electric Power Forum，下称 EPF）领导。每个成员国在 EPF 都有两个代表。一个是来自负责电力部门政策和规划的部委或者其他政府机构的官员，还有一个是该国关键性电力公用设施企业的高级经理。② 在 2002 年，区域电力贸易协调委员会（the Regional Power Trade Coordination Committee，下称 RPTCC）成立，取代了 EPF，其代表与 EPF 相同，职能授权更加的具体。RPTCC 的角色是代表区域电力贸易中的国家并积极协调区域贸易的成功实施。RPTCC 的第一任务是建立和实施成员国认可的区域电力贸易安排。③ 可以说，RPTCC 的规制职能已经体现得非常明显。RPTCC 负责起草制定了《区域电力贸易运行协定》，对于区域电力贸易具有重要指导意义。（关于 GMS 电力贸易的详细分析见下文）

2002 年，南非发展共同体（the Southern Africa Development Community，下称 SADC）的能源部长们批准成立了南非区域电力规制者协会（the Regional Electricity Regulators Association of Southern Africa，下称 RERA）。其成员有：

---

① Julia Black, European Union energy regulation, in International Regulatory Co-operation: Case Studies, Vol. 2: Canada-US Co-operation, EU Energy Regulation, Risk Assessment and Banking Supervision, 21, 25, 28 - 35 (OECD Publishing, 2013), available at http://www.oecd-ilibrary.org/docserver/download/4213161e.pdf? expires = 1483371287&id = id&accname = ocid56013776&checksum = 96ECAA8F766DF680C1ABD56AEA4A3431.

② 中国电力企业代表来自南方电网。

③ Economic Consulting Associates, The Potential of Regional Power Sector Integration: Greater Mekong Subregion (GMS) Transmission & Trading Case Study 35-6, Submitted to the Energy Sector Management Assistance Program (ESMAP) (Jan. 2010), available at http://www.esmap.org/sites/esmap.org/files/BN004-10_ REISP-CD_ Greater%20Mekong%20Subregion-Transmission%20&%20Trading.pdf.

纳米比亚电力控制委员会（Electricity Control Board，ECB），坦桑尼亚能源与水利公用事业规制局（Energy & Water Utilities Regulatory Authority，EWURA），赞比亚能源规制委员会（Energy Regulation Board，ERB），安哥拉电力规制协会（Institute for Electricity Regulation，IRSE），莱索托电力局（Lesotho Electricity Authority，LEA），马拉维国家电力理事会（National Electricity Council，NECO），南非国家能源规制机构（National Energy Regulator of South Africa，NERSA），以及津巴布韦电力规制委员会（Zimbabwe Electricity Regulatory Commission，ZERC）。

RERA 不是一个区域规制机构，没有区域规制权，在这一阶段，仅仅是各国规制机构的协会。RERA 有三个战略目标：能力培养和信息共享：通过信息共享和技能培训来促进成员国在国家和区域层面的电力规制能力建设；促进电力部门政策、立法和规定：促进电力部门关于跨境电力贸易政策、立法和规定的协调，特别是对于传输容量的准入条件和跨境费率问题；区域规制合作：对影响成员间电力连接和电力贸易且不在国内管辖范围的问题进行研究并提出建议，履行 SADC 能源议定书可能授予 RERA 的权力。

2007 年 4 月，南非电力库（Southern African Power pool，下称 SAPP）和 RERA 就双方的联系和互动签署了谅解备忘录。双方共同帮助促进规制政策、立法、标准和实践的协调，促进区域电力贸易增长。①

因此现有的跨境电力贸易实践已经在一定程度上印证了规制合作作为调整电力跨境贸易和促进规制协调的机制是切实可行的，其中政府间规制网络更是发挥着越来越重要的作用。实践中的这些规制机构可能并没有完全契合 OECD 关于政府网络的定义，但是正如 OECD 自身所指出的，规制网络的发展存在多种形态，关于国际规制合作的分类并无定论。无论如何，这些多层次的规制形式共同促进着电力规制的发展。

① Economic Consulting Associates, The Potential of Regional Power Sector Integration: South African Power Pool (SAPP) Transmission & Trading Case Study 39, Submitted to the Energy Sector Management Assistance Program (ESMAP) (Oct. 2009), available at http: //www. esmap. org/sites/esmap. org/files/BN004-10_ REISP-CD_ South%20African%20Power%20Pool-Transmission%20&%20Trading. pdf .

三、政府间组织的角色

事实表明，有越来越多的政府间组织（IGOs）“似乎加入了立法或者规制活动”。[①]而 OECD 的问卷调查也显示，各国参加的那些或多或少促进规制合作的国际组织非常之多，后者达 50 个甚至更多，而大部分国家都是其成员。

那些促进了某种形式的规制合作的 IGO 有：世界贸易组织（WTO）、经合组织（OECD），以及联合国的多个机构（如国际海事组织，IMO）。同时，具有跨领域性质的地区性论坛有：亚太经合组织（APEC）和联合国欧洲经济委员会（UNECE）。此外，部门性的或者针对专门领域的论坛包括：国际劳工组织（ILO）、联合国粮农组织（FAO）、世界卫生组织（WHO）、国际民用航空组织（ICAO），或其他区域性组织如公民地位问题国际委员会（ICCS）以及欧洲安全合作组织（OSCE）等。[②]

电力领域中，最典型的当属国际电工委员会（International Electro Technical Commission）（IEC）。IEC 于 1906 午 10 月在伦敦正式成立。是世界上最早成立的国际电工标准化机构。它负责制定电气工程和电子工程领域中的国际标准化工作。旨在促进电气、电子工程领域中标准化及有关问题的国际合作，增进国际间的相互了解。在跨境电力贸易中，标准的统一化具有基础性意义。通过标准协调促进贸易发展是跨境电力贸易顺利进行的必备要件。

为了应对新的能源问题和机遇，各种国际组织正式和非正式的会谈活动也非常活跃，他们通过宣言、文件、对话等形式提出了许多建设性的意见，不断影响着各国政府的能源政策，在实践中发挥着越来越重要的作用。例如 2011 年提交 APEC 能源工作组的《在 APEC 区域内工业领域能源效率和可再生能源技术的最佳实践》（Best Practices in Energy Efficiency and Renewable Energy Technologies in the Industrial Sector in APEC Region），以及 2014 年 APEC

---

① José E. Alvarez, International Organizations as Law-Makers (Oxford University Press, New York, 2005).

② OECD, International Regulatory Co-operation: Addressing Global Challenges 30-1 (OECD Publishing, 2013), *available at* http: //www. oecd-ilibrary. org/governance/international-regulatory-co-operation_9789264200463-en.

能源部长会议《携手走向亚太地区可持续能源发展的北京宣言》（Beijing Declaration-Joining Hands Toward Sustainable Energy Development in the Asia-Pacific Region）。

此外，国家间自由贸易区的存在，对于促进跨境电力贸易也有重要意义。电力只是可以跨境自由贸易的商品之一。如果存在自由贸易区的话，对于该区域的电力贸易会有以下帮助：区域贸易的存在会减少或者消除区域电力市场可能存在的贸易壁垒，并且减少准备时间，因为区域贸易所需的大部分规则和规定已经建立起来了。但是，电力贸易有其特殊性，兼具货物（发电）和服务（输电）的特征，同时还涉及其他的政策目标，如环境保护和能源安全，WTO 规则并没有充分的处理电力贸易的问题，因此建立专门的贸易协定来支持电力贸易的发展就显得尤为重要。①

国家间的自由贸易安排能够建立起促进区域电力库发展所需的信任。SAPP 就是在 SADC 的框架内发展出来的，而西非电力库（the West African Power pool，下称 WAPP）则是西非国家经济共同体（Economic Community of West African States，ECOWAS）的附属机构。即便是在更高级别的电力库得以建成之前，区域贸易的存在也可能是双边电力贸易持续发展的原因。

强有力的、高效的和独立的机构对于一体化电力市场的有效运作至关重要。一体化的电力库需要一个机构来监督电力库的运作，阻止掠夺性的定价，监督不披露容量的行为，以及其他形式的违规行为。跨境的机构安排是必须的，但是可以采用多种形式。WAPP 和 SAPP 是电力交易国际安排的形式；PJM（Pennsylvania-New Jersey-Maryland Interconnection）是跨辖区的区域输电组织（regional transmission organization，RTO）。

在这里要特别介绍的是，中美洲电力连接系统（Central American Electric Interconnection System，下称 SIEPAC）的发展不像大部分的电力市场那样从双

---

① Musiliu O. Oseni and Michael G. Pollitt，Institutional Arrangements for the Promotion of Regional Integration of Electricity Markets：International Experience 23，The World Bank Development Research Group，Policy Research Working Paper 6947（WPS6947）（June 2014），available at https：//openknowledge. worldbank. org/bitstream/handle/10986/19376/WPS6947. pdf? sequence=1&isAllowed=y.

边贸易逐步发展壮大为区域贸易，SIEPAC 采取了用国际条约进行顶层设计，建立相应的国际组织来实施和建立电力市场的方式。这个条约就是《中美洲电力市场马尔科条约》（The Marco Treaty of the Electrical Market of Central America，下称《马尔科条约》）。《马尔科条约》建立了三个永久性的具有法人地位的国际组织作为区域市场的核心组织，分别作为区域规制者、区域系统运营商、调度人和区域市场管理方以及区域输电线路公司。①

国际组织在促进电力库的建设中也能够扮演重要角色。区域电力库的建设需要大量的投资，以建设和升级发电容量，输电网，以及人才的培养。所有这里研究的五个国际电力市场都收到了大量的外部支持和融资。支持水平是举足轻重的，例如 SIEPAC 从美洲开发银行得到了 59%的资金支持。因此，实践表明，国际组织或者外国资本（双边援助或者发展性融资）的支持是必须的。SAPP 的招投标量和实际贸易量的缺口主要是因为输电容量的限制。类似地，WAPP 中贸易发展缓慢也是由于缺乏充分的资金以建设贸易所需的大量基础设施。如果国际组织完全负责 WAPP 的创立和发展，晚些时候再交给成员国运作，情况可能会比现在要好。②

四、对话和非正式信息交换的作用

在那些还缺乏合作基础的领域，信息交换有助于启动合作。这种模式的合作很难跟踪——顾名思义，非正式信息交换并不要求有一套正式的机制，但不等于这样的机制不存在。如欧盟委员会就有很多体制化的规制对话，针对的是美国、日本、中国和印度等国家。事实证明，这类模式可有效预防和

① Economic Consulting Associates, The Potential of Regional Power Sector Integration: Central American Electric Interconnection System (SIEPAC) Transmission & Trading Case Study, Submitted to the Energy Sector Management Assistance Program (ESMAP) (Mar. 2010), available at http://www.esmap.org/sites/esmap.org/files/BN004-10_REISP-CD_Central%20American%20Electric%20Interconnection%20System-Transmisison%20&%20Trading.pdf.

② Musiliu O. Oseni and Michael G. Pollitt, *Institutional Arrangements for the Promotion of Regional Integration of Electricity Markets: International Experience* 23-7, The World Bank Development Research Group, Policy Research Working Paper 6947 (WPS6947) (June 2014), *available at* https://openknowledge.worldbank.org/bitstream/handle/10986/19376/WPS6947.pdf?sequence=1&isAllowed=y.

解决问题，支持市场开放、降低多边（multiple jurisdictions）商业运作的规制负担。①

五、私人规制团体的兴起

事实上，目前国际规制合作呈现出两个重要的变迁，即从完全的规则协调转变到更加灵活的规制合作机制；作为规制主体的国家和非国家实体的多样化，以及私人规制的兴起，这在电力领域也有明显的体现。

如上文提到的，SAPP 在 SADC 框架内成立，而 SADC 是一个政府间组织。但是 SAPP 里面也有很明显的私人规制特点。例如 SAPP 的两个主要委员会：执行委员会和管理委员会，其成员都是各个电力公用事业单位的代表。执行委员会由各个电力公用事业单位的首席执行官组成，负责处理非 SADC 国家的成员申请以及可能需要 SADC 的能源部长们决定的重大政策问题。管理委员会由公用事业单位的官员组成，其主要职能是监督 SAPP 的管理。

在 2000 年，SAPP 成立了永久的协调中心，位于津巴布韦首都哈拉雷。协调中心的董事会以前由公用事业单位的代表组成，但是从 2008 年开始，董事会成了一个独立的机构。②

虽然 SAPP 区域内所有的发电和电网都是公有的，但是由各企业代表进行管理的机制明显区别于由国家或者政府部门代表进行的规制。

阿根廷和巴西之间通过加勒比连接（Garabi Interconnector）进行跨境电力贸易。这是世界上为数不多的由私人所有的区域性连接项目。由恩德萨（Endesa）公司开发，并专门在巴西注册成立了特殊目的公司（Companhia de Interconexão Energética）来负责项目的执行、管理和运作。

---

① OECD, International Regulatory Co-operation: Addressing Global Challenges 42-3 (OECD Publishing, 2013), *available at* http://www.oecd-ilibrary.org/governance/international-regulatory-co-operation_9789264200463-en.

② Economic Consulting Associates, *The Potential of Regional Power Sector Integration: South African Power Pool (SAPP) Transmission & Trading Case Study* 36-8, Submitted to the Energy Sector Management Assistance Program (ESMAP) (Oct. 2009), available at http://www.esmap.org/sites/esmap.org/files/BN004-10_REISP-CD_South%20African%20Power%20Pool-Transmission%20&%20Trading.pdf.

也不像大部门其他的区域电力连接项目，阿根廷—巴西电力贸易没有超国家的规制或者协调机构，协调是通过特殊目的公司 CIEN 进行的。也没有来自公共部门的人员组成的常设委员会开设的论坛或者其他提供其他的协调方面的帮助。①

另外一个非常典型的例子是全球能源互联网发展合作组织。2015 年 9 月 26 日，习近平主席在联大峰会上提出了“探讨构建全球能源互联网，推动以清洁和绿色方式满足全球电力需求”② 的中国倡议后，2016 年 3 月 29 日，全球能源互联网发展合作组织一届一次理事会在北京召开。在大会上，全球能源互联网发展合作组织正式揭牌成立。

全球能源互联网发展合作组织由中国国家电网公司发起成立，是我国在能源领域发起成立的首个国际组织，也是全球能源互联网的首个合作、协调组织。时任国家电网公司董事长刘振亚担任该组织首届主席，前美国能源部部长朱棣文、时任国家电网总经理舒印彪以及日本软银集团总裁孙正义担任副主席。

全球能源互联网发展合作组织是由致力于推动世界能源可持续发展的相关企业、组织、机构和个人等自愿组成的非政府、非营利性的国际组织。合作组织的宗旨是推动构建全球能源互联网，以清洁和绿色方式满足全球电力需求，推动实现联合国“人人享有可持续能源”和应对气候变化目标，服务人类社会可持续发展。

组织会员包括团体会员和个人会员。团体会员包括能源、电力、科技、装备、信息、金融等领域的企业、社会团体、科研教育机构和相关组织等；个人会员包括知名专家、企业家等。合作组织首批理事单位 17 家，首批会员 80 家，包括 2 名个人会员、10 家社会团体、10 家研究机构与院校、58 家企业（世界 500 强企业 22 家）。2016 年 3 月 30 日，中国国家电网公司、韩国电力公社、日

① Economic Consulting Associates，The Potential of Regional Power Sector Integration：Argentina-Brazil Transmission & Trading Case Study 2，19，Submitted to the Energy Sector Management Assistance Program（ESMAP）（Jan. 2010），available at http：//www.esmap.org/sites/esmap.org/files/BN004-10_ REISP-CD _ Argentina-Brazil-Transmission%20&%20Trading.pdf .

② 《习近平出席联合国发展峰会并发表重要讲话》，载《人民日报》2015 年 9 月 27 日。

本软银集团、俄罗斯电网公司在北京签署了《东北亚电力联网合作备忘录》。[①]

可以说，全球能源互联网合作组织的成立和运作，就是典型的规制合作模式。采用非政府组织的形式，吸纳了能源领域重量级的专家、社团、院校和企业，共同推动全球能源互联网的落地实施，不但具有专业性，还兼具灵活性。其在全球能源互联网建立的过程中将会起到重要作用。

第三节　跨境电力贸易国际规制合作的制度

一、通过条约进行规制协调的可能性

条约的批准可谓是国际规制合作的传统模式，其中的主要参与者是各国中央政府。[②] 因为是由国家签订，关于条约的签署和进程等信息都易于获得。[③]

如上文所述，这一方式在电力领域实现起来难度很大。但是值得提到的是，有观点认为，应该对于可持续能源领域进行综合考量，对涉及可持续能源贸易有关的壁垒进行全面的谈判，提出签订《可持续能源贸易协定》（SETA），把各国应对气候变化、长期能源安全以及保持市场开放的多方面利益进行综合考量。并建议 SETA 可以作为 WTO 体系下像《政府采购协定》那样的诸边协定，或者像《信息技术协定》那样根据最惠国待遇原则惠及全部 WTO 成员，[④] 但是 SETA 目前并没有取得大的进展。

还有人建议是采取《电信协议参考文件》（*the Reference Paper for the Tele-*

---

① 全球能源互联网发展合作组织，http：//www. geidco. org/html/qqnycocn/col2015100825/column_ 2015100825_ 1. html。

② Kal Raustiala, *The Architecture of International Cooperation*: *Transgovernmental Networks and the Future of International Law*, 43（1）Virginia Journal of International Law Association（2002）.

③ OECD, International Regulatory Co-operation: Addressing Global Challenges 27-8（OECD Publishing, 2013）, *available at* http：//www. oecd-ilibrary. org/governance/international-regulatory-co-operation_ 9789264200463-en.

④ the ICTSD Global Platform on Climate Change, Trade and Sustainable Energy, Fostering Low Carbon Growth: The Case for a Sustainable Energy Trade Agreement 17（International Centre for Trade and Sustainable Development 2011）, *available at* http：//www. ictsd. org/sites/default/files/research/2012/05/fostering-low-carbon-growth-the-case-for-a-sustainable-energy-trade-agreement1. pdf.

communications Protocol）的形式，发展一套跨境电力和天然气贸易的规则。这些规则首先应该集中在过境和第三方准入问题上。应当包括电力，石油和天然气的过境，制定关于连接设施，储存和运输设施具体的准入规则和程序。这个附件可以作为 GATT 第五条的解释性文件的形式进行谈判。欧盟的能源指令能够为此提供很多的规制方法和实施经验上的参考。类似的，ECT 下的《过境议定书》的讨论也能够为 GATT 下的《能源过境参考文件》的制定提供参考。① 但是目前看来，这一提议也很难实现。总的来说，各国不太倾向于通过条约来解决电力规制问题。②

但是也不能完全排除用条约来调整的可能。概括性的条约可以作为合作的框架和基础。例如 2002 年 11 月，《大湄公河次区域区域电力贸易政府间协定》（*the Inter-Governmental Agreement on Regional Power Trade in the Greater Mekong Subregion*, IGA）（下称《政府间协定》）在金边签署。③

值得注意的是 SIEPAC 是建立在政府间条约，即《马尔科条约》之上的。该条约是关于中美洲电力市场和 SIEPAC 项目的政府间框架协定，签订于 1996 年 12 月 29 日，1998 年得到批准，1999 年 1 月生效。SIEPAC 项目建立在这一政府间条约所规定的具有法律约束力的规定之上。该条约以电力市场的竞争原则为基础，包括对输电系统的无歧视准入，逐步发展市场，逐步扩张以纳入新成员，以及各国间基于相互同意的规则互惠的进行交易。它规定区域市场要逐步发展，考虑并支持各个国家国内市场的发展阶段和基础设施建设。这种模式之所以能够成立，笔者认为有一个很重要的原因是其制度设计，SIEPAC 下的区域电力市场被设计成了连接六个国家的电力市场，同时又

① Thomas W. Wälde and Andreas J. Gunst, *International Energy Trade and Access to Energy Networks*, 36 (2) Journal of World Trade 191, 217 (2002).

② 在这里需要提到的就是欧盟在三次电力市场改革中制定的有关电力市场的指令，虽然对于成员国具有强制力，需要其在国内法中贯彻实施，在协调各国电力规制的过程中发挥着重要的作用，但是由于欧盟本身的特殊性质，指令并不能被认为属于条约或者协定。

③ Economic Consulting Associates, *The Potential of Regional Power Sector Integration: Greater Mekong Subregion (GMS) Transmission & Trading Case Study* 20, Submitted to the Energy Sector Management Assistance Program (ESMAP) (Jan. 2010), available at http://www.esmap.org/sites/esmap.org/files/BN004-10_ REISP-CD_ Greater%20Mekong%20Subregion-Transmission%20&%20Trading.pdf.

与这六个市场相分离的第七个市场。这一设计有意允许各个国家以各自的节奏发展其电力部门，而又能够确保区域内的电力贸易。[①] 也就是说，这一区域市场的建立并不寻求六个成员国国内规制的协调。

在跨境电力贸易中，还有一种条约形式常常被采用，那就是谅解备忘录（Memorandum of Understanding）。例如在 SADC1995 年的峰会上，成员国政府签订了成立区域电力库的《政府间谅解备忘录》（*Inter-Governmental Memorandum of Understanding*，IGMOU）。随后还签订了另外三个关键文件：《公用事业单位间谅解备忘录》（*Inter-Utility Memorandum of Understanding*，IUMOU）建立了 SAPP 的基本管理和运作原则；《运营成员间协定》（*Agreement Between Operating Members*，ABOM），建立了具体的运营和定价规则；《运营指南》（Operating Guidelines，OG），规定了标准和运营程序。[②]

大湄公河次区域电力贸易中，谅解备忘录也发挥了重要作用。例如 2005 年 7 月的《关于实施 RPTOA 的指南之谅解备忘录——第一阶段》（*A Memorandum of Understanding on the Guidelines for the Implementation of the RPTOA-Stage #1*，MOU #1）和 2008 年 3 月的《关于实施大湄公河次区域跨境电力贸易的路线图之谅解备忘录》（*A Memorandum of Understanding on the Road Map for Implementing the Greater Mekong Subregion Cross-Border Power Trading*，MOU 2#）。[③]

---

① Economic Consulting Associates, The Potential of Regional Power Sector Integration: Central American Electric Interconnection System (SIEPAC) Transmission & Trading Case Study 3, 36, Submitted to the Energy Sector Management Assistance Program (ESMAP) (Mar. 2010), available at http: //www. esmap. org/sites/esmap. org/files/BN004-10_ REISP-CD_ Central%20American%20Electric%20Interconnection%20System-Transmisison%20&%20Trading. pdf.

② Economic Consulting Associates, *The Potential of Regional Power Sector Integration*: *South African Power Pool (SAPP) Transmission & Trading Case Study* 42, Submitted to the Energy Sector Management Assistance Program (ESMAP) (Oct. 2009), available at http: //www. esmap. org/sites/esmap. org/files/BN004-10_ REISP-CD_ South%20African%20Power%20Pool-Transmission%20&%20Trading. pdf.

③ Economic Consulting Associates, *The Potential of Regional Power Sector Integration*: *Greater Mekong Subregion (GMS) Transmission & Trading Case Study* 20, Submitted to the Energy Sector Management Assistance Program (ESMAP) (Jan. 2010), available at http: //www. esmap. org/sites/esmap. org/files/BN004-10_ REISP-CD_ Greater%20Mekong%20Subregion-Transmission%20&%20Trading. pdf.

二、通过互认协议减少壁垒

在国际法上，互认协议（Mutual Recognized Agreements，或 MRAs）意味着作为缔约方的一国支持另一缔约国有权机关作出的法律决定。总的来说，在 MRAs 中并不存在规制收敛（Regulatory Convergence），也就是说，没有迹象表明这些规制会在任何一个阶段取得相互一致。当然，这也有例外。

在 TBT 领域，Cafaggi 根据合作的规制功能，将 MRAs 分为三类：（1）标准的互认，（2）合格性技术（Compliance Techniques）的互认（一方认可另一方出具的证书与其自身出具的证书等效），（3）有关执行问题的互认（当 MRAs 针对的是判决和仲裁决定时）。①

这里有一个特例。在欧盟内部，MRAs 规定了贸易伙伴间对某些工业产品的检验结果和强制认证的互认，包括那些技术规范受到规制的产品，最典型的如药品、医疗器械、无线通讯设备、汽车产品，机械和电子产品（pharmaceuticals, medical devices, telecommunications equipment, automotive product, machinery, and electronic），它们都需进行强制认证。MRAs 使得一方指定的合格评定机构（CABs）所认证的产品，根据另一方的技术立法可以允许进入另一方的市场。

互认协定在跨境电力贸易规制中具有重要作用。除了电力相关标准的互认外，还有很多贸易壁垒可以通过互认协定来去除，譬如适格用户资格的互认，合格技术的互认，等等。

三、国际标准的承认

在有些领域，允许对产品的技术规格进行协调对于贸易来说非常重要，这些领域中国际标准的承认和内化能够支持规制的一致化（Regulatory Alignment）。这一方法的运用在 WTO 的《TBT 协定》中达到了极致。该协定第 2.4 条规定："如需制定技术法规，而有关国际标准已经存在或即将拟就，则

① Fabrizio Cafaggi, New Foundations of Transnational Private Regulation, 38 (1) J. L. & Soc'y 20 (2011).

各成员应使用这些国际标准或其中的相关部分作为其技术法规的基础，除非这些国际标准或其中的相关部分对达到其追求的合法目标无效或不适当，例如，由于基本气候因素或地理因素或基本技术问题”。

在欧盟国家，大部分标准来自欧盟的标准制定主体（EU standard-setting bodies），且这些标准被纳入国内规制之中。在欧盟一级共有三个标准制定主体，即：CEN（欧洲标准化委员会）、CENELEC（欧洲电工标准化委员会）和 ETSI（欧洲电信标准化协会）。

为了保持欧洲标准和国际标准的一致性，避免冲突和重叠，CEN、CENELEC 和 ETSI 与其在国际层面上的同行发展出了专门的协定，分别为：国际标准化组织（ISO）、国际电工委员会（IEC）和国际电信联盟（ITU）。欧盟立法所依据的 CEN 标准，其中约 21%与 ISO 标准相同；而在 CENELEC 标准中，约 60%与 IEC 标准相同。为了促进标准的一致性，当欧盟标准与国际标准相同，它会保留相同的编号（如 ISO123 成为 EN ISO 123）。①

四、软法的作用

与跨境电力贸易规制机构的多样性和灵活性相对应的是规制措施的多元化。不管是国际组织、政府间网络还是私人规制团体，都可以从没有约束力的倡议、行为规范、指导意见、商事合同、产业标准和社会或者环境标准等开始，逐步达成更为广泛的共识。并且，笔者认为，在跨境电力贸易领域，通过共同制定电力入网、过境以及有关可再生能源和环境保护方面的良好规制实践（good regulatory practices），为电力贸易规则构建提供一个具有技术上可操作性的参考范本，对于规制的协调具有重要意义。

在 2000 年发布的一份《大湄公河次区域区域电力贸易政策声明》（*Policy Statement on Regional Power Trade in the Greater Mekong Subregion*）（以下简称《政策声明》）中，列明了 GMS 区域市场的发展目标，简言之，包括：促进

---

① OECD, International Regulatory Co-operation: Addressing Global Challenges 33-4, 39-42 (OECD Publishing, 2013), available at http://www.oecd-ilibrary.org/governance/international-regulatory-co-operation_ 9789264200463-en.

区域电力部门和区域电力贸易的有效发展，以帮助经济增长；促进 GMS 成员在能源领域的深入广泛长期的合作；通过合适的技术和计划，保护和改善环境。①

RPTCC 的起草《区域电力贸易运行协定》（*Regional Power Trade Operating Agreement*，下称 RPTOA），对区域电力贸易的规制进行规定。在 2005 年 7 月，《关于实施 RPTOA 的指南之谅解备忘录——第一阶段》（*A Memorandum of Understanding on the Guidelines for the Implementation of the RPTOA-Stage* #1，MOU #1）（《1 号谅解备忘录》）在昆明签订。它批准了 RPTCC 第三次会议通过的 RPTOA 草案，并将其作为区域电力市场建设的第一阶段指南。②

在良好规制实践方面，SAPP 的发展目标中就包括要进一步发展竞争市场，促进规则、规定和准则的协调。从长远来看，采取国际竞争最佳实践，SAPP 内可以由最终用户自由选择供应商。这意味着为了消费者、投资者和大众的最佳利益，将更大的责任和更多的权力授予 SAPP 的协调中心和独立规制机构，来指导系统的开发和运营。③

能源宪章秘书处在这方面也发挥着积极作用。《跨境电力项目政府间以及东道国政府示范协议》（*Model Intergovernmental and HostGovernment Agreements for Cross-Border Electricity Projects*）为跨境电力项目谈判中的国家或者投资者提供了一个可以自愿选择使用的文本范例。由能源宪章秘书处在法律咨询工作组（有来自 33 个领先的能源公司以及国际律师事务所的超过 60 位资深法

---

① Economic Consulting Associates, *The Potential of Regional Power Sector Integration*: *Greater Mekong Subregion* (*GMS*) *Transmission & Trading Case Study* 20, Submitted to the Energy Sector Management Assistance Program (ESMAP) (Jan. 2010), available at http: //www. esmap. org/sites/esmap. org/files/BN004-10_ REISP-CD_ Greater%20Mekong%20Subregion-Transmission%20&%20Trading. pdf.

② Economic Consulting Associates, The Potential of Regional Power Sector Integration: Greater Mekong Subregion (GMS) Transmission & Trading Case Study 20, Submitted to the Energy Sector Management Assistance Program (ESMAP) (Jan. 2010), available at http: //www. esmap. org/sites/esmap. org/files/BN004-10_ REISP-CD_ Greater%20Mekong%20Subregion-Transmission%20&%20Trading. pdf.

③ Economic Consulting Associates, *The Potential of Regional Power Sector Integration*: *South African Power Pool* (*SAPP*) *Transmission & Trading Case Study* 47, Submitted to the Energy Sector Management Assistance Program (ESMAP) (Oct. 2009), available at http: //www. esmap. org/sites/esmap. org/files/BN004-10_ REISP-CD_ South%20African%20Power%20Pool-Transmission%20&%20Trading. pdf.

律专家组成）的支持下完成。

《跨境电力项目政府间以及东道国政府示范协议》包含了一个政府间示范协议（*Intergovernmental Agreement*，IGA），是电力项目涉及的国家间的国际协定，以及东道国政府示范协定（*Host Government Agreement*，HGA），涉及国家和项目投资者之间的一个或者更多的单独的协议。是否使用示范协议，以及是使用全部还是部分示范协议文本，是否对其进行修订以及进行多大程度的修订，完全取决于当事方。①

此外，能源宪章秘书处还组织起草了《市场开发和系统互操作性示范协议指南》《*Guidelines for the Development of the Market and System Inter-Operability Model Agreement*》，为如何处理有些规则以及相关协定应该包含的内容提供了指引。②

五、合同的基础作用

在几乎所有的跨境电力贸易实践中，双边合同都扮演着至关重要的基础作用。很多跨境电力贸易就是以双边的电力贸易合同为基础形式，在此基础上逐步发展成为更广泛的区域合作模式。例如，在SAPP内，绝大多数的电力贸易是通过双边合同进行的。③

第四节　本章小结

在本章中笔者提出应当运用规制合作的方法来对跨境电力贸易进行规制。

---

① Energy Charter Secretariat, Model Intergovernmental and Host Government Agreements for Cross-Border Electricity Projects, available at http://www.energycharter.org/fileadmin/DocumentsMedia/Legal/EMAs_en.pdf.

② Energy Charter Secretariat, Guidelines for the Development of the Market and System Inter-Operability Model Agreement, available at http://www.energycharter.org/fileadmin/DocumentsMedia/Legal/GEMA_en.pdf.

③ Economic Consulting Associates, *The Potential of Regional Power Sector Integration: South African Power Pool (SAPP) Transmission & Trading Case Study* 43, Submitted to the Energy Sector Management Assistance Program (ESMAP) (Oct. 2009), available at http://www.esmap.org/sites/esmap.org/files/BN004-10_REISP-CD_South%20African%20Power%20Pool-Transmission%20&%20Trading.pdf.

本章首先总结了跨境电力贸易规制中存在的问题，进而分析了为什么国际规制合作适合于解决跨境贸易的问题。在此基础上，笔者从机构和制度两个方面分析了如何对跨境电力贸易进行规制。在规制机构的选择上，传统的超国家机构的作用有限，因为跨境电力贸易涉及国家的核心利益，需要自下而上的规制协调。因此政府间网络这种规制形式的优势就凸显出来了，通过将各国的规制机关及其代表聚集起来，进行正式或者非正式的会谈和交流，逐渐的达成共识，进而在制定国内电力规则的时候就考虑到他国的制度，实现由内而外的规制协调；同时私人规制团体的兴起也值得注意，特别是全球能源互联网发展合作组织的建立，对于推动电力跨国联网具有重要意义。从规制的制度来讲，传统的条约和协定模式也有局限，因此通过互认协定、国际标准、合同，以及没有约束力的指引、最佳规制等，逐步协调各国的电力规制，是更为现实可行的路径。

第六章　中国的电力行业规制与跨境电力贸易

在电力跨国联网方面，我国与周边国家已有多条跨国联网线路。目前，俄罗斯通过 3 条交流线路和 1 条直流线路向我国输电，我国通过四条交流线路向蒙古国送电，吉尔吉斯斯坦通过 2 条交流线路向我国送电。中国电网还通过 7 条线路向越南送电，通过 1 条联络线向老挝北部送电，通过 2 条线路向缅甸送电。截至 2014 年 10 月，我国已累计接受俄罗斯电量 165 亿千瓦时，累计向蒙古国送电 6 亿千瓦时，接受吉尔吉斯斯坦送电 90 万千瓦时。

计划中的电力联网还有：与俄罗斯联网方面，通过特高压直流将俄罗斯远东、西伯利亚大型发电基地的电能送到我国。与蒙古国联网方面，研究在蒙古国合作建设煤矿坑口电厂，向我国出口电力。与哈萨克斯坦联网方面，重点推进埃基巴斯图兹向河南南阳±1100 千伏特高压送电项目。与巴基斯坦联网方面，通过向巴基斯坦送电缓解其电力短缺的问题。①

可以说，我国与周边国家电网的跨国互联工作已经取得了一定成就，特别是与老挝、越南以及缅甸等大湄公河次区域国家的电力合作已经历时多年。这些互联的特点是项目主要是由国家电网、南方电网等大型国有企业实施。如上文所述，只要电力贸易限于国家（常常是国有垄断企业）之间，这种交易的条款是建立在双方协商的基础上的，所以没有必要依赖于 GATT 或者其他贸易协定。即便在那些存在双边贸易条约的国家之间也存在这一现象。能源垄断企业以及他们的监管机关倾向于对贸易问题以一事一议的方式作出决

① 刘振亚：《全球能源互联网》，中国电力出版社 2015 年版，第 338~340 页。

定，而不是依据一般性贸易协定规则来处理。但是另一方面，我国目前正在进行电力行业的市场化改革并大力推进可再生能源的发展，这两个主要进程，看似只是国内问题，但是却对跨境电力贸易存在潜在影响。

第一节　中国的电力行业规制体制

我国的能源规制一度处于计划经济的模式下。1996 年，国家电力公司成立，采取国有独资的形式，是国务院界定的国有资产出资者和国务院授权的投资主体及资产经营主体，是经营跨区送电的经济实体和统一管理国家电网的企业法人。[①] 它采取的是垂直垄断模式，拥有我国大部分的发电资源以及几乎所有的电网。[②]

目前的电力工业结构是在 2002 年形成的。基于厂网分开的原则，将发电与输电相剥离，对国家电力公司进行了重组，成立了独立的发电公司。国家电力公司下的业务基本上分为了两大类：发电和电网。成立了五个独立的发电企业，电网则重组为两大公司。

在法律制度层面，目前调整电力行业最重要的立法是《中华人民共和国电力法》（以下简称《电力法》）。[③] 这部法律于 1995 年 12 月颁布，建立了电力行业的基本管理原则。但是，其规定太过于宽泛，并且许多规定已经不能适应时代现实。此外，2020 年 4 月 3 日，国家能源局发布了《中华人民共和国能源法（征求意见稿）》，[④] 目前还未通过。因此在实践中，很多的事项是由行政法规、决定或者命令来调整的。

我国电力行业规制的另外一个特点就是规制权高度集中在中央政府。大

① 《国家电力公司章程》，第四条，《国务院关于组建国家电力公司的通知》，国发〔1996〕48 号，国家电力公司组建方案中央机构编制委员会办公室、电力工业部（1996 年 12 月 7 日）。

② 同上引。

③ 《中华人民共和国电力法》，1995 年 12 月 28 日第八届全国人民代表大会常务委员会第十七次会议通过，自 1996 年 4 月 1 日起施行，2018 年 12 月 29 日经《全国人民代表大会常务委员会关于修改〈中华人民共和国电力法〉等四部法律的决定》修改。

④ 《中华人民共和国能源法》（征求意见稿）（2020 年 4 月 3 日）。

部分对于电网的规制权利都属于中央政府或者其部门，从电网的规划，到重大电网建设项目的审批，到电价的确定（包括批发电价和零售电价）。我国的能源规制主体经历过多次变动，从统一的能源监管机构到依据不同的能源部门（如煤炭、电力、石油等）进行分开监管，然后又回到统一监管。① 2013年，国家电力监管委员会被撤销，其职能被并入到了国家能源局。目前的主要监管机构为：国家能源委员会，国家发展改革委员会，以及国家能源局。

1. 国家能源委员会

国家能源委员会成立于2010年。是我国专门进行能源监管的最高级别机构。国务院总理和副总理分别任主任和副主任。委员会的主要职责是：负责研究拟订国家能源发展战略，审议能源安全和能源发展中的重大问题，统筹协调国内能源开发和能源国际合作的重大事项。② 其办公室设于国家能源局。

2. 国家发展和改革委员会

国家发展和改革委员会（以下简称发改委）是我国政府中负责进行经济宏观调控的主要部门。③ 在电网方面，发改委行使的规制权利主要包括但不限于代表国务院对重大电力项目进行审批，规定上网电价，输配电价以及零售电价等。④

3. 国家能源局

国家能源局受发改委管理。⑤ 国家能源局本身是一个综合性的能源管理部门，对煤炭，石油，天然气，电力，可再生能源，核能以及其他能源都有监

① 陈柳钦：《中国能源管理体制“怪圈”如何破？成立高级别协调与决策机构不可避免》，载华夏能源网（2014年9月16日）http：//www. sinoergy. com/陈柳钦/8336/，最后访问时间：2017年5月23日。

② 《国务院办公厅关于成立国家能源委员会的通知》，国办发〔2010〕12（2010年1月22日）。

③ 《国务院办公厅关于印发国家发展和改革委员会主要职责内设机构和人员编制规定的通知》，国务院办公厅，国办发〔2008〕102号（2008年7月15日）。

④ 《国务院办公厅关于印发国家发展和改革委员会主要职责内设机构和人员编制规定的通知》，国务院办公厅，国办发〔2008〕102号（2008年7月15日）；《中华人民共和国电力法》，第三十八条至第四十条；《输配电价管理暂行办法》，第三条《国家发展改革委关于印发电价改革实施办法的通知》的附件，发改价格〔2005〕514号（2005年5月1日实施）。

⑤ 《国务院办公厅关于印发国家发展和改革委员会主要职责内设机构和人员编制规定的通知》，国务院办公厅，国办发〔2008〕102号（2008年7月15日）。

管权。电力方面，在国家电力监管委员会并入之后，国家能源局不仅拥有了行政管理职权，还具有了电力市场监管权。[①] 具体职权包括：制定能源发展规划，审批电力项目，监管电力市场运行等。[②] 但是，国家能源局在很多事项上并没有最终决定权，例如重大的规划、重大电力工程以及涉及电力定价方面的事项。在这些方面，国家能源局仅仅能够向发改委提出建议，由其来作出最终决定。[③]

2002 年改革以后的电力体制可以概括为单独买家模式。电网公司垂直垄断了输电、配电和供电。在每个地区，多个发电公司向一个垄断性的电网公司售电，通常是省级电网公司。在大多数情况下，电力是以发改委规定的价格通过批发售电合同销售给电网的。这些电网公司再依据政府批准的零售价格把电力销售给消费者。电网公司通过赚取购销差价来盈利。

为了引入竞争，我国正在进行电力行业市场化改革，推行发电商与大客户直接交易。发改委最早在深圳展开了试点，随后试点范围逐步扩大，目前已经覆盖 32 个省级电网，2017 年在西藏电网，华东、华中、东北、西北等区域电网开展输配电价改革试点。[④] 在新模式下，电网公司只负责输配电，而把售电向市场竞争开放。[⑤]

---

① 《国务院办公厅关于印发国家发展和改革委员会主要职责内设机构和人员编制规定的通知》，国务院办公厅，国办发〔2008〕102 号（2008 年 7 月 15 日）。

② 国务院办公厅《关于印发国家能源局主要职责内设机构和人员编制规定的通知》，国办发〔2013〕51 号（2013 年 6 月 9 日）。

③ 同上引。

④ 安徽，湖北，宁夏，云南和贵州省。国家发展改革委 国家能源局《关于印发电力体制改革配套文件的通知》附件一，发改经体〔2015〕2752 号（2015 年 11 月 26 日）。

⑤ 国家发展改革委《关于深圳市开展输配电价改革试点的通知》，发改价格〔2014〕2379 号（2014 年 10 月 23 日）；“内蒙古成为全国第二个输配电价改革试点地区”，国家发展和改革委员会（2015 年 1 月 27），http：//dbzxs. ndrc. gov. cn/dbzx/201501/t20150127_ 662392. html；国家发展改革委《关于全面推进输配电价改革试点有关事项的通知》，发改价格〔2016〕2018 号（2016 年 9 月 19 日）。

第二节　中国的电力体制改革、可再生能源发展与跨境电力贸易

一、中国电力体制的市场化改革与第三方准入

我国电力部门的改革方向主要是从原有的垂直垄断向市场化方向推动。2002年国务院发布的《电力体制改革方案》，要求“实行厂网分开。将国家电力公司管理的资产按照发电和电网两类业务划分，并分别进行资产、财务和人员的重组。”① 可以说，这是打破垄断的重要一步，如本书第三章所讲的，这种分离属于对电网企业不同环节的业务进行的所有权分离，将发电部门独立出去有利于在发电侧引入竞争。但是这一改革还不彻底。如上文所述，改革以后的电力体制可以概括为单独买家模式。电网公司依旧垂直垄断了输电、配电和供电。在每个地区，多个发电公司向一个垄断性的电网公司售电，通常是省级电网公司。这些电网公司再依据政府批准的零售价格把电力销售给消费者。所以在这种模式下，总体来看电力公司无权直接向电力消费者售电，其电力只能卖给电网，因此不存在所谓的第三方准入。

习近平总书记在2014年6月13日主持召开中央财经委员会第六次会议时强调，要求积极推动我国能源生产和消费革命，构建有效竞争的市场结构和市场体系，形成主要由市场决定能源价格的机制。② 这次改革的重要目标之一就是破除国有企业垄断，将发电和售电向市场竞争开放，而电网公司只负责输电和配电服务，如本书第三章所阐述的，只有输配电服务具有自然垄断性质。对于如何实现这一改革，有人曾建议要将售电部门从国家电网完全剥离，建立独立的售电公司。③

---

① 《电力体制改革方案》，国发〔2002〕5号（2002年2月10日）。

② 习近平：《积极推动我国能源生产和消费革命》，载《人民日报》2014年6月14日。

③ 《新电改迷局》，载中国经营网，http：//www. cb. com. cn/index. php？ m = content&c = index&a = show&catid = 20&id = 1083873&all。

在2015年3月15日，中共中央国务院发布《关于进一步深化电力体制改革的若干意见》（下称《电改意见》）。《电改意见》是此次电力体制改革的关键性文件。《电改意见》并没有采纳拆分电网公司的做法，电网公司仍然有权自己售电。但是《电改意见》还号召建立相对独立的电力交易机构，形成公平规范的市场交易平台。将原来由电网企业承担的交易业务与其他业务分开，实现交易机构相对独立运行。电力交易机构按照政府批准的章程和规则为电力市场交易提供服务。相关政府部门依据职责对电力交易机构实施有效监管。电力交易机构主要负责市场交易平台的建设、运营和管理，负责市场交易组织，提供结算依据和服务，汇总用户与发电企业自主签订的双边合同，负责市场主体的注册和相应管理，披露和发布市场信息等。

可以说它终结了国有电网企业对于电力行业的垂直垄断，一方面，要求电网企业的售电业务相对独立运行，另一方面将售电业务向社会资本开放。改变了电网企业集电力输送、电力统购统销、调度交易为一体的状况，电网企业主要从事电网投资运行、电力传输配送，负责电网系统安全，保障电网公平无歧视开放，按国家规定履行电力普遍服务义务。不再以上网电价和销售电价价差作为收入来源，而是按照政府核定的输配电价收取过网费。

从用户侧来看，也可以说引入了适格用户的制度。按照接入电压等级，能耗水平、排放水平、产业政策以及区域差别化政策等确定并公布可参与直接交易的发电企业、售电主体和用户准入标准。按电压等级分期分批放开用户参与直接交易，参与直接交易企业的单位能耗、环保排放均应达到国家标准，不符合国家产业政策以及产品和工艺属于淘汰类的企业不得参与直接交易。进一步完善和创新制度，支持环保高效特别是超低排放机组通过直接交易和科学调度多发电。准入标准确定后，升级政府按年公布当地符合标准的发电企业和售电主体目录，对用户目录实施动态监管，进入目录的发电企业、售电主体和用户可自愿到交易机构注册成为市场主体。

所以说，这改变了以前电力公司只能售电给电网的模式，发电企业和适格用户直接进行交易，打破了原有的垄断格局。《电改意见》要求要有序探索对符合标准的发电企业、售电主体和用户赋予自主选择权，确定交易对象、电量和价格，按照国家规定的输配电价向电网企业支付相应的过网费，直接洽谈合同，实现多方直接交易，短期和即时交易通过调度和交易机构实现，为工商业企业等各类用户提供更加经济、优质的电力保障。

笔者认为此次电改通过打开发电侧与用户侧直接交易的通道，从电力产业结构上引入了第三方准入制度。同时，《电改意见》所反映出的，也是一套规制式的准入模式，而非谈判式的准入。也就是说，政府直接授予了发电企业、售电主体和用户交易的权利，要求电网企业必须给予准入，而无须发电企业或者购电方与电网企业逐一就准入进行谈判。《电改意见》提出要构建体现市场主体意愿、长期稳定的双边市场模式，任何部门和单位不得干预市场主体的合法交易行为。直接交易双方通过自主协商决定交易事项，依法依规签订电网企业参与的三方合同。鼓励用户与发电企业之间签订长期稳定的合同，建立并完善实现合同调整及偏差电量处理的交易平衡机制。

允许符合条件的高新产业园区或经济技术开发区，组建售电主体直接购电；鼓励社会资本投资成立售电主体，允许其从发电企业购买电量向用户销售；允许拥有分布式电源的用户或微网系统参与电力交易；鼓励供水、供气、供热等公共服务行业和节能服务公司从事售电业务；允许符合条件的发电企业投资和组建售电主体进入售电市场，从事售电业务。

开放电网公平接入，建立分布式电源发展新机制。全面放开用户侧分布式电源市场。积极开展分布式电源项目的各类试点和示范。放开用户侧分布式电源建设，支持企业、机构、社区和家庭根据各自条件，因地制宜投资建设太阳能、风能、生物质能发电以及天然气“热电冷”联产等各类分布式电源，准许接入各电压等级的配电网络和终端用电系统。鼓励专业化能源服务公司与用户合作或以“合同能源管理”模式建设分布式电源。

此外，还鼓励社会资本投资配电业务。按照有利于促进配电网建设发展和提高配电运营效率的要求，探索社会资本投资配电业务的有效途径。逐步向符合条件的市场主体放开增量配电投资业务，鼓励以混合所有制方式发展配电业务。[1]

总的来说，这次市场化改革对于电力体制的影响主要体现在以下几个方面：一是只保留输配环节作为自然垄断行业，发电和售电向社会资本放开，鼓励社会资本成立售电公司，同时配套成立相对独立的电力交易平台。二是允许大用户等符合资质要求的电力消费者直接从发电商手中购电，电网只收取输配费用。这同时也意味着有资质的消费者有了选择从谁手中购电的自主权。三是开放电网的公平接入。在此次改革之前，我国的电力行业事实上是单独买家制度，各个发电商的电力只能销售给电网公司，再由电网公司转卖给消费者，此次改革强调要给第三方公平的电网准入权，而且强调要促进分布式发电的发展，准许分布式发电接入各电压等级电网。

目前这一改革刚刚开始，各方的主要精力都集中在国内的改革中，但是笔者认为，这次改革还需要关注对外的因素。随着输配电改革试点在全国铺开，发电商和有资格的消费者可以进行直接的电力交易，那么消费者是否有权选择外国的供电商？售电侧向社会资本开放，是否也要给外资准入？如前文所讲，禁止电力进出口数量限制是 GATT 下非常重要的义务。这意味着政府不能够利用除关税外的政策工具来规制进出口。一旦传统的垄断企业或者其他享有专有权的企业消失，有贸易权的消费者（有资格的消费者）出现，政府就不再有权通过非关税措施来替代原来通过垂直一体化的垄断企业所隐性的保持的贸易壁垒。GATT 第三条和第十一条的结合适用意味着任何影响电力贸易的国内自由化措施必须延伸适用于外国电力进口。对于这点，需要引起足够的重视。

二、中国促进可再生能源发展的核心机制

我国从 2011 年开始就成为了全球第一大电力市场。[2] 在 2013 年，年发电

---

① 《中共中央、国务院关于进一步深化电力体制改革的若干意见》，中发 2015 第 9 号（2015 年 3 月 15 日）。

② International Energy Statistics, U. S. Energy Info. Admin. , http：//www. eia. gov/cfapps/ipdbproject/IEDIndex3. cfm? tid = 2&pid = 2&aid = 12.

量达到了 5361.6 TWH，占世界总发电量的 23.2%。[①] 发电容量也在同年达到了 1.25 TW，使我国第一次成为了世界上发电容量最多的国家。[②]

但是，我国同时也是世界上最大的煤炭消费国，占到了世界上一半的煤炭消耗量。[③] 煤炭作为一种廉价和储量丰富的能源，支撑了现代中国的工业化进程。同时煤炭的使用也深深地渗透到了中国社会之中——在 2014 年，有 66%的能源供给来自煤炭。[④] 国务院要求降低煤炭消耗，在 2020 年之前将煤炭消费比重控制在 62%以内。[⑤] 由于燃煤所带来的环境污染和温室气体排放问题非常严重，导致电力生产与环境保护之间的矛盾不断升级。对于我国来说，增加可再生能源比重，促进节能减排，降低能耗，提高能源利用效率具有极其重要的意义。[⑥]

《中华人民共和国国民经济和社会发展第十四个五年规划和 2035 年远景目标纲要》提出，我国要积极应对气候变化，制定 2030 年碳排放达峰行动方案，并努力争取 2060 年前实现碳中和。其中就特别指出要重点控制化石能源消费，推动能源清洁低碳、高效利用。[⑦] 事实上，我国一直在通过各种政策促进可再生能源的发展。

---

① 美国以 4260.4 万亿瓦时位居第二，占世界发电量的 18.4%。British Petroleum, BP-Statistical Review of World Energy (2014). 各种来源的数据略有不同，但是并不影响分析结果。See also Int'l Energy Agency, Key World Energy Statistics (2014), available at http://www.iea.org/publications/freepublications/publication/KeyWorld2014.pdf.

② “中电联发布 2014 年度全国电力供需形势分析预测报告”，中国电力企业联合会（2014 年 2 月 25 日），http://www.cec.org.cn/guihuayutongji/gongxufenxi/dianligongxufenxi/2014-02-25/117272.html。

③ British Petroleum, BP-Statistical Review of World Energy 33 (2014).

④ 国家统计局，http://data.stats.gov.cn/easyquery.htm?cn=C01。

⑤《国务院办公厅关于印发能源发展战略行动计划（2014-2020 年）的通知》，国办发〔2014〕31 号（2014 年 6 月 7 日）。

⑥《关于印发智能电网重大科技产业化工程“十二五”专项规划的通知》（2012 年 3 月 27 日），第 5 页。

⑦《中华人民共和国国民经济和社会发展第十四个五年规划和 2035 年远景目标纲要》（2021 年 3 月 11 日第十三届全国人民代表大会第四次会议通过）。

根据《中华人民共和国可再生能源法》①（下称《可再生能源法》）以及《可再生能源发电有关管理规定》②（下称《管理规定》），国家实行可再生能源发电全额保障性收购制度。总的来说，电网企业负责相关接入设施的建设和调试，以促进可再生能源项目的接入。③

1. 电网准入

《可再生能源法》要求电网公司保证可再生能源的全额收购。④ 电网企业应当与按照可再生能源开发利用规划建设，依法取得行政许可或者报送备案的可再生能源发电企业签订并网协议，全额收购其电网覆盖范围内符合并网技术标准的可再生能源并网发电项目的上网电量。⑤

2. 连接设施的建设

可再生能源并网发电项目的接入系统，由电网企业建设和管理。对直接接入输电网的水力发电、风力发电、生物质发电等大中型可再生能源发电项目，其接入系统由电网企业投资，产权分界点为电站（场）升压站外第一杆（架）。对直接接入配电网的太阳能发电、沼气发电等小型可再生能源发电项目，其接入系统原则上由电网企业投资建设。发电企业（个人）经与电网企业协商，也可以投资建设。⑥

并且，电网企业应当加强电网建设，扩大可再生能源电力配置范围，发展和应用智能电网、储能等技术，完善电网运行管理，提高吸纳可再生能源电力的能力，为可再生能源发电提供上网服务。⑦

---

① 《中华人民共和国可再生能源法》，中华人民共和国第十届全国人民代表大会常务委员会第十四次会议于2005年2月28日通过，经中华人民共和国第十一届全国人民代表大会常务委员会第十二次会议通过的《全国人民代表大会常务委员会关于修改〈中华人民共和国可再生能源法〉的决定》修改，2009年12月26日通过，自2010年4月1日起施行。

② 《国家发展改革委关于印发〈可再生能源发电有关管理规定〉的通知》，发改能源〔2006〕13号（2006年1月5日）。

③ 《中华人民共和国可再生能源法》第十四条；《可再生能源发电有关管理规定》第十一条、第十二条。

④ 《中华人民共和国可再生能源法》第十四条。

⑤ 同上引。

⑥ 《可再生能源发电有关管理规定》第十二条。

⑦ 《中华人民共和国可再生能源法》第十四条。

省级（含）以上电网企业应根据省级（含）以上人民政府制定的可再生能源发电中长期规划，制定可再生能源发电配套电网设施建设规划，并纳入国家和省级电网发展规划，报省级人民政府与国家发展和改革委员会批准后实施。①

3. 可再生能源电价附加补偿

为了促进可再生能源的发展，我国采取了收取可再生能源电价附加补偿的方式。总的来说，可再生能源发电的建设成本比传统能源，如化石能源的成本要高。因此，法律在要求电网企业全额收购可再生能源的同时，通过对消费者征收所谓的可再生能源电价附加补偿的方式来对电网公司进行补偿。②

可再生能源电价附加补偿用来补偿可再生能源电价和传统能源电力平均上网电价之间的差额，以及可再生能源发电项目接入电网系统而发生的工程投资和运行维护费用等无法通过售电回收的成本。③

综上，我国采用的是可再生能源的全额收购制度，先不论这一规定在实际中的执行效果如何，这一规定本身就构成了不规定具体数量或者比例的购买国内可再生能源电力的义务，这种义务的问题在于他可能构成进口数量限制，因为全额采购国内产品而没有给予进口电力同样的机会，会产生替代进口的效果；并且只要购买义务限于国内或者当地生产，他们同样改变了进口与国产可再生能源电力的竞争地位。如果我国的电力市场打破了原有的垄断格局，发电和供电实现自由竞争，这样的规定可能构成对 GATT 第三条第五款关于不得“为了保护本国生产而设定的内部数量规定”的违反，值得高度关注。

三、改革背景下电网产业的外资市场准入

不同于以往单纯追求吸引外资的数量，如今我国政府更加注重提高外商

① 《可再生能源发电有关管理规定》第十条。

② 《中华人民共和国可再生能源法》第二十条。

③ 《财政部、国家发展改革委、国家能源局、关于印发〈可再生能源发展基金征收使用管理暂行办法〉的通知》，（财综〔2011〕115 号，自 2012 年 1 月 1 日起施行）第十四条；国家发展改革委《关于调整可再生能源电价附加标准与环保电价有关事项的通知》，发改价格〔2013〕1651 号（2013 年 8 月 27 日）。

直接投资的质量，而且会确定外商直接投资的优先投资领域。电网产业可能落入多个这样的优先领域中，例如高科技，节能以及新能源等。① 但是，电网产业传统上以国有企业为主导，市场开放程度不高。在习近平总书记推动开展了电力行业的市场化改革后，② 与电网有关的领域有些被给予了更大的市场准入和鼓励措施。同时，我国政府也在鼓励外商从沿海地区逐步向中西部和北部地区转移。在这个背景下出台的一些政策明确把电网相关的领域作为了优势产业。

电网是一个综合性体系，包括了电力机械设备、信息技术、材料科学、能源服务等。在讨论市场准入时，笔者将电网产业分为两大类：一是电网的建设和运营；二是电力设备的生产和为电网提供的相关服务。传统上，电网的建设和运营主要由国有企业负责，而电力设备的生产以及给电网提供的相关服务则基本上向各类投资者开放。③

由国家发改委和商务部联合发布的《外商投资产业指导目录》（下称《目录》）规定了外商在某一特定领域的投资是被鼓励的，限制的还是禁止的。我国政府根据产业发展的情况适时修订该《目录》，自 1997 年首次发布以来，历经多次修改。④

2017 年之前的《目录》将外商投资划分为鼓励类、限制类和禁止类。⑤ 除了工业部门，《目录》还会对外商投资的形式或者外资在企业中的股权占比进行规定。⑥ 那些没有列入目录的领域被认为是允许投资类。⑦ 之后，随着我国开始实行准入前国民待遇加负面清单制度，2017 年发布的《目录》分为了鼓励外商投资产业目录和外商投资准入特别管理措施（外商投资准入负面清单）。

---

① 《中华人民共和国国民经济和社会发展第十二个五年规划纲要》，第十一届全国人民代表大会第四次会议通过（2011 年 3 月 14 日）。

② 习近平：《积极推动我国能源生产和消费革命》，载《人民日报》2014 年 6 月 14 日。

③ 但是可能需要政府的专门的执照或者资格认证。

④ 分别为 2002 年、2005 年、2007 年、2011 年、2015 年、2017 年、2018 年、2019 和 2020 年。

⑤ 《指导外商投资方向规定》，中华人民共和国国务院令第 346 号（2002 年 2 月 21 日，2002 年 4 月 1 日起施行），第四条。

⑥ 同上引，第八条。

⑦ 同上引，第四条。

1. 电网的建设和运营

机动车充电站、电池更换站建设、经营在2011[①]年2015[②]年版的《目录》中都属于鼓励类。“电网的建设和经营”在《目录》(2011)中属于“限制类”产业。[③]《目录》(2015)中“电网的建设和经营”则放到了“鼓励类”，但是必须由中方控股。[④]而从《目录》(2017)开始，取消了中方控股的要求。这是电力行业市场化改革所释放出的重要信号，并且与国内电力市场的某些环节逐步向社会资本开放是相呼应的。

如前所述，国家电网在2014年宣布向社会资本开放分布式电源并网工程和电动汽车充换电设施两个市场领域。这是国家电网第一次允许社会资本投资电网系统。尽管评论认为这次放开的只是电网的非核心业务。[⑤]

在2014年11月，国务院发布了《关于创新重点领域投融资机制鼓励社会投资的指导意见》(下称《指导意见》)。《指导意见》鼓励社会资本参与电网建设。积极吸引社会资本投资建设跨区输电通道、区域主干电网完善工程和大中城市配电网工程。将海南联网Ⅱ回线路和滇西北送广东特高压直流输电工程等项目作为试点，引入社会资本。鼓励社会资本投资建设分布式电源并网工程、储能装置和电动汽车充换电设施。[⑥]

这些政策都释放出了非常积极的信号。但同时也应当认识到：首先，尽管《目录》(2015)鼓励外资参与“电网的建设和经营”，《指导意见》中则只提到了鼓励参与电网某些部分的建设，而没有提到电网的运营。第二，这些政策都非常原则化。根据国家能源局电力司官员的说法，示范项目会向社

---

① 《外商投资产业指导目录》(2011年修订)，中华人民共和国国家发展和改革委员会，中华人民共和国商务部令第12号(2012年1月30日起施行)。

② 《外商投资产业指导目录》(2015年修订)。

③ 《外商投资产业指导目录》(2011年修订)。

④ 《外商投资产业指导目录》(2015年修订)。

⑤ 王冰凝：《国家电网‘松口’，放开分布式能源有利于解决特高压安全》，载华夏时报网(2014年5月30日)，http://www.chinatimes.cc/hxsb/news/gongsi/140530/1405302124-135661.html。

⑥ 参见《国务院关于创新重点领域投融资机制鼓励社会投资的指导意见》，国发〔2014〕60号(2014年11月16日)。

会投资开放，但是国有企业依然要占主导地位。①

2. 电网相关设备的生产和与智能电网有关的服务

与电网的建设和运营相比，关于设备的生产以及相关服务的提供方面的规定则更为全面、细致和透明。在《目录》（2011）中，“输变电设备制造”属于“鼓励类”但是形式限于合资和合作。② 而在《目录》（2015）中，关于企业形式的限制被取消了。③还有一些鼓励类项目与智能电网有关系，譬如说“高精度数字电压表、电流表制造（显示量程七位半以上）”“软件产品开发、生产”“节能环保技术开发与服务”“研究开发中心”“物联网技术开发与应用”，以及“国际经济、科技、环保、物流信息咨询服务”等。

四、大湄公河次区域电力贸易实践

大湄公河次区域（The Greater Mekong Subregion，下称 GMS）电力贸易是目前我国电力区域贸易的典型实践案例，④ 虽然目前并没有发展成为真正的区域自由电力模式，而是主要建立在各电力公司之间的双边合同之上，但是 GMS 电力贸易是以建成自由电力贸易市场为愿景的，因此十分有必要在此进行介绍和分析。

GMS 电力贸易是 GMS 经济合作机制的一个重要方面。GMS 经济合作机制由亚洲开发银行在 1992 年发起成立，成员国有柬埔寨、老挝共和国、缅甸、泰国、越南和中国（云南省和广西壮族自治区）组成。⑤ 该区域的电力贸易潜力被讨论了很多年。随着泰国的经济在二十世纪八十年代和九十年代早期

① 于华鹏：《能源局官员：筹备核电和电网建设引入社会资本》，载经济观察网（2014 年 12 月 4 日），http：//www. eeo. com. cn/2014/1204/269627. shtml。

② 《外商投资产业指导目录》（2011 年修订）。

③ 《外商投资产业指导目录》（2015 年修订）。

④ 除此之外，还有其他的电网互联规划，例如亚洲超级电网倡议就建议将俄罗斯、蒙古、中国、朝鲜、韩国和日本的电网进行互联。

⑤ GMS 机制为各国开展合作提供了一个框架和平台。但是值得注意的是，这并不是该地区唯一一个区域倡议。参与到 GMS 合作中的国家还通过一系列其他机构进行合作，特别是东盟（the Association of South-East Asian Nations，下称 ASEAN），该区域机构包括了除中国之外的其他所有 GMS 国家，还有文莱、印度尼西亚、菲律宾和新加坡。此外，ASEAN 本身还推动着一些区域一体化项目，如 ASEAN+1，即包括了中国。

的迅速增长，以及各种区域冲突的结束，在利用老挝共和国和缅甸丰富的水资源来满足日益增长的电力需求方面有了新的利益需求，因为其电价不仅成本低而且还能够使得发电来源更加多样化。后来，越南也成为了可能的电力进口国，其电力需求以每年12%的速度在增长。

自从1993年，泰国已经和老挝共和国、缅甸以及中国就电力进口达成了一系列的谅解备忘录。根据这些谅解备忘录，泰国要在2017年之前从老挝共和国进口一万兆瓦的电力，在缅甸开发五个大型水电项目。

对于其他GMS国家来说，柬埔寨在电力贸易方面的利益诉求在于这提供了一个替代路径，能够降低其对于昂贵的石油发电的依赖，柬埔寨从越南和泰国都有进口电力。从长远来看，柬埔寨可能成为水电的出口国。中国目前是对越南重要的电力出口国，但也有可能在将来从老挝共和国和缅甸进口电力来满足其自身快速增长的电力需求。中国公司在开发该地区许多出口项目上的积极性也很高。

1. GMS电力贸易的发展目标和战略构想

在2000年发布的一份《大湄公河次区域区域电力贸易政策声明》（*Policy Statement on Regional Power Trade in the Greater Mekong Subregion*）（下称《政策声明》）中，列明了GMS区域市场的发展目标，简言之，包括：促进区域电力部门和区域电力贸易的有效发展，以帮助经济增长；促进GMS成员在能源领域的深入广泛长期的合作；通过合适的技术和计划，保护和改善环境。

GMS设定了一个四阶段的区域电力市场发展计划：

在第一阶段，贸易主要以双边出口项目的方式实施。这一阶段的焦点是建立双边协定和国家准则的共同最低标准，进而为将来区域贸易协定下的协调奠定基础，以及确定优先连接项目来支持电力贸易的扩张。

在第二阶段，预期是为出口项目所建设的连接设施能够允许任何一对GMS成员国之间的贸易。但是贸易仅限于使用出口工程线路的多余容量。在这两个阶段，贸易由国家的公用事业企业（单独买家）进行。

第三和第四阶段并没有被界定得很清晰，因为两个阶段看起来还比较遥远。在第三个阶段，会发展明确用于电力贸易的连接设施，第三方将会被允许通过这些设施进行贸易。第四个阶段是要建立一个一体化的竞争性的区域电力市场。实现这些阶段依赖于国家电力市场的结构重组，允许电力市场的竞争性交易。

2. GMS 电力贸易的主要法律文件

2000 年 1 月，在马尼拉举行的第九次 GMS 部长级会议上，部长们签署了《大湄公河次区域区域电力贸易政策声明》（*Policy Statement on Regional Power Trade in the Greater Mekong Subregion*）（以下简称《政策声明》），声明建立了 GMS 成员国电力贸易的目标和原则。它还要求准备一个关于区域电力贸易的政府间协定，为实施《政策声明》提供一个框架。

2002 年 11 月，《大湄公河次区域区域电力贸易政府间协定》（*the Inter-Governmental Agreement on Regional Power Trade in the Greater Mekong Subregion*, IGA）（下称《政府间协定》）在金边签署。《政府间协定》要求建立区域电力贸易协调委员会（RPTCC），并对 RPTCC 的任务进行了规定，其中一项首要的任务就是起草《区域电力贸易运行协定》（*Regional Power Trade Operating Agreement*，下称 RPTOA），对区域电力贸易的规制进行规定。

在 2005 年 7 月，《关于实施 RPTOA 的指南之谅解备忘录——第一阶段》（*A Memorandum of Understanding on the Guidelines for the Implementation of the RPTOA-Stage* #1, MOU #1）（《1 号谅解备忘录》）在昆明签订。它批准了 RPTCC 第三次会议通过的 RPTOA 草案，并将其作为区域电力市场建设的第一阶段指南。

2008 年 3 月，《关于实施大湄公河次区域跨境电力贸易的路线图之谅解备忘录》（*A Memorandum of Understanding on the Road Map for Implementing the Greater Mekong Subregion Cross-Border Power Trading*, *MOU* 2#）（以下简称《2 号谅解备忘录》或者《路线图》）在万象签订。《路线图》包含了实施第一阶段区域电力贸易和为第二阶段做准备的具体行动以及直至 2012 年的指示性时间线。

这四个文件构成了目前 GMS 电力贸易的主要法律框架。同时，因为 GMS 的电力贸易主要以双边合约的形式开展，所以合同也是 GMS 的重要法律文件。目前唯一的区域性运营合同或者协定是 RPTOA，在《1 号谅解备忘录》下被批准成为实施双边项目的指南。从出口项目或者通过现有的连接设施进行的跨境买卖由双边协议规范。RPTOA 为双边跨境贸易协定提供指南，为将来的区域便利便利化提供最低的共同标准。目前，双边跨境贸易的价格是基于每个具体项目的谈判在电力购买协议中规定的，也没有过境（过网）费用。虽然没有在第一阶段明确排除，总的预期是在这个阶段没有很多的过境交易，因此不要求过境费用。这反映在目前的 RPTOA 中，就是其允许缔约方共同决定是否收取过境费用。

此外，区域性履行标准草案也是重要的指导文件。其从区域电网准则中发展起来，而后者是起草 RPTOA 过程中支持性咨询项目的一部分。履行标准本身也包含连接方法方面的研究，与双边出口工程相关的新的输电设施的设计指南，以及第一阶段输电（过境）费率设计指南。

3. GMS 电力贸易的管理机制

总体来说，GMS 经济合作机制的最高管理机构是政府首脑峰会。各合作部门的部长级会议以及高级官员会议大概每年举行一次。区域电力市场的发展最初由次区域电力论坛（Subregional Electric Power Forum，EPF）领导，EPF 在 1995 年成立。在 2002 年，区域电力贸易协调委员会（the Regional Power Trade Coordination Committee，RPTCC）成立。2005 年，在 RPTCC 下建立了两个机构：焦点小组（the Focal Group，FG），负责协调实施活动，还有一个计划工作组（the Planning Working Group，PWG），负责包括确认连接工程的优先顺序，以及建立共同的区域履行标准。

RPTCC，FG 和 PWG 由各国政府和公用设施企业的代表组成。他们没有常设的办公室和预算。秘书处由每次会议的主办国和亚洲开发银行提供。亚洲开发银行管理着多个咨询项目，为 RPTCC，FG 和 PWG 的工作提供帮助。

具体来讲，次区域电力论坛（EPF）是 GMS 电力问题部长级会议的咨询机构，是次区域政府机构和直接涉及电力供应和电力系统开发的相关机构的合作纽带；也是发展高效的次区域电力系统的推进和咨询机构；它还负责寻找和促进电力部门互利合作的次区域项目的机会；促进政府、公用事业企业、捐赠者和私人部门对于与发展次区域电力系统相关的优先项目的融资。EPF也为讨论软件问题提供了一个场所，例如与次区域电力项目合作相关的计划工具，定价原则等；为参加国提供和分发信息，和区域和国际组织开展合作；为培训和其他人力资源活动提供便利以支持电力系统的发展。每个GMS国家在EPF都有两个代表。一个是来自负责电力部门政策和规划的部委或者其他政府机构的官员，还有一个是该国关键性电力公用设施企业的高级经理。① 但是EPF后来由RPTCC所取代，其代表也是相同的。

区域电力贸易协调委员会（RPTCC）的角色是代表区域电力贸易中的国家并积极协调区域贸易的成功实施。RPTCC向GMS部长会议汇报。RPTCC的第一任务是建立和实施成员国认可的区域电力贸易安排。具体来讲，RPTCC要准备一个计划来为成员方提供一个RPTOA的最终草案，明确区域电力贸易的规则；为成员方提供一个关于区域电力贸易总体政策和日常管理的建议，包括必要的协调机构；建立短期、中期和长期的倡议，以明确每个阶段的优先事项，从而保证在特定的期限内实现区域电力贸易目标；明确实施区域贸易的必要步骤，包括融资方式。

4. 建议成立的机构

还有一些其他的机构在咨询报告中提到了，作为发展RPTOA草案的一部分，但是还没有被建立，这些机构主要有：

管理委员会（Management Committee，MC）。这个机构会在第二阶段成立，是RPTCC内的执行小组，负责和其他区域机构的日常交往。并且将会是一个永久性的办公室，有专门的员工和经费。

区域规制机构（Regional Regulatory Board，RRB）。根据报告，这会在第一阶段设立，但是没有在这一阶段的协定中体现出来。它将负责促进区域电力贸易，包括鼓励规制的一致性，去除约束性的国家规制，促进区域共同的履行标准的建立，批准费率和进行市场调查。从第二个阶段开始，RRB会有一个永久性的办公室，专门的员工和经费。在第三阶段，RRB会成为一个区

① 中国电力企业代表来自南方电网。

域规制机构（Regional Regulatory Agency，RRA）

区域交易协调机构（Regional Transaction Co-Ordinator，RTC）。这会在第二个阶段建立，届时它将会决定跨境输电容量的可得性，对跨境贸易的买入和卖出进行匹配。它还会是区域市场运营的监督者，为区域输电设施制定维护和运营计划（和PWG下的运营规划组一起）。RTC会有永久的办公室和专门的员工和经费。在第三个阶段，RTC会成为区域市场运营者（a Regional Market Operator，RMO）。

5. 其他主体对GMS电力市场的影响

政府和区域性组织。GMS电力市场来自于各国政府在一系列领域内进行合作的协定而来，其中的一个部门是能源。在这个市场中，贸易在现阶段主要以双边合约的形式进行，这在很大程度上反映了建立在双边基础上的电力贸易关系。在区域层面，现在并没有一个正式的常设秘书处，而现有的区域机构由政府机构和国家公用事业企业的代表组成。

国家规制机构（NRAs）在柬埔寨、中国①、泰国和越南存在，尽管独立程度不同。目前，NRAs对区域电力贸易没有直接的责任，他们的责任止于国境。但是，至少有些NRAs的代表参与了区域活动。至于NRAs在决定国内规制事务过程中，在多大程度上受到了区域电力市场的影响，很难判断。但是，NRAs看起来确实会考虑各种区域协定业已形成的或者即将形成的规则。例如，泰国和越南的NRAs在交流中就讲过，需要对他们的国内电网准则进行修改以符合正在发展中的GMS电力市场履行标准。

外部机构在GMS电力市场的发展中也扮演着至关重要的角色。其中贡献最大的是亚洲开发银行，它是GMS机制，特别是区域电力市场的主要外部支持机构。亚洲开发银行不仅是通过自己，还通过管理许多区域市场相关的技术援助（Technical Assistance，TA）研究，为GMS区域市场的建立提供了动力。亚洲开发银行和世界银行还通过金融支持和技术协助从物质上帮助了区

① 我国曾设有独立的电力监管委员会，但是2013年被撤销，其职能并入了国家能源局。

域连接设施的发展。①

6. 我国参与 GMS 电力市场的情况

目前我国参与 GMS 电力市场主要通过南方电网国际有限责任公司和中国南方电网云南国际有限责任公司进行。南网国际是中国南方电网公司的全资子公司，负责公司的海外并购业务。南网国际负责跨境输电项目的运营以及承包（包括工程总承包）外国工程项目。南网国际在越南投资了热电厂，在老挝投资了水电站。南网国际还负责本地发电和进出口电力的调度。

中国南方电网云南国际有限责任公司由南网国际公司和云南电网公司共同持股，负责和邻国之间的电力贸易，依靠南方电网的输电系统传输电力。南网国际目前向老挝和越南出口电力，从缅甸进口电力。

所有的电力贸易活动，包括费率的确定，都要中央政府的批准。国家发改委负责新的贸易项目的审批。但是对于快速发展的 GMS 区域电力贸易来说，高级别的政府审批程序可能会是一个挑战。这可能让合同的缔结和履行变得费时，而且可能受到政府能源政策的影响。

但是我国政府正在对跨境电力贸易采取积极路径，简化中央和地方政府审批跨境输电网和跨境贸易的程序。此外，许多时候，我国和其他国家之间的问题是由于标准不同导致的技术性问题，因此协调技术标准也是一个重要挑战。

需要指出的是，我国目前正在开展电力市场改革，建立第三方准入制度，开放发电企业和售电公司、用户之间的直接电力交易。其中，云南省也已经在 2015 年开展了输配电改革。虽然目前 GMS 电力贸易主要通过电力公用设施企业双方的合同进行的，但是按照 GMS 电力贸易的发展规划，要逐步建立自由的交易平台，那么如上文所提出的，如果在云南省内发电商和有资格的消费者可以进行直接的电力交易，那么是否意味着 GMS 区域的境外供电商可以

---

① Economic Consulting Associates, *The Potential of Regional Power Sector Integration*: *Greater Mekong Subregion* (*GMS*) *Transmission & Trading Case Study* 1-3, 20, 35-45, Submitted to the Energy Sector Management Assistance Program (ESMAP) (Jan. 2010), available at http://www.esmap.org/sites/esmap.org/files/BN004-10_ REISP-CD_ Greater%20Mekong%20Subregion-Transmission%20&%20Trading.pdf.

向云南省内甚至我国境内其他地区的消费者售电？这值得在制度上提前予以考虑。

第三节　中国开展跨境电力贸易的规则构建

一、国际规则与中国向外发展全球能源互联网

我国倡议建立全球能源互联网，促进绿色低碳能源在全球的配置，实现两个替代：一是绿色替代，用绿色能源替代传统化石能源；二是电力替代，用绿色清洁的电能替代传统上由煤炭、石油等提供的能量。全球能源互联网的两大突出特点：绿色可持续的电力供给和大范围的电网连接，同时也是全球能源互联网在推进过程中，从法律角度可能遇到障碍的地方。

就绿色可持续来讲，意味着全球能源互联网要以输送清洁能源特别是可再生能源为主导，那么问题就是在这个过程中，会不会对化石能源电力造成歧视，这其中最为关键的就是可再生能源和化石能源电力是否是相似产品的问题。许多人认为二者无疑是相似产品。对于这个问题，笔者进行深入探讨后认为，有许多因素会导致可再生能源电力和化石能源电力并不是相似产品。比如说二者的物理性质并非人们所直观认为的那样是相同的，由于电力本身是一个过程，电力的来源和发电的技术会影响到这个过程，例如，作为可再生能源的太阳能，具有随着光照条件而变化的不稳定性，在夜晚无法供电的间断性，这就使得其物理性质与化石能源电力存在相当大的不同。化石能源电力具有很大的人工可控制性。因此太阳能很难作为基础负荷和高峰备用负荷，在这类合同上，与化石能源相比没有任何竞争力，因此其物理性质事实上影响到了二者的竞争关系；说到竞争关系，根据加拿大可再生能源案中上诉机构的观点，可再生能源电力具有高成本的特点，这个市场是政府的政策支持下创造出来的市场，因此可再生能源电力与化石能源电力可能并不在一个相关市场中，也不存在竞争关系。此外，消费者喜好，规制目的，消费的不同后果等都会影响到二者的相似性。

所以如果全球能源互联网是基于环境保护的目的而客观中立地设计了优先供给可再生能源电力的方案，没有基于不同来源国而给予不同的待遇，其方案本身也并未对于某国国内生产的保护，应该是可以认定为符合 GATT 第三条规定的。但是在目前的贸易法律体系下，这种规定的合法性充满了不确定性，这也提示我们在进行方案设计时要充分注意这些问题，避免引起法律纠纷。

就大范围连接来讲，这意味着全球能源互联网想要建成，必须要与很多国家的电网互联互通，那么这个时候，是否能够得到相关国家公平的市场准入机会，是否能够顺利入网，以及涉及电网要过境第三国时，如何能够保证第三国允许过境，并以合理公平的价格收取过境费用，提供稳定有保障的电力过境服务，都是在现实中需要克服的困难。在这个过程中，就要充分地利用现有的国际贸易规则，维护自身的权益，同时还要高度重视合同的作用，通过缔结合同来维护权利，保证稳定的供给。

二、国际规则与中国国内的电力市场发展和改革

我国国内的电网正在进行以坚强智能电网的建设为主导的电网改造升级。在这个过程中，可再生能源的入网，分布式发电和电动汽车充电设施的发展，以及电力需求侧管理的推进都在全线开展。目前从发电，到分布式电网接入设施以及电动汽车充电设施的建设都已经向社会资本开放，电力需求侧管理也允许社会相关能源服务机构的参与。《外商投资产业指导目录》还将电网的建设和经营列为“鼓励类”。总体来说，电力行业在向更加自由化和市场化的方向发展。

而正在进行中的电力体制改革也是以市场化为导向，其最主要的动作就是打破电网企业传统上的垂直垄断经营模式。只保留输配环节作为自然垄断行业，发电和售电向社会资本放开，鼓励社会资本成立售电公司。相应的，本次改革使得有资质的消费者获得了购电的自主选择权，允许大用户等符合资质要求的电力消费者直接从发电商手中购电，电网只收取输配费用。

值得注意的是，电力市场化越是深入的国家和地区，就越会在国际经贸

方面面对更多的问题和矛盾。因为只要大部分国家的电力工业是通过国家垄断企业运作的，那么“电力贸易”就几乎不会发生，即便有这样的贸易，也是在已有相互连接设施的相邻国家间垄断企业之间电力在物理上的交换。这些物理上的交换通常用来减少跨越多个时区的电网的高峰发电容量。或者为了在提高系统稳定性的同时减少对蓄能容量的需求。在很多国家进行电力部门自由化改革并向国内和国外竞争开放之前，并不存在真正意义上的电力“贸易”，即买方与最低成本供应商进行的直接的，竞争性的交易，不管地理上的位置如何。

而一旦放开，就意味着是否要给外国的产品和服务市场准入，是否给予国民待遇的问题。与此同时，电网的公共服务义务、电力贸易中的国营贸易企业与指定独占企业的问题也会更加突出。以及可再生能源电力接入，电网设备等的标准化等等都会影响到电力贸易。

三、多层次多角度的跨境电力贸易规则构建

随着全球规制网络的深度和广度不断扩张，各个平台上的规制合作呈现出了彼此联系、无法分割的态势。从完全的规则协调转变到更加灵活的规制合作机制，以求不仅解决规则的一致性，而且注重它们的执行；以及国家和非国家实体的增加，私人规制的兴起。

欧盟提出了建立一个完全一体化的内部能源市场（A fully - integrated internal energy market），在这个一体化市场中，能源应该能够在整个欧盟内部自由流动，没有任何的技术或者规制障碍。只有这样，能源提供方才能够自由竞争，以最优的价格供给能源，欧盟也才能完全实现其可再生能源的潜力。具体到电力领域，欧盟提出，投资建设连接各国的电力基础设施以增强能源流动，提高能源安全，减少对于进口能源的依赖，也为可再生能源的输送准备传输网络。其具体目标是要在2020年，每个成员国的电力容量中的10%要来自国与国互联的电力容量。而且欧洲议会还坚持认为，有必要继续努力，在2030年将这一比例提高到15%。

国际贸易和可持续发展中心（ICTSD）则提出签订《可持续能源贸易协

定》（SETA），把各国应对气候变化、长期能源安全以及保持市场开放的多方面利益进行综合考量。并建议 SETA 可以作为 WTO 体系下像《政府采购协定》那样的诸边协定，或者像《信息技术协定》那样根据最惠国待遇原则惠及全部 WTO 成员。

新一代贸易和投资协定正在向越来越“绿色”的方向发展，它们通过例如削减环境产品和服务的贸易壁垒、促进绿色技术发展等条款，① 在推动能源领域的可持续发展，应对气候变化中具有巨大潜力。②

美国、欧盟、中国等在 2014 年的达沃斯世界经济论坛上就提出了降低绿色产品和服务的关税和其他贸易壁垒的倡议，这是一个每年有 1.4 万亿的全球市场。这一倡议意在重启 WTO 框架下关于绿色产品的谈判。③

2011 年提交 APEC 能源工作组的《在 APEC 区域内工业领域能源效率和可再生能源技术的最佳实践》，以及 2014 年 APEC 能源部长会议《携手走向亚太地区可持续能源发展的北京宣言》也是国际组织通过软法促进能源领域合作的例证。

此外，在电力相关技术标准化领域，国际电工委员会（International Electro Technical Commission）（IEC）的工作也非常重要。

2016 年 3 月 29 日，由国家电网发起的全球能源互联网发展合作组织正式揭牌成立。这是我国在能源领域发起成立的首个国际组织，也是全球能源互联网的首个合作、协调组织。这也反映了推动中国全球互联网事业发展的前辈们在一开始的定位就很高，具有广阔的国际视野。他们将这一组织的宗旨定为：推动构建全球能源互联网，以清洁和绿色方式满足全球电力需求，推动实现联合国“人人享有可持续能源”和应对气候变化目标，服务人类社会可持续发展。

---

① See Joshua P. Meltzer, The Trans - Pacific Partnership Agreement, the Environment and Climate Change, in Trade Liberalisation and International Co-operation: A Legal Analysis of the Trans-Pacific Partnership Agreement (Tania Voon eds., Edward Elgar, 2014).

② Rafael Leal-Arcas, Andrew Filis, and Ehab S. Abu Gosh, International Energy Governance: Select Legal Issues 492 (Edward Elgar, 2014).

③ See Donnan, S., Drive at Davos Forum to Cut Green Trade Barriers, Financial Times (Jan. 23 2014).

在其章程中，全球能源互联网发展合作组织明确提出，要“宣传推广全球能源互联网理念，凝聚各方力量，形成广泛共识”，“组织制定全球能源互联网发展战略与规划，推动战略实施”，“推动建立全球能源互联网技术标准体系，组织制定相关技术标准”。

可以说，这一个由致力于推动世界能源可持续发展的相关企业、组织、机构和个人等自愿组成的非政府、非营利性的国际组织，为我国进行全球能源互联网和跨境电力贸易的规则制定提供了一个良好的平台。

这些不同层面、不同方式的探索和实践与电力贸易有着直接或者间接的联系。目前各国的电网都在不同程度上受到政府的严格规制，想要进行电网的全球布局，一定需要克服许多制度上的障碍，因为这一设想在以前是没有的。面对全新的问题，一定要有全新的制度与之配套。也就是说，这项事业不仅是技术上的走出去，而且是制度上的走出去。在研究国际能源法律制度，特别是电力相关法律制度的规则与问题基础上，还要提出制度构建的设想，为全球能源互联网建设保驾护航。

第四节　本章小结

传统上，我国的电力行业基本上是国有企业垂直垄断的格局，但是随着电力市场化改革，这种状况正在改变。本章介绍了我国电力行业的规制体制，这对于理解我国的电力行业准入具有重要意义。接着笔者从电力市场化改革和可再生能源发展两个角度，剖析了我国电力市场规制在面对跨境电力贸易时可能遇到的问题。电力市场化改革意在打破国有企业对电网的垂直垄断，将售电向社会开放，鼓励大用户直接购电，仅在输配环节保留垄断性质。这在给国内电力市场带来活力的同时，不应忽视市场打开后在国际层面的意义，譬如外国电力的准入等；从可再生能源的发展角度，我国实行可再生能源全额保证收购制度，仅就规定本身，可能存在歧视外国进口电力的可能。如果随着未来的发展，电力市场逐步打开，以上的国内规则可能就会面临挑战，因此要提早进行分析研究，避免潜在的风险。本章中，笔者还介绍了我国参与大湄公河次区域电力贸易的情况。最后，笔者从我国向外发展全球能源互联网、国内的电力市场发展和改革以及多层次多角度的跨境电力贸易规则构建的角度提出了建议。

第七章 结 论

本书探讨了在全球能源互联网背景下跨境电力贸易的法律规制。笔者首先分析了跨境电力贸易中的三大突出法律问题：可再生能源与化石能源电力的相似性及国民待遇，市场准入与其他贸易壁垒，电力过境。在分析这三大问题的基础上，笔者提出由于电力本身的战略意义以及各国对电力行业规制权的重视，使得通过传统方式解决跨境电力贸易法律问题的难度极大，因此应当运用国际规制合作的方法，逐渐实现规制的协调。最后，笔者还结合我国的实际对跨境电力贸易法律规制进行了研究。

可再生能源和化石能源电力是否是“相似产品”的问题，是决定很多促进可再生能源发展的政策措施之合法性的关键问题。笔者通过系统研究发现，通常人们所认为的“可再生能源与化石能源毫无疑问是相似产品”这个观点非常值得质疑。笔者论证了 NPR-PPMs 可以作为判断可再生能源和化石能源电力相似性的因素，并且从竞争关系、物理性质、消费者喜好、规制目的以及消费所带来的后果等方面全方位地证明了有许多因素决定了可再生能源和化石能源电力可能不是相似产品。在此基础上，笔者分析了各种有关可再生能源的税收措施和规制措施的国民待遇问题。总的来说，在涉及 NPR-PPMs 以及与环境有关的政策时，有关措施的合法性往往充满了不确定性。

电力的传输必须依赖电网，输配电具有自然垄断性质，因此常常在垄断企业控制之下。这一特殊的情况就决定了第三方准入制度对于电力贸易具有举足轻重的作用，然而，对于电网的第三方准入规则往往属于一国国内法规制的范畴，国家并不愿意轻易地将这一涉及国计民生的战略性行业的规制权让渡出来，所以在国际法层面很难达成关于电网第三方准入的规则。

随着电力市场化改革在很多国家的开展，一体化垄断结构的破除以及第三方准入制度的建立，原来由垄断企业所保持的市场壁垒在一定程度上消失了。国内市场的放开同时引发了对于国外进入者的准入问题。在市场化程度越高的国家，在国际贸易层面就会面对更多的问题。

其中最为突出就是基于互惠的市场准入。虽然在某些情况下，互惠要求的违法性很容易判断，但是当互惠是出于对保护环境的考虑，规定外国电力的准入以对方国家采用相同的环境标准为条件时，其合法性就因情况不同而充满不确定性。并且电力供应本身具有的社会公共服务属性以及普遍存在于电力行业中的国营贸易企业，都有可能成为电力贸易中的壁垒。

过境问题的国际法保障最初来自于海洋法领域，对于内陆国过境沿岸国家进入海洋具有重要意义。在 WTO 体制下，GATT 1994 包含了过境自由条款，以促进贸易便利化，但是该条款是否包含通过固定基础设施（如电网、油气管线等）的过境是存在争议的，新的《贸易便利化协定》也并未对此作出澄清。目前，只有 ECT 的过境条款明确适用于电力过境，并且该条是 ECT 最有特色的条款之一，对于电力过境规则具有重要意义。但是单单一条的内容对于复杂的电力和油气等过境问题远远不够。

基于对跨境电力贸易中的三个核心问题——国民待遇、市场准入和电力过境——的分析，笔者认为现有的国际规则不足以调整跨境电力贸易，并提出应当运用国际规制合作的方法来对跨境电力贸易进行规制。这正是基于电力贸易本身的特点。笔者认为在电力贸易中涉及国家的关键性产业规制制度，各国的实际情况千差万别，在电力贸易中的角色也各不相同，所以应当运用规制合作的方法，结合各自的实际情况进行规则的收敛和协调。笔者从机构和制度两个方面分析了如何对跨境电力贸易进行规制。在规制机构的选择上，传统的超国家机构的作用有限，因为跨境电力贸易涉及国家的核心利益，需要自下而上的规制协调。因此政府间网络这种规制形式的优势就凸显出来了，通过将各国的规制机关及其代表聚集起来，进行正式或者非正式的会谈和交流，逐渐地达成共识，进而在制定国内电力规则的时候就考虑到他国的制度，实现由内而外的规制协调；同时私人规制团体的兴起也值得注意，特别是全球能源互联网发展合作组织的建立，对于推动电力跨国联网具有重要意义。从规制的制度来讲，传统的条约和协定模式也有局限，因此通过互认协定、国际标准和合同，以及没有约束力的指引、最佳规制实践等，逐步协调各国的电力规制，是更加现实可行的路径。

从我国的实践来看，传统上，我国的电力行业基本上是国有企业垂直垄断的格局，但是随着电力市场化改革，这种状况正在改变。在介绍了我国电力行业的规制体制之后，笔者从电力市场化改革和可再生能源发展两个角度，剖析了我国电力市场规制在面对跨境电力贸易时可能遇到的问题。电力市场化改革意在打破国有企业对电网的垂直垄断，将售电向社会开放，鼓励大用户直接购电，仅在输配环节保留垄断性质。电力市场化改革在给国内电力市场带来活力的同时，不应忽视市场打开后在国际层面的意义，譬如外国电力的准入等；从可再生能源的发展角度，我国实行可再生能源全额保证收购制度，仅就规定本身，可能存在歧视外国进口电力的可能。如果随着未来的发展，这个市场逐步打开，以上的国内规则可能就会面临挑战，因此要提早进行分析研究，避免潜在的风险。笔者还介绍了我国参与大湄公河次区域电力贸易的情况。总之，我国对外的全球能源互联网建设，对内的电网升级改造和电力体制改革，都要充分地考虑国际经贸法律因素，特别是在全球能源互联网建设过程中，要更加注重规则的制定。

参考文献

中文文献

[1] 边永民:《国际贸易规则与环境措施的法律研究》，机械工业出版社 2005 年版。

[2] [澳] 布拉德布鲁克、艾德里安·J.、[美] 奥汀格、理查德·L. 主编:《能源法与可持续发展》，曹明德、邵方、王圣礼译，法律出版社 2005 年版。

[3] 鄂晓梅:《单边 PPM 环境贸易措施与 WTO 规则：冲突与协调》，法律出版社 2007 年版。

[4] 韩宝庆:《大湄公河次区域电力贸易安排与风险管理研究》，对外经济贸易大学 2015 年博士学位论文。

[5] 黄进等:《中国能源安全若干法律与政策问题研究》，经济科学出版社 2013 年版。

[6] 黄辉:《WTO 与环保——自由贸易与环境保护的冲突与协调》(修订版)，中国环境科学出版社 2010 年版。

[7] 黄振中等:《国际能源法律制度研究》，法律出版社 2012 年版。

[8] 刘振亚:《全球能源互联网》，中国电力出版社 2015 年版。

[9] 李晓峰:《中国与 GMS 电力贸易及合作研究——次区域公共产品的视角》，复旦大学 2013 年硕士学位论文。

[10] 桑东莉:《气候变化与能源政策法律制度比较研究》，法律出版社

2013 年版。

［11］石静霞：《“同类产品”判定中的文化因素考量与中国文化贸易发展》，载《中国法学》2012 年第 3 期。

［12］［美］托梅因、约瑟夫·P.、卡达希、理查德·D.：《美国能源法》，万少廷译，张利宾审校，法律出版社 2008 年版。

［13］王慧：《我国应对气候贸易壁垒的法律对策研究》，中国政法大学出版社 2014 年版。

［14］王遥：《气候金融》，中国经济出版社 2013 年版。

［15］徐淑萍：《贸易与环境的法律问题研究》，武汉大学出版社 2002 年版。

［16］杨向东：《WTO 体制下的国民待遇原则研究》，中国政法大学出版社 2008 年版。

［17］杨解君主编：《国际能源合作与国际能源法》，中国出版集团、世界图书出版公司 2012 年版。

［18］杨振发：《国际能源法发展趋势研究——兼论对中国能源安全的影响》，知识产权出版社 2014 年版。

［19］张正怡：《能源类国际投资争端法律问题研究》，法律出版社 2014 年版。

［20］朱家贤主编：《环境金融法学》，北京师范大学出版集团北京师范大学出版社 2013 年版。

英文文献

英文书籍

［1］Alam，Shawkat，Sustainable Development and Free Trade：Institutional Approaches（Routledge Taylor & Francis Group，2008）.

［2］Bartle，Ian，Globalisation and EU Policy－Making：The Neo－Liberal

Transformation of Telecommunications and Electricity (Manchester University Press, Manchester, 2005).

[3] Bernasconi-Osterwalder, Nathalie, Magraw, Daniel, Oliva, Maria Julia, Orellana, Marcos and Tuerk, Elisabeth, Environmentand Trade: A Guide to WTO Jurisprudence (Earthscan, 2006).

[4] Bhala, Raj, Modern GATT Law: A Treatise on the General Agreement on Tariffs and Trade (Sweet & Maxwell, 2005).

[5] Bielecki, Janusz and Ervik, Leif K., Electricity Trade and Trade-Related Environmental Measures, in Electricity Trade in Europe: Review of the Economic and Regulatory Changes 265 (Janusz Bielecki and Melaku Geboye Desta eds., Kluwer Law International, 2004).

[6] Black, Julia, European Union energy regulation, in International Regulatory Co-operation: Case Studies, Vol. 2: Canada-US Co-operation, EU Energy Regulation, Risk Assessment and Banking Supervision, 21, (OECD Publishing, 2013), available at http://www.oecd-ilibrary.org/docserver/download/4213161e.pdf?expires=1483371287&id=id&accname=ocid56013776&checksum=96ECAA8F766DF680C1ABD56AEA4A3431.

[7] Calster, Geert van, Topsy-turvy: the European Court of Justice and Border (Energy) Tax Adjustments-Should the World Trade Organization Follow Suit?, in Critical Issues in Environmental Taxation: International and Comparative Perspectives: Vol. 1, (Milne, Deketelaere, Kreiser and Ashiabor eds., Richmond Law and Tax, 2001).

[8] Cameron, Peter, Completing the Internal Market in Energy: An Introduction to the New Legislation, in Legal Aspects of EU Energy Regulation (Peter Cameron ed., Oxford University Press, Oxford, 2005).

[9] Cossy, Mireille, Energy Transport and Transit in the WTO, in Global Challenges at the Intersection of Trade, Energy, and the Environment 113-121 (Joost Pauwelyn ed., Geneva: Centre for Trade and Economic Integration,

2010）.

[10] Cottier, Thomas, Nartova, Olga, and Bigdeli, Sadeq Z. (Eds.), International Trade Regulation and the Mitigation of Climate Change: World Trade Forum (Cambridge University Press, 2008).

[11] Eberlein, Burkard, Experimentalist Governance in the European Energy Sector, in Experimentalist Governance in the European Union (Charles F. Sabel and Jonathan Zeitlin eds., Oxford University Press, Oxford, 2010).

[12] Ehring, Lothar & Selivanova, Yulia, Energy Transit, in Regulation of Energy in International Trade Law 49 (Yulia Selivanova ed., Wolters Kluwer Law International, 2011).

[13] Foster, Christopher, Privatisation, Public Ownership and the Regulation of Natural Monopoly (Oxford, Blackwell, 1992).

[14] Gehring, Markus W. and Segger, Marie-Claire Cordonier (Eds.), Sustainable Development in World Trade Law (Kluwer Law International, 2005).

[15] Hamilton, Sam, The regulation of Trans-European Networks, in Regulation of Markets Beyond 2000 (Laura MacGregor, Tony Prosser and Charlotte Villers eds., Dartmouth, Ashgate, 2001).

[16] Hancher, Leigh, Trade-Neutral Policies for the Promotion of Electricity from Renewables, in Electricity Trade in Europe: Review of the Economic and Regulatory Changes 285 (Janusz Bielecki and Melaku Geboye Desta eds., Kluwer Law International, 2004).

[17] Jacobs, Scott H., Regulatory Cooperation for an Interdependent World: Issues for Government, in Regulatory Cooperation for an Interdependent World (OECD, Paris, 1994).

[18] Kahler, Miles and Lake, David A., Economic Integration and Global Governance: Why So Little Supranationalism? in The Politics of Global Regulation (Walter Mattli & Ngaire Woods eds., Princeton University Press, 2011).

[19] Leal - Arcas, Rafael, Filis, Andrew and Gosh, Ehab S. Abu,

International Energy Governance: Select Legal Issues (Edward Elgar, 2014).

[20] Leal-Arcas, Rafael, Climate Change and International Trade (Edward Elgar, 2013).

[21] Matsushita, Mitsuo, Thomas J. Schoenbaum and Petros C. Mavroidis, The World Trade Organization: Law, Practice, and Policy (Oxford University Press, 2nd ed., 2006).

[22] Mctcalfe, Lcs, The weakest Links: Building Organizational Networks for Multi-Level Regulation, in Regulatory Cooperation for an Interdependent World (OECD, Paris, 1994).

[23] Meltzer, Joshua P., The Trans-Pacific Partnership Agreement, the Environment and Climate Change, in Trade Liberalisation and International Co-operation: A Legal Analysis of the Trans-Pacific Partnership Agreement (Tania Voon eds., Edward Elgar, 2014).

[24] OECD, International Regulatory Co-operation: Addressing Global Challenges 54-61 (OECD Publishing, 2013), available at http://www.oecd-ilibrary.org/governance/international-regulatory-co-operation_9789264200463-en.

[25] OECD and IEA, Electricity Market Reform: An IEA Handbook (Paris, 1999).

[26] Rheinhardt Haas (edt.), Report on Promotion Strategies for Electricity from Renewable Energy Sources in EU Countries (Institute of Energy Economics, Vienna University of Technology, Vienna, 2001).

[27] Roggenkamp, Transit of Networkbound Energy: The European Experience, in The Energy Charter Treaty, An East-West Gateway for Investment and Trade (Thomas W. Wälde ed., London, the Hague, Boston: Kluwer Law International, 1996).

[28] Segger, Marie-Claire Cordonier, Gehring, Markus W. and Newcombe, Andrew (Eds.), Sustainable Development in World Investment Law (Wolters Kluwer Law & Business, 2011).

[29] Selivanova, Yulia, The Energy Charter and the Internatinal Energy Governance, in Regulation of Energy in International Trade Law 373 (Yulia Selivanova ed., Wolters Kluwer Law International, 2011).

[30] Wolfrum, Rüdiger, Peter-Tobias Stoll and Holger P. Hestermeyer (Eds.), WTO-Trade in Goods (Martinus Nijhoff Publishers, 2011).

[31] Zarrilli, Simonetta, Multilateral Rules and Trade in Energy Goods and Services: the Case of Electricity, in Electricity Trade in Europe: Review of the Economic and Regulatory Changes 235 (Janusz Bielecki and Melaku Geboye Desta eds., Kluwer Law International, 2004).

英文文章

[1] Azaria, Danae, Energy Transit under the Energy Charter Treaty and the General Agreement on Tariffs and Trade, 27 (4) Journal of Energy and Natural Resources Law (2009) 557, 570-574 (2009).

[2] Bamberger, Craig S., Adjudicatory Aspects of Transit Dispute Conciliation under the Energy Charter Treaty, 4 (1) Oil, Gas & Energy Law Intelligence 1.

[3] Cafaggi, Fabrizio, The Regulatory Function of Transnational Commercial Contracts: New architectures, (European University Institute-Department of Law, 2012).

[4] Cafaggi, Fabrizio, New Foundations of Transnational Private Regulation, Journal of Law and Society (2011).

[5] Charpentier, J. P., and Schenk, K., International Power Interconnections, in Public Policy for the Private Sector, No. 42 (The World Bank, 1995).

[6] Cottier, Thomas, Renewable Energy and Process and Production Methods, E15Initiative, International Centre for Trade and Sustainable Development (ICTSD) and World Economic Forum (2015), available at www.e15initiative.org/.

[7] Donnan, S., Drive at Davos Forum to Cut Green Trade Barriers, Financial Times (Jan. 23 2014).

[8] Driesen, David M., What is Free Trade?: The Real Issue Lurking Behind the Trade and Environment Debate, 41 Va. J. Intl L. 279 (2000-2001).

[9] Eberlein, Burkard, The Making of the European Energy Market: The Interplay of Governance and Government, 28 (1) Journal of Public Policy, 73-92 (2008).

[10] Eberlein, Burkard, Regulation by Co-operation: The "Third Way" in Making Rules for the Internal Energy Market, in Legal Aspects of EU Energy Regulation (Peter Cameron ed., Oxford University Press, Oxford, 2005).

[11] Energy Charter Secretariat, Regional Electricity Markets in the ECT Area (Oct. 2003), available at http://www.energycharter.org/fileadmin/Documents-Media/Thematic/Regional_ Electricity_ Markets_ 2003_ en.pdf.

[12] Energy Charter Secretariat, The Energy Charter Treaty: A Readers Guide, available at http://www.energycharter.org/fileadmin/DocumentsMedia/Legal/ECT_ Guide_ en.pdf.

[13] Energy Charter Secretariat, The Energy Charter Treaty and Related Documents: A Legal Framework for International Energy Cooperation 15 (2004).

[14] Energy Charter Secretariat, Trade in Energy: WTO Rules Applying under the ECT (Brussels, 2001).

[15] EREF and Worldwatch Institute, Reflections on a Possible Unified EU Financial Support Scheme for Renewable Energy Systems (RES): A Comparison of Minimum-Price and Quota Systems and an Analysis of Market Conditions 12 (Brussels and Washington DC, Jan., 2005).

[16] European Commission, Interconnecting Europe - New Perspectives for Trans-European Energy Networks (Brussels, 2008).

[17] European Commission, Communication from the Commission: Inquiry Pursuant to Article 17 of Regulation (EC) No. 1/2003 into the European Gas and Electricity Sectors (Final Report), SEC (2006) 1724, COM/2006/851 final (Brussels, 2007).

[18] European Commission, Communication from the Commission to the European Council and the European Parliament: An Energy Policy For Europe, COM (2007) 1 final (Brussels, 2007).

[19] Gaines, Sanford E., Processes and Production Methods: How to Produce Sound Policy for Environmental PPM - Based Trade Measures?, 27 Colum. J. Envtl. L. 383 (2002).

[20] Goodday, Hugh, Reciprocity: Fair Trade or Free Trade? Challenging American Electricity Regulation under NAFTA, 23 Dalhousie J. Legal Stud. 130 (2014).

[21] Hancher, Leigh, Delimitation of Energy Law Jurisdiction: The EU and Its Member States: From Organisational to Regulatory Conflicts, 42 Journal of Energy and Natural Resources Law, 42-67 (1998).

[22] Howse, Robert & REIL, World Trade Law and Renewable Energy: the Case of Non-tariff Measures, 3 J. Eur. Envtl. & Plan. L. 500 (2006).

[23] Howse, Robert & Regan, Donald, The Product/Process Distinction-An Illusory Basis for Disciplining 'Unilateralism' in Trade Policy, Vol. 11, No. 2 Eur. J. Int'l L. 249-89 (2000).

[24] Hufbauer, Gary & Kim, Jisun, Issues and Considerations for Negotiating a Sustainable Energy Trade Agreement, ICTSD Global Platform on Climate Change, Trade and Sustainable Energy (May 2012), available at http://www.ictsd.org/downloads/2012/05/issues-and-considerations-for-negotiating-a-sustainable-energy-trade-agreement.pdf.

[25] ICTSD Global Platform on Climate Change, Trade and Sustainable Energy, Fostering Low Carbon Growth: The Case for a Sustainable Energy Trade Agreement (Nov. 2011), available at http://www.ictsd.org/sites/default/files/research/2012/05/fostering-low-carbon-growth-the-case-for-a-sustainable-energy-trade-agreement1.pdf.

[26] Intergovernmental Panel on Climate Change (IPCC), Special Report on

Renewable Energy Sources and Climate Change Mitigation, Summary for Policymakers and Technical Summary 109 (Ottmar Edenhofer et al. eds. , 2012 ed. , 2012), available at http: //www. ipcc. ch/pdf/special-reports/srren/SRREN_ FD_ SPM_ final. pdf.

[27] International Centre for Trade and Sustainable Development (ICTSD), Volume 5-Number 11, http: //www. ictsd. org/bridges-news/桥/news/环境产品协定贸易谈判如期推进。

[28] International Energy Agency, Key World Energy Statistics (2015), available at https; //www. iea. org/publications/freepublications/publication/Key-World_ Statistics_ 2015. pdf.

[29] International Year of Sustainable Energy for All, 2012 Report of the Secretary-General, A/67/314 (Aug. 16, 2012) .

[30] Joskow, Paul L. , Deregulation and Regulatory Reform in the U. S. Electric Power Sector, Brookings - AEI Conference on Deregulation in Network Industries (1999)

[31] Konoplyanik, Andrey A. , A Common Russia-EU Energy Space: The New EU-Russia Partnership Agreement, Acquis Communautaire and the Energy Charter, 27 (2) Journal of Energy and Natural Resources Law 258, 286 (2009) .

[32] Konoplyanik, Andrey A. , Gas Transit in Eurasia: Transit Issues between Russia and the European Union and the Role of the Energy Charter, 27 (3) Journal of Energy and Natural Resources Law 445, 469 (2009) .

[33] Konoplyanik, Andrey A. , The Energy Charter Treaty and Transit Protocol and Related Issues, Workshop on "OPEC and Energy Charter Treaty" (Vienna: OPEC Secretariat, Jan. 23, 2003) .

[34] Lovei, L. , The Single- Buyer Model: A Dangerous Path toward Competitive Electricity Markets, Public Policy for the Private Sector No. 225 (The World Bank, Washington, Dec. 2000) .

[35] Nicolaidis, Kalypso and Shaffer, Gregory, Managed Mutual Recognition

Regimes: Governance Without Global Government, 68 Law and Contemporary Problems, 263-318 (2005).

[36] Organisation for Economic Co-operation and Development (OECD), Processes and Production Methods (PPMs): Conceptual Framework and Considerations on Use of PPM-based Trade Measures, OCDE/GD (97) 137 (1997), available at http: //www. oecd. org/officialdocuments/publicdisplaydocumentpdf/? cote =OCDE/GD (97) 137docLanguage=En.

[37] Oseni, Musiliu O. and Pollitt, Michael G., Institutional Arrangements for the Promotion of Regional Integration of Electricity Markets: International Experience, The World Bank Development Research Group, Policy Research Working Paper 6947 (WPS6947) (June 2014), available at https: //openknowledge. world bank. org/bitstream/handle/10986/19376/WPS6947. pdf? sequence=1&isAllowed=y.

[38] Padgett, Stephen, Energy Co-operation in the Wider Europe: Institutionalizing Interdependence, 49 (5) Journal of Common Markets Studies, 1065-1087 (2011).

[39] Pierros, Philip-Xenophon and Nüesch, Sabina, Trade in Electricity-Spot On, 34 (4) Journal of World Trade 95 (2000).

[40] Raustiala, Kal, The Architecture of International Cooperation: Transgovernmental Networks and the Future of International Law, 43 (1) Virginia Journal of International Law Association (2002).

[41] Regulatory Cooperation Between Members, Background Note by the Secretariat, G/TBT/W/340 (Sept. 7, 2011).

[42] Selivanova, Yulia, Clean Energy and Access to Infrastructure: Implications for the Global Trade System, E15Initiative, International Centre for Trade and Sustainable Development (ICTSD) and World Economic Forum (June 2015), available at www. e15initiative. org/.

[43] SKM Energy Consulting, Harmonisation of the electricity markets surrounding the Baltic Sea, Study performed for the Nordic Council of Ministers Elec-

tricity Group Oslo/Copenhagen/Frankfurt a. M (2000).

[44] Slaughter, Anne-Marie, Global Governance Networks, Global Information Agencies and Disaggregated Democracy, 24 Mich. J. Int'l L. 1041 (2003).

[45] Slaughter, Anne-Marie, The Real New World Order, 76 (5) Foreign Affairs, 183-197 (1997).

[46] Steiner, Faye, Regulation, Industry Structure and Performance in the Electricity Supply Industry, OECD Economics Department Working Papers No. 238 (2000).

[47] Singh, Anoop et al., Cross-Border Electricity Cooperation in South Asia, World Bank Group, Development Research Group, Policy Research Working Paper 7328 (WPS7328) (June 2015), available at https://openknowledge. world bank. org/bitstream/handle/10986/22206/Cross0border0e0ration0in0South0Asia. pdf? sequence=1&isAllowed=y.

[48] Thatcher, Mark, The Creation of European Regulatory Agencies and Its Limits: a Comparative Analysis of European Delegation, 18 (6) Journal of European Public Policy, 790-809 (2011).

[49] Vasconcelos, Jorge, Towards the Internal Energy Market: how to bridge a regulatory gap and build a regulatory framework, 1 (1) European Review of Energy Markets (2005).

[50] Wälde, Thomas W. and Gunst, Andreas J., International Energy Trade and Access to Energy Networks, 36 (2) Journal of World Trade 191 (2002).

[51] WBGU (German Advisory Council on Global Change), World in Transition: Towards Sustainable Energy Systems (2004).

[52] WTO Environmental Goods Agreement (EGA), Global Affairs Canada, http://www. dfait-maeci. gc. ca/trade-agreements-accords-commerciaux/topics-domaines/env/plurilateral. aspx? lang=eng.

[53] WTO, World Trade Report 2010: Trade in Natural Resources 54 (2010).

[54] WTO, Energy Services, Background Note by the Secretariat, S/C/W/52 (Sept. 9, 1998).

[55] Zimmermann, Charles F., Latvenergo and the Baltic Electricity Market (April 1999).

GATT/WTO 报告

[1] Panel Report, Belgium-Family Allowances (Allocations Familiales), B. I. S. D. 1S/59 (Nov. 6, 1952).

[2] Panel Report, United States-Taxes on Petroleum and Certain Imported Substances, B. I. S. D. 34S/136 (June 5, 1987).

[3] Panel Report, Canada-Import, Distribution and Sale of Alcoholic Drinks by Canadian Provincial Marketing Agencies, B. I. S. D. 35S/37 (Mar. 22, 1988).

[4] Panel Report, United States-Restrictions on Imports of Tuna, DS21/R-39S/155 (Sept. 3, 1991) (hereinafter US-Tuna I Panel Report)

[5] Panel Report, United States-Measures Affecting Alcoholic and Malt Beverages, B. I. S. D. 39S/206, DS23/R (Mar. 16, 1992)

[6] Panel Report, United States-Restrictions on Imports of Tuna, DS29/R (June 16, 1994) (hereinafter US-Tuna II Panel Report).

[7] Panel Report, United States-Taxes on Automobiles, DS31/R (Oct. 11, 1994).

[8] Panel Report, Japan-Taxes on Alcoholic Beverages, WT/DS8/R, WT/DS10/R, WT/DS11/R (July 11, 1996), as modified by Appellate Body Report WT/DS8/AB/R, WT/DS10/AB/R, WT/DS11/AB/R.

[9] Appellate Body Report, Japan-Alcoholic Beverages, 21, WT/DS8/AB/R, WT/DS10/AB/R, WT/DS11/AB/R (Oct. 4, 1996) (hereinafter Japan-Alcoholic Beverages II AB Report).

[10] Appellate Body Report, European Communities-Regime for the Importa-

tion, Sale and Distribution of Bananas, WT/DS27/AB/R (Sept. 9, 1997).

[11] Panel Report, United States-Import Prohibition of Certain Shrimp and Shrimp Products, WT/DS58/R (May 15, 1998), as modified by Appellate Body Report WT/DS58/AB/R.

[12] Appellate Body Report, United States-Import Prohibition of Certain Shrimp and Shrimp Products, WT/DS58/AB/R (Oct. 12, 1998).

[13] Panel Report, Colombia-Indicative Prices and Restrictions on Ports of Entry, WT/DS366/R (May 20, 2009).

[14] Panel Report, United States-Measures Concerning the Importation, Marketing and Sale of Tuna and Tuna Products, WT/DS381/R (Sept. 15, 2011), as modified by Appellate Body Report WT/DS381/AB/R.

[15] Appellate Body Report, United States-Measures Concerning the Importation, Marketing and Sale of Tuna and Tuna Products, WT/DS381/AB/R (May 16, 2012).

[16] Appellate Body Reports, Canada-Certain Measures Affecting the Renewable Energy Generation Sector / Canada-Measures Relating to the Feed-in Tariff Program, WT/DS412/AB/R / WT/DS426/AB/R (May 6, 2013).

致 谢

这篇倾注了很多心血的博士毕业论文，终于要正式出版了。四年博士学习，有很多收获，也有很多遗憾。很多人以为，读完博士，应该是知识很渊博了，事实上是，与其说“博”，不如说“专”。越是走近，越是发现国际经济法学科涉及范围之广、理论之深，恐怕是一个人穷其一生也难以完全掌握的。就一篇博士论文而言，在写作时觉得所涉及的内容丰富多彩；而当写作结束，合上书时，却不禁心中一颤，原来倾注了日日夜夜所写就的，相对于整个学科来讲，也不过就像是浩瀚星空中的一粒尘埃。而之于个人的学术生涯，这也仅仅只是一个起点。值得欣慰的是，这篇论文所关注的问题本身具有重要意义，通过电力跨境输送，可以促进大规模可再生能源入网，进而实现更高程度的清洁替代和电能替代，促进可持续发展。对于跨境电力贸易法律规制的研究，就是希望能够在制度上更好地保障这一进程，此文可算是一个基础，在未来还需要结合实践进行更加深入的研究。

我很感恩，能够在工作几年之后有机会重回校园。感谢我的导师石静霞教授和边永民教授，让我能够有幸在对外经济贸易大学法学院这样一个高水平的国际经济法研究平台开始学术之路，在四年的学习中她们成了我的人生楷模，让我不忘师恩，砥砺前行。在我读博期间，石老师作为法学院院长，同时作为妈妈和妻子，在多个角色之间自如转换。在大家看来，是神一般的存在，而背后却有大家看不到的付出。很多时候，我晚上十一点以后给老师发邮件，老师还没有休息，很快就会回复说收到了。我想正是这种持久的坚持和努力，奠定了老师坚实的学术功底，这种精神也深深地触动了我。老师的高标准严要求，也让我时时不忘提醒自己在学术道路上要认真踏实，才能走得坚定有力。感谢边老师在发现我对自己的论文写作信心不足的时候，一方面给我提建设性的意见，另一方面还积极鼓励我，对我的论文给予了高度认可。感谢我在加州大学伯克利分校法学院访学时的导师 Daniel A. Farber 教授，在百忙之中总能耐心地给我指导。感谢龚红柳老师，在我非常迷茫时如朋友般和我交谈，释疑解惑。感谢 Thomas Manson 老师，他既是良师又是益友，总是鼓励我去坚持自己喜欢的研究。感谢我硕士研究生时的导师宋方青教授以及厦门大学 JESSUP 辩论队的指导老师陈辉萍教授和池漫郊教授，是他们开启了我对于学术研究的兴趣并给予了我充分的信任与支持。还要感谢开题、预答辩和答辩组的专家们，他们给这篇论文提出了重要的建设性意见。感恩能在人生的每一个重要的节点，遇到这些可敬可爱的老师们，这也成了我选择做一个大学老师的重要原因。

感谢在政府工作时帮助过我的领导和同事，他们让我看到了政府法制工作人员通过切实行动规范权力运行、保障人民合法权益的努力以及在平衡各种复杂关系中的智慧，让我在思考和写作时能够多方面考虑，不脱离实际。

还要感谢我的家人和朋友们，总是能够理解和支持我作出的大胆决定。比如一直在支持我的姚颖和何老师，总在关键时刻给我帮助和鼓励的班长钮杨，总给我释疑解惑的幸幸，让我觉得相见恨晚的小苗，无条件支持我的姚丹。写到这里时，我想起了那部电影《钢的琴》，剧中主人公想要给女儿一架钢琴，但是却无奈无法承担昂贵的费用，于是作出了一个在别人看来近乎荒诞的决定，他要自己做一架钢琴，而帮他完成这个愿望的，就是他的一群朋友，废弃的工厂，破旧的木料，打磨金属时闪耀奔腾的火花，黑白光影中杂乱的场景以及一群平常不正经的人突然认真起来的样子，让人在戏谑和调侃之上，突然被震撼和感动。当那架钢的琴被稳稳地放在地上，小女孩在上面奏出旋律时，小人物在恶劣的条件下以一种高贵和优雅的姿态完成了逆袭。虽然生活有太多无奈，但却不要放弃努力。

现实中，有许多人，在努力做着属于他们的“钢的琴”，他们拥有的并不是优良的条件，但是却敢想敢做并且不畏艰难。我的姥姥、姥爷，朴实勤劳，在我小时候，就一直教育我要好好读书，长大要有出息；考上博士以后，姥姥总是握着我的手说，你是咱们家第一个博士生，眼里满满的自豪。出国访学临行之前，姥姥生病住院了，而我却不得不走，妈妈说放心走吧没事。姥爷把我送出大门，我悄悄地回头，他一个人背着手站在那里，我再也不敢多看一眼。蹬着自行车去火车站，穿过老家一条条街，再也忍不住泪流满面，直到连眼前的路都看不清楚了。我将要去的，是世界顶尖名校加州伯克利，而留在身后的，是这个我十几岁就离开的小县城和这里我带不走的亲人。对于一个想要走出去的人，难道，这就是必须经历的伤痛，承载着家人的期盼，肩负着责任，一步步走向更远的地方。我的爸爸妈妈，一直为我读书创造良好的条件，默默承担所有，从初中开始就离开家住校的我，至今漂泊在外已经二十多年，走过了很多地方，见过很多人和事，直到有一天回到家里，发现爸妈变老了好多，心中咯噔一下，真想守在他们身旁。我的公公婆婆，不仅始终支持我的选择，还给予了我莫大的关怀和帮助。我的哥哥弟弟，不仅是亲人，还是我无论何时都可以倾诉的朋友。最后，要特别感谢我的丈夫，在我选择辞职读博时，远赴美国求学时，没日没夜写论文时，给了我最大的宽容、理解和支持。

一个人的成长，凝聚了许多人的努力和坚守，就像一架“钢的琴”，后面有许多人的辛勤汗水。读博期间，发生了很多事情，能够按期完成，实属不易，谨以此书，感谢这些一路上帮助我陪伴我成长的人，并以此书，深深缅怀在我读博期间去世的奶奶吴翠英和姥姥杨翠兰。

在毕业之后，我成为一名大学老师，而帮助我出版这本书的编辑邢峻彬，正是我带的第一届毕业生，感谢峻彬从始至终的热心帮助。感谢山西大学法学院的领导和老师们对我的支持。感谢人民法院出版社的各位领导，以及为此书的出版辛勤付出的所有工作人员。

冯秀峰

2020 年 11 月 27 日